全国高等教育自学考试指定教材
计算机信息管理专业（独立本科段）

信息资源管理

（附：信息资源管理自学考试大纲）
（2010年版）

全国高等教育自学考试指导委员会组编
主　编　武　刚

机 械 工 业 出 版 社

本书是全国高等教育自学指导委员会组编的计算机信息管理专业（本科段）信息资源管理自学考试指定教材。

本书包括：信息资源管理基础、信息化规划与组织、信息系统资源管理、信息资源内容管理、信息资源管理的标准与法规、信息资源安全管理以及企业与政府信息资源管理等共七章内容。

为了便于自考学生学习，本书强调用引例和案例的方式引导或解释抽象的内容；同时每章后面都安排关键词、本章小结、练习题、网络学习题、思考题等，方便学生学习总结。

本书除作为全国高等教育自学考试计算机信息管理专业教材外，还可作为全日制大专院校计算机信息管理专业在校生的参考教材。

图书在版编目（CIP）数据

信息资源管理/武刚主编. —北京：机械工业出版社，2010.9（2025.2 重印）

ISBN 978-7-111-31835-4

Ⅰ.①信… Ⅱ.①武… Ⅲ.①信息管理—高等教育—自学考试—教材 Ⅳ.①G203

中国版本图书馆 CIP 数据核字(2010)第 176484 号

机械工业出版社（北京市百万庄大街 22 号 邮政编码：100037）
策划编辑：何文军 责任编辑：何文军
责任校对：张晓蓉
北京盛通数码印刷有限公司印刷
2025年2月第1版第16次印刷
184mm×260mm · 13.5 印张 · 329 千字
标准书号：ISBN 978-7-111-31835-4
定价：32.00 元

电话服务	网络服务
客服电话：010-88361066	机 工 官 网：www.cmpbook.com
010-88379833	机 工 官 博：weibo.com/cmp1952
010-68326294	金 书 网：www.golden-book.com
封底无防伪标均为盗版	机工教育服务网：www.cmpedu.com

组编前言

21世纪是一个变幻难测的世纪，是一个催人奋进的时代，科学技术飞速发展，知识更替日新月异。希望、困惑、机遇、挑战随时随地都有可能出现在每一个社会成员的生活之中。抓住机遇，寻求发展，迎接挑战，适应变化的制胜法宝就是学习——依靠自己学习，终生学习。

作为我国高等教育组成部分的自学考试，其职责就是在高等教育这个水平上倡导自学、鼓励自学、帮助自学、推动自学，为每一个自学者铺就成才之路。组织编写供读者学习的教材就是履行这个职责的重要环节。毫无疑问，这种教材应当适合自学，应当有利于学习者掌握、了解新知识、新信息，有利于学习者增强创新意识、培养实践能力、形成自学能力，也有利于学习者学以致用、解决实际工作中所遇到的问题。具有如此特点的书，我们虽然沿用了“教材”这个概念，但它与那种仅供教师讲、学生听，教师不讲、学生不懂，以“教”为中心的教科书相比，已经在内容安排、编写体例、行文风格等方面都大不相同了。希望读者对此有所了解，以便从一开始就树立起依靠自己学习的坚定信念，不断探索适合自己的学习方法，充分利用已有的知识基础和实际工作经验，最大限度地发挥自己的潜能，以达到学习的目标。

欢迎读者提出意见和建议。

祝每一个读者自学成功！

全国高等教育自学考试指导委员会

2010年5月

编者的话

计算机信息管理专业是适应信息化社会发展需要而产生的一个信息技术与管理深度交叉的应用型专业，主要培养既懂信息技术又掌握管理知识的企事业单位信息化所需的复合型人才。信息资源管理是该专业的一门专业课。

信息资源管理作为一种新的管理理念和内容，已经逐渐成为现代组织管理的重要组成部分。与人财物管理一样，信息资源管理有其特殊的管理对象、管理问题和管理方法。它综合运用管理学、经济学、系统科学、信息科学与技术等方面的知识，揭示信息、信息资源和信息资源管理的内涵和特点，其核心理念是把信息及其支持要素作为一种战略资源加以管理，所提供的管理思想和模式，对各类社会组织的发展行为(如战略决策等)有深刻的影响。它以信息资源为主要管理对象，以信息技术为工具，比起传统的人财物管理，具有更强的技术依赖性和系统综合性。作为一门新兴的综合性边缘交叉学科，信息资源管理研究和探索人类信息管理活动的基本规律和一般科学方法，具有综合性和实践性强的特点。尽管它离一门成熟的学科还有距离，在理论体系上尚缺乏统一的规范，但它必将随着信息化的发展与实践而不断完善，并为信息管理实践提供科学的理论指导。

本书是用于该课程的一本新教材，是北京林业大学信息系多位教师集体智慧的结晶。教材由武刚主编并提出编写大纲，由各章编写者提出细目。全书共七章，具体撰写者如下：

第1章	信息资源管理基础	武刚撰写
第2章	信息化规划与组织	李维、武刚撰写
第3章	信息系统资源管理	陈钊撰写
第4章	信息资源内容管理	李昀撰写
第5章	信息资源管理的标准与法规	王海燕撰写
第6章	信息资源安全管理	武刚撰写
第7章	企业与政府信息资源管理	张莉莉、王海燕、武刚撰写

在写作上，为了便于自考学生学习，同时参考国际流行的管理学教材模式，本书强调用引例和案例的方式引导或解释抽象的内容；同时每章后面都安排关键词、本章小结、练习题、网络学习题、思考题等，方便学生学习总结。学生基本上可根据书本内容直接解答练习题，以巩固所学的基本概念和知识；网络学习题要求学生通过网络自学相关内容，以提高学生自学能力；思考题则需要学生通过参考其他资料及自我思考来完成。

在本书编写过程中参考了国内外众多教材、研究和实践成果，在此对这些著作人表示衷心感谢。贾素玲和赖茂生两位老师百忙中审阅教材大纲和初稿，提出许多宝贵意见，使教材逻辑体系和内容表达更趋合理。研究生张仕响、王小品、周俊宇等在作图、收集资料等方面给予了帮助。对付出辛勤劳动的这些老师和同学表示衷心感谢。

由于信息资源管理是一个发展中的综合性学科领域，因此，本书的体系结构、内容选择及其他方面一定存在需要改善之处。同时囿于作者水平和时间限制，书中错误在所难免，欢迎读者批评指正。

武刚

2010 年 6 月

目录

组编前言

编者的话

信息资源管理自学考试大纲 …… 1

第1章　信息资源管理基础 …… 14

学习目标与要求 …… 14

1.1　导言：信息革命与信息化 …… 14

1.1.1　信息技术与信息革命 …… 15

1.1.2　信息化 …… 17

1.2　信息 …… 20

1.2.1　信息的概念及其发展 …… 21

1.2.2　信息的性质与分类 …… 23

1.2.3　信息的测度 …… 28

1.2.4　信息功能与过程 …… 29

1.3　信息资源管理概述 …… 32

1.3.1　信息资源 …… 32

1.3.2　信息资源管理的主要内容 …… 36

1.3.3　信息资源管理的产生与发展 …… 37

关键词 …… 42

本章小结 …… 43

练习题 …… 43

网络学习题 …… 43

思考题 …… 44

第2章　信息化规划与组织 …… 45

学习目标与要求 …… 45

2.1　组织战略与信息化 …… 45

2.2　信息化规划 …… 49

2.2.1　信息化规划概述 …… 49

2.2.2　信息化战略规划 …… 51

2.2.3　信息资源规划 …… 55

2.2.4　信息化项目规划 …… 58

2.3　信息化组织 …… 61

2.3.1　信息化组织机构 …… 61

2.3.2　CIO 机制 …… 65

关键词 …… 67

本章小结 …… 67

练习题 …… 67

网络学习题 …… 68

思考题 …… 68

第3章　信息系统资源管理 …… 69

学习目标与要求 …… 69

3.1　信息系统资源管理概述 …… 70

3.1.1　信息系统的基本概念 …… 70

3.1.2　信息系统的资源观 …… 73

3.1.3　信息系统资源管理 …… 74

3.2　信息系统开发管理 …… 75

3.2.1　信息系统开发管理的目的与意义 …… 75

3.2.2　信息系统开发管理的内容 …… 75

3.3　信息系统运行维护管理 …… 77

3.3.1　信息系统运行维护中的人员管理 …… 77

3.3.2　信息系统日常运行管理 …… 81

3.3.3　信息系统数据管理 …… 82

3.3.4　信息系统维护管理 …… 83

3.3.5　信息系统运行中的 IT 服务管理 …… 84

3.3.6　信息系统文档管理 …… 89

3.3.7　信息系统的评价和审计 …… 91

关键词 …… 95

本章小结 …… 95

练习题 …… 95

网络学习题 …… 96

思考题 …… 96

第4章　信息资源内容管理 …… 97

学习目标与要求 …… 97

4.1　信息需求 …… 97

4.1.1　什么是信息需求 …… 97

4.1.2　信息需求的类型 …… 98

4.1.3 组织中不同层次的信息需求 …… 99
4.1.4 决策与信息需求 …… 100
4.2 信息采集 …… 101
4.2.1 信息源 …… 101
4.2.2 信息采集原则 …… 103
4.2.3 信息采集方法 …… 104
4.2.4 信息采集途径 …… 105
4.3 信息存储与检索 …… 107
4.3.1 信息存储 …… 107
4.3.2 信息检索 …… 109
4.4 信息加工与分析 …… 111
4.4.1 信息加工 …… 111
4.4.2 信息分析 …… 113
4.5 知识管理 …… 116
4.5.1 知识管理的概念 …… 116
4.5.2 知识管理工具 …… 119
4.5.3 知识管理软件简介 …… 121
4.6 信息传递与共享 …… 124
4.6.1 信息传递 …… 124
4.6.2 信息共享 …… 125
关键词 …… 126
本章小结 …… 127
练习题 …… 127
网络学习题 …… 128
思考题 …… 128
第5章 信息资源管理的标准与法规 …… 129
学习目标与要求 …… 129
5.1 信息资源管理标准化 …… 130
5.1.1 标准的基本概念 …… 130
5.1.2 标准化的基本概念 …… 133
5.1.3 信息资源管理标准化的意义与作用 …… 135
5.1.4 信息资源管理标准化的内容 …… 138
5.1.5 信息资源管理标准化的指导原则和基本方法 …… 139
5.1.6 信息资源管理标准的制定与实施 …… 140
5.2 ISO 9000 质量标准体系 …… 141
5.2.1 ISO 9000 系列标准产生的背景 …… 142
5.2.2 ISO 9000 系列标准的构成 …… 144
5.2.3 ISO 9000 标准的应用与发展 …… 145
5.3 信息资源管理的法律规范 …… 146
5.3.1 概述 …… 146
5.3.2 信息采集方面的法律规范 …… 147
5.3.3 信息公开方面的法律规范 …… 148
5.3.4 信息传播方面的法律规范 …… 148
5.3.5 信息市场管理方面的法律规范 …… 149
5.3.6 信息资源利用方面的法律规范 …… 150
5.3.7 信息安全方面的法律规范 …… 150
关键词 …… 151
本章小结 …… 151
练习题 …… 151
网络学习题 …… 151
思考题 …… 151
第6章 信息资源安全管理 …… 152
学习目标与要求 …… 152
6.1 信息资源安全管理内涵 …… 152
6.2 信息资源安全的系统管理 …… 155
6.2.1 信息系统安全模型 …… 156
6.2.2 行为规范管理 …… 156
6.2.3 实体安全管理 …… 157
6.2.4 网络安全管理 …… 158
6.2.5 软件安全管理 …… 163
6.2.6 数据安全管理 …… 170
6.3 数据加密技术及其应用 …… 173
6.3.1 密码学基本概念 …… 174
6.3.2 加密技术及其应用 …… 175
关键词 …… 179
本章小结 …… 179
练习题 …… 180
网络学习题 …… 180
思考题 …… 180
第7章 企业与政府信息资源管理 …… 181
学习目标与要求 …… 181

7.1 企业信息资源管理 …………… 181
7.1.1 企业及其经营管理 …………… 182
7.1.2 企业信息化与企业信息资源管理 …………… 183
7.1.3 案例 …………… 188
7.2 政府信息资源管理 …………… 193
7.2.1 政府信息资源的类型 …………… 194
7.2.2 政府信息资源的特点 …………… 194
7.2.3 案例 …………… 195
关键词 …………… 202
本章小结 …………… 202
练习题 …………… 202
网络学习题 …………… 203
思考题 …………… 203
参考文献 …………… 204

信息资源管理自学考试大纲

全国高等教育自学考试指导委员会制定

出 版 前 言

为了适应社会主义现代化建设事业的需要，鼓励自学成才，我国在 20 世纪 80 年代初建立了高等教育自学考试制度。高等教育自学考试是个人自学，社会助学和国家考试相结合的一种高等教育形式。应考者通过规定的专业课程考试并经思想品德鉴定达到毕业要求的，可获得毕业证书；国家承认学历并按照规定享有与普通高等学校毕业生同等的有关待遇。经过近 30 年的发展，高等教育自学考试为国家培养造就了大批专门人才。

课程自学考试大纲是国家规范自学者学习范围、要求和考试标准的文件。它是按照专业考试计划的要求，具体指导个人自学、社会助学、国家考试、编写教材及自学辅导书的依据。

为更新教育观念，深化教学内容方式、考试制度、质量评价制度改革，更好地提高自学考试的质量，全国考委各专业委员会按照专业考试计划的要求，组织编写了课程自学考试大纲。

新编写的大纲，在层次上，专科参照一般普通高校专科或高职院校的水平，本科参照一般普通高校本科水平；在内容上，力图反映学科的发展变化以及自然科学和社会科学近年来研究的成果。

全国教委电子电工与信息类专业委员会参照普通高等学校信息资源管理课程的教学基本要求，结合自学考试计算机信息管理(独立本科段)的实际情况，组织编写的《信息资源管理自学考试大纲》，经教育部批准，现颁发施行。各地教育部门、考试机构应认真贯彻执行。

全国高等教育自学考试指导委员会

2010 年 10 月

目　　录

出版前言
一、课程性质与设置目的 …… 4
（一）课程性质、特点与任务 …… 4
（二）本课程的基本要求 …… 4
（三）本课程与相关课程的联系 …… 4
二、课程内容与考核目标 …… 4
第 1 章　信息资源管理基础 …… 4
第 2 章　信息化规划与组织 …… 5
第 3 章　信息系统资源管理 …… 6
第 4 章　信息资源内容管理 …… 7
第 5 章　信息资源管理的标准与法规 …… 8
第 6 章　信息资源安全管理 …… 8
第 7 章　企业与政府信息资源管理 …… 9
三、有关说明及实施要求 …… 10
（一）关于考核要求中三个能力层次的说明 …… 10
（二）关于学习教材与主要参考书 …… 10
（三）自学方法指导 …… 10
（四）学时分配 …… 10
（五）对社会助学要求 …… 11
（六）关于命题与考试若干规定 …… 11
附录　题型举例 …… 12
后记 …… 13

一、课程性质与设置目的

（一）课程性质、特点与任务

信息资源管理是高等教育自学考试计算机信息管理专业（独立本科段）教学计划中的一门专业课，它从资源管理的角度，较系统地介绍计算机信息管理人员所应必备的专门的管理知识和技术。其内容涉及信息科学与技术、管理学、经济学、系统科学等众多领域，具有明显的交叉性、综合性、实践性的特点。

本课程培养考生综合运用所学的管理、经济、系统科学与信息技术等方面的知识，认识信息、信息资源和信息资源管理的内涵和特点，理解信息资源与信息化对社会经济发展的战略意义和对信息资源进行科学管理的重要性；掌握信息资源管理的基本理论、基本方法与基本技能。本课程是形成计算机信息管理类专门人才的知识结构和能力结构的一个重要教学环节。

（二）本课程的基本要求

本课程的总目标是：培养考生掌握信息资源管理所需的基本理论、基本方法、基本技术及其应用能力，具有分析和解决信息化建设中有关信息资源管理问题的初步能力。通过课程学习，要求考生：

1. 了解信息技术发展对社会信息化的影响；理解信息的本质、性质和分类；了解信息的功能与过程；结合实际理解信息资源对社会经济和组织发展的战略意义；了解信息资源管理产生与发展进程，理解信息资源管理的内涵。

2. 了解组织战略与信息化的关系；理解信息化规划的意义、任务和过程；了解信息化组织建设及其 CIO 机制。

3. 理解信息系统基本概念，树立信息系统资源观，了解信息系统资源管理的任务与意义；了解信息系统开发管理的内容；理解信息系统运行与维护管理的意义，掌握主要的信息系统运行与维护管理方法。

4. 理解信息资源内容管理过程中的信息采集、存储、检索、加工、分析、传递和共享等方面的知识和技能。

5. 了解标准化管理体系及其在信息资源管理中应用的意义；理解信息资源管理标准化内容以及相应标准制定与实施的基本流程与方法；了解 ISO 9000 质量标准体系的内容；了解信息资源管理法规的基本概念以及不同信息资源管理环节中的相关法规。

6. 理解信息资源安全管理问题和主要任务，掌握信息系统安全层次模型；了解主要的信息安全技术；理解数据加密技术的基本原理；了解基于 PKI 的 CA 认证服务。

7. 通过案例，了解不同性质的组织（企业、政府）信息资源管理的内涵、特点和活动。

（三）本课程与相关课程的联系

本课程要求考生学习前应具备计算机应用（数据库原理、计算机网络技术、操作系统、管理信息系统等）和经济管理（如管理经济学、运筹学基础等）等方面基础知识。

二、课程内容与考核目标

第 1 章　信息资源管理基础

（一）学习目标与要求

通过本章的学习，要求考生了解信息技术及其对社会产生的革命性影响；从不同角度了解信息化内涵及其意义；理解信息的本质、性质、分类；了解信息功能、信息过程和基本的信息测度方法；理解资源、信息资源和信息资源管理的内涵、特点和分类；了解信息资源管理的产生与发展历程。

本章重点：信息的概念、性质、分类与信息过程；信息资源内涵及其分类；信息资源管理的内容；信息资源管理的产生与发展历程。

本章难点：信息的概念、信息资源以及信息资源管理的内涵与意义。

（二）考核内容

1.1　信息革命与信息化。

1.2　信息的概念、性质、分类、测度、功能与过程。

1.3　信息资源及其管理的内涵、特点和意义。

（三）考核知识点和考核要求

1. 识记

（1）信息技术及其应用和发展的趋势；信息革命的特点和影响。

（2）不同角度下的信息化内涵。

（3）信息的功能、过程与测度方法。

（4）信息资源管理产生与发展历程。

2. 领会

（1）信息的概念及其发展。

（2）信息的性质与分类。

（3）资源及其经济属性；狭义和广义信息资源的概念；信息资源的特性与分类。

（4）信息资源管理的内涵及其多角度认识。

3. 应用

利用信息资源管理的观点，系统地考察一般社会组织（如政府部门、企事业单位）的信息化内涵和过程。

第2章　信息化规划与组织

（一）学习目标与要求

通过本章的学习，要求考生了解组织战略与信息化的关系，以及信息化规划在信息资源管理中意义；理解信息化规划的内涵、层次和内容；掌握信息化规划的主要步骤和方法；了解信息化组织机构以及CIO机制。

本章重点：组织战略与信息化关系、信息化规划的层次、内容和方法；信息化组织。

本章难点：信息化规划的方法。

（二）考核内容

2.1　组织战略与信息化

2.2　信息化规划

2.3　信息化组织

（三）考核知识点和考核要求

1. 识记

（1）组织战略与信息化。

(2) 信息化战略的内涵。

(3) 信息资源规划的产生、内涵和主要任务。

(4) 信息化项目规划的内涵和主要工作内容。

2. 领会

(1) 信息化规划内涵、意义和层次。

(2) 信息化战略规划的内涵、步骤和主要方法。

(3) 信息化组织机构与 CIO 机制。

3. 应用

结合一个组织的具体情况，说明其信息化战略规划的内涵、作用、架构和步骤。

第 3 章　信息系统资源管理

(一) 学习目标与要求

通过本章的学习，要求考生了解信息系统概念、组成及其分类；了解信息系统的生命周期；理解信息系统的资源观；理解信息系统资源管理的内涵和意义。了解信息系统开发管理的目的、意义及其主要内容。理解信息系统运行维护管理的内涵与目的，掌握信息系统运行与维护管理所涉及的人员管理、数据管理、维护管理、文档管理、IT 服务管理等内容和方法；了解信息系统评价与审计的内容与方法。

本章重点：信息系统概念与信息系统资源观；信息系统资源管理的内涵与意义；信息系统开发管理；信息系统运行维护管理。

本章难点：信息系统资源观，信息系统运行中的 IT 服务管理，信息系统评价与审计。

(二) 考核内容

3.1 信息系统资源管理

3.2　信息系统开发管理管理

3.3　信息系统运行维护管理

(三) 考核知识点和考核要求

1. 识记

(1) 信息系统的概念、组成和分类。

(2) 信息系统的生命周期。

(3) 信息系统开发管理的意义和主要内容；信息系统项目开发人员管理、过程管理、质量控制。

(4) 信息系统运行维护管理的概念。

(5) 信息系统数据管理的概念。

(6) 信息系统文档及文档管理的概念。

(7) 信息系统评价与审计的概念、方法。

2. 领会

(1) 信息系统的资源观，信息系统资源管理的内涵和意义。

(2) 信息系统运行维护中人员管理的内容。

(3) 信息系统日常运行管理的内容。

（4）信息系统数据管理内容。
（5）信息系统维护内容。
（6）信息系统文档管理内容。
（7）信息系统运行中的 IT 服务管理内容。
（8）信息系统审计的重点环节。

3. 应用

根据信息系统运行维护中 IT 服务管理的需要，正确地采用 ITIL 体系十大流程管理的技术和方法进行系统的运行管理，以提高信息系统的服务质量。

第 4 章　信息资源内容管理

（一）学习目标与要求

通过本章的学习，要求考生了解信息资源内容管理过程中所涉及的信息需求、信息采集、存储与检索、加工与分析、传递与共享等各个环节的技术与管理问题；了解信息需求与信息源的概念、类型；理解组织中不同层次人员的信息需求；掌握主要的信息采集方法和信息采集途径；理解信息存储与检索的概念和主要技术；理解信息分析与数据挖掘的概念、技术，特别是知识管理的概念与思想。

本章重点：信息需求分析，信息源分析，信息采集方法；信息存储与检索技术；信息加工与分析的基本方法和技术；信息传递与信息共享的技术和途径。

本章难点：信息加工与信息分析。

（二）考核内容

4.1　信息需求
4.2　信息采集
4.3　信息存储与检索
4.4　信息加工与分析
4.5　知识管理
4.6　信息传递与共享

（三）考核知识点和考核要求

1. 识记

（1）信息需求分析和信息源。
（2）信息存储与检索的类型和程序。
（3）信息加工与分析的基本方法和程序。
（4）信息传递与信息共享的途径和程序。

2. 领会

（1）信息采集的原则、主要内容和方法，决策与信息需求的关系。
（2）信息存储与检索的技术。
（3）数据挖掘技术及知识管理思想。
（4）信息共享技术。

3. 应用

将信息采集、存储与检索、加工与分析、传递和共享等所涉及的方法、技术综合地应用到组织的信息化实际中，分析和解决相应的实际问题。

第 5 章　信息资源管理的标准与法规

（一）学习目标与要求

通过本章的学习，要求考生了解信息资源管理的标准与法规在信息资源管理过程中的作用与意义；了解标准化工作的基础知识；理解信息资源管理标准化的内容；掌握制定与实施信息资源管理标准的过程与基本方法；了解 ISO 9000 质量标准体系的重要术语、构成及内容；了解信息资源管理法规的基本概念以及不同信息资源管理环节中的相关法规。

本章重点：信息资源管理标准化的内容；ISO 9000 质量标准体系；信息资源管理的相关法律规范。

本章难点：制定与实施信息资源管理标准的过程与基本方法。

（二）考核内容

5.1　标准化工作基础知识

5.2　信息资源管理标准化

5.3　ISO 9000 质量标准体系

5.4　信息资源管理的法律规范

（三）考核知识点和考核要求

1. 识记

（1）标准与标准化的基本概念。

（2）信息资源管理标准化的意义与作用。

（3）ISO 9000 系列标准的概念及其构成。

（4）信息资源管理法规基本概念。

（5）信息法规的基本概念。

2. 领会

（1）信息资源管理标准化的内容。

（2）信息资源管理标准的制定与实施。

3. 应用

结合实际，考察信息资源管理标准的制定与实施过程；针对具体的信息资源管理问题（如知识产权问题），考察相关信息法规的制定与实施。

第 6 章　信息资源安全管理

（一）学习目标与要求

通过本章的学习，要求考生通过不同事例了解信息资源安全隐患及其影响；理解信息资源安全问题和相应安全管理任务；理解信息系统安全模型；了解信息系统各个层次所面临的主要安全问题及其相应的安全技术；掌握数据加密技术的基本原理；理解基于 PKI 的认证服务（CA）及其在电子商务中应用。

本章重点：信息资源安全管理问题；信息系统安全模型；主要信息系统安全技术。

本章难点：数据加密技术及其应用。

（二）考核内容

6.1　信息资源安全管理内涵

6.2　信息资源安全的系统管理

6.3　数据加密技术及其应用

（三）考核知识点和考核要求

1. 识记

（1）信息资源安全问题本质。

（2）信息资源安全管理的特性。

（3）行为规范管理。

（4）实体安全问题及其安全管理策略。

（5）网络安全问题和主要安全技术。

（6）软件安全问题的层次及其主要安全技术。

（7）数据安全管理的内涵及其主要安全技术。

2. 领会

（1）信息资源安全管理关注的问题与主要任务。

（2）信息系统安全模型。

（3）数据加密技术基本原理。

（4）CA 及其认证服务。

3. 应用

利用信息系统安全模型，系统地分析一个组织的信息资源安全管理问题；利用成熟的安全技术和方法(如安全协议、CA 等)实现信息资源安全管理。

第 7 章　企业与政府信息资源管理

（一）学习目标与要求

通过本章的学习，要求考生了解企业及其分类；了解企业经营管理与企业信息化关系；了解典型的企业管理信息系统；了解企业信息资源管理的对象、特点、任务和过程；了解政府信息资源的分类、特点，结合实际了解政府信息资源管理内涵。

本章重点：企业及其信息化；企业管理信息系统；典型的企业信息化案例；政府信息资源分类与特点；典型的政府信息资源管理案例。

本章难点：企业信息资源管理和政府信息资源管理案例。

（二）考核内容

7.1　企业信息资源管理

7.2　政府信息资源管理

（三）考核知识点和考核要求

1. 识记

（1）企业及其分类。

（2）企业经营管理的内外部环境。

（3）企业信息化内涵和任务。

（4）典型的企业信息化案例。

（5）政府信息资源内涵。

（6）典型政府信息化案例。

2. 领会

（1）企业信息资源。

（2）企业信息资源管理任务和流程。

（3）政府信息资源分类和特点。

3. 应用

利用信息资源管理的观点和方法，具体而系统地考察企业和政府的信息化内涵和过程。

三、有关说明及实施要求

（一）关于考核要求中三个能力层次的说明

1. 识记：要求考生能够识别和记忆本大纲规定的有关知识点的主要内容，包括概念的定义、特性（特点）和分类（如信息技术、信息化、信息资源、信息系统等）；方法、过程、技术、原则或重要观点（如信息测度方法、信息过程的内涵、网络安全技术、信息系统资源观、企业信息资源管理任务等）等。并能够根据考核的不同要求，做出正确的表达、选择和解释。识记要求能够指出是什么。

2. 领会：要求考生能够领悟和理解本大纲规定的有关知识点的内涵与外延，熟悉其内容要点和它们之间的区别与联系，如信息概念及其发展；信息资源与信息资源管理的内涵、特点和分类；信息采集的原则、方法等。并能够根据考核的不同要求，做出正确的解释、说明和论述。领会要求能够回答为什么。

3. 应用：要求考生能够简单或综合地运用本大纲规定的知识点，分析和解决实际问题，如制定信息化战略规划；根据信息系统运行维护的需要，正确地采用 ITIL 体系十大流程管理的技术和方法进行系统运行管理；将信息采集、存储与检索、加工与分析、传递和共享等所涉及的方法、技术综合地应用到组织的信息化实际中，分析和解决相应的实际问题；信息系统安全模型的应用；利用信息资源管理的观点和方法，具体而系统地考察企业和政府的信息化过程等。应用要求能够回答干什么、怎么做。

（二）关于学习教材与主要参考书

《信息资源管理》（全国高等教育自学考试指导委员会组编）武刚主编，机械工业出版社（2010 年版）

（三）自学方法指导

信息资源管理是一门综合性、理论性和实践性较强的课程，它的许多概念、观点是从信息化建设实践中不断总结出来的，其理论体系仍处于发展之中，尚不成熟。因此，要结合信息化实际开展学习，真正掌握具有方法论意义的思维和方法，理论要联系实际，这样才能不被众多歧义的概念、方法所困扰。要充分利用网络资源进行学习，培养自学能力。建议能够深入某一组织进行调查，了解其信息资源管理的状况，写出综述评价与建议，加深对概念、方法内容和意义的理解。同时，在归纳、总结各章知识点的基础上，做好每章后面罗列的练习题、网络学习题和思考题。

（四）学时分配

本课程 4 学分，相当于全日制高等学校课内 72 学时，自学本课程大约需要 180 学时，建议分配学时如下：

章　次	课 程 内 容	自学时间/小时
1	信息资源管理基础	30
2	信息化规划与组织	20
3	信息系统资源管理	30
4	信息资源内容管理	30
5	信息资源管理的标准与法规	30
6	信息资源安全管理	20
7	企业与政府信息资源管理	20

（五）对社会助学要求

该课程要求教学助学点做到：

1. 应熟知考试大纲对课程所提出的总体要求和各章知识点。

2. 助学辅导应以指定教材为基础，以考试大纲为依据，不得随意增、减内容。

3. 辅导老师要熟悉教材，尽量通过生动的引例或实例把知识点、难点、易出错点给考生讲出来。

4. 辅导老师的主要任务是给考生讲授解决问题的思路和方法。注意正确引导考生做到理论和实际相结合，帮助考生树立系统思考方式，去认识和解决信息化过程中所面临的各类信息资源管理问题。

5. 应当采取启发式教学，鼓励考生通过网络等多种渠道学习，不断培养考生的自学能力。

（六）关于命题与考试若干规定

1. 考试方式为闭卷笔试。考试时间为150分钟。评卷采用100分制，60分为及格。

考试时只允许携带钢笔、签字笔和铅笔，答卷规定用钢笔或签字笔完成。

2. 本大纲在各章的考核要求中所列出的所有细目都是考试的内容范围。试题覆盖到各章，命题要突出重点章节，要加大重点内容的覆盖密度。

3. 本课程对考核要求中不同能力层次的考试分数比例为：识记: 领会: 应用，大致为3:5:2。

4. 试题难易程度比例为：易: 较易: 较难: 难，大致为2:3:3:2 。

5. 本课程考试命题的主要题型一般包括：选择题、填空题、名词解释、简答题、综合分析题等。

附录 题型举例

一、选择题

1. 与信息内涵密切相关的术语有(　　)。

A. 数据、消息、数字、传媒

B. 数字、媒体、知识、情报

C. 数据、消息、知识、情报

D. 数据、通告、音讯、新闻

2. 不是 CIO 基本职能的是(　　)。

A. 战略的参谋者

B. 战略的决策者

C. 战略的执行者

D. 信息的传播中介

二、填空题

1. 信息系统由人、硬件、软件、数据和________等五要素组成的。

三、名词解释

1. 解释下列名词：信息、信息资源、信息资源管理、信息系统。

2. 写出下列缩略语代表的英文单词并翻译之：CIO、ERP、KM、VPN、PKI、CA。

四、简答题

1. 从功能和组成角度，解释信息系统的概念。

2. 什么是信息化战略规划？

五、综合分析题

1. 论述 CIO 在组织中的地位和作用。

2. 利用信息系统安全模型，说明一个组织如何对其信息资源安全进行系统管理。

后 记

本大纲是根据全国高等教育自学考试指导委员会电子电工与信息类专业委员会制定的《高等教育自学考试计算机信息管理专业(独立本科段)考试计划》和全国高等教育自学考试指导委员会《关于修订高等教育自学考试课程自学考试大纲的几点意见》的精神制定的。

本大纲提出初稿后，曾聘请专家通审，并由电子电工与信息类专业委员会在北京组织召开审稿会进行审稿，根据审稿会意见由编者作了修改。最后由电子电工与信息类专业委员会定稿。

本大纲由武刚教授(北京林业大学)负责编写和修改。参加审稿并提出修改意见的有贾素玲教授(北京航空航天大学,主审)，赖茂生教授(北京大学)。

对参与本大纲编写和审稿的各位专家表示感谢。

全国高等教育自学考试指导委员会

电子电工与信息类专业委员会

2010 年 10 月

第 1 章　信息资源管理基础

◎学习目标与要求

本章主要对信息、信息资源、信息资源管理及其相关概念和内容进行了概括性阐述，是全书其他各章的基础。

通过本章学习，要求同学们：

① 了解信息技术、信息革命与信息化的内涵。

② 理解信息的概念以及信息的性质、分类和测度。

③ 了解狭义信息资源和广义信息资源的概念。

④ 掌握狭义和广义信息资源管理的内涵和过程。

⑤ 了解信息资源管理产生与发展过程。

1.1　导言：信息革命与信息化

科学技术是第一生产力，它为人类认识世界和改造世界提供了强大武器。纵观人类文明发展史，不难发现一些重大科学技术的发展成为人类社会进步的革命性因素。人们习惯上把它们称为科学技术革命(如农业革命、工业革命、信息革命等)，而把因为科学技术革命导致人类社会的全面突变或革命性变化称作"化"，如农业化、工业化、信息化等，而对应的社会形态被称作农业社会、工业社会和信息社会等。每一种社会形态都深深地刻着科学技术的时代烙印。人类文明发展是农业化、工业化和信息化不断融合的过程(如图 1-1)。

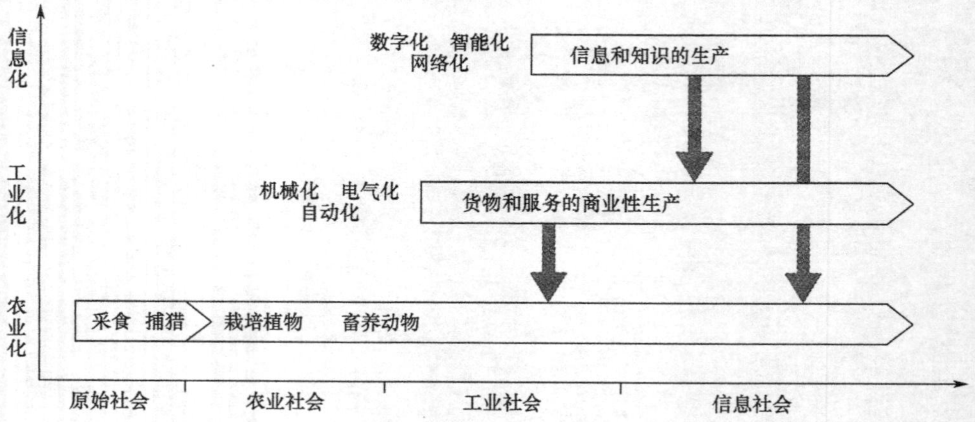

图 1-1　人类文明发展的足迹(源自周宏仁,2008,信息化论 P. 283)

"刀耕火种"即农业工具的发明和作物知识的发现，使人类逐步摆脱狩猎和游牧的原始社会，进入农业社会，这一农业化过程持续了几千年。

200多年前，以纺织机械的革新为起点，以蒸汽机的发明和广泛使用为标志的近代第一次技术革命，实现了工业生产从手工工具向机械化的转变，社会的工业比重迅速增加，资本主义生产体制得以确立，社会结构发生革命性变化，进入“机械化时代”。而19世纪中叶，随着科学技术的迅猛发展，以电力技术为主导的近代第二次技术革命，使电力技术在能源（动力）、通信、照明、运输等方面得到广泛应用，改变了人们的生产、生活状况，推动了人类文明的进步，社会进入“电气化时代”。同时电力技术的应用极大地推动了冶金技术、化工技术、内燃机技术等其他技术的全面发展，创造了巨大的生产力，给整个社会带来了广泛而深远的影响，机械化、电气化导致的社会化大工业生产方式，把人类带入工业社会。

如果说，近代两次技术革命利用机械力、蒸汽、电力、石油等动力方面的变革，实现人类体力上的解放，提高劳动生产率，是一场能源革命，那么20世纪中叶以来，以信息技术为主导的现代技术革命，实质上是人类智力的解放，是一场智力革命。从体力解放到智力解放这一重点转移导致技术和社会的巨大变化，信息经济或知识经济、网络经济等建立在知识的生产、分配和使用（消费）之上新的科技密集型经济形态，使信息成为社会发展主导性或支配性资源。正如人们总结的那样：材料、能源、信息是支配人类社会发展的三大基本要素。随着社会生产力的发展，不同的历史时期，它们有着不同的地位，并发挥着不同的作用。20世纪50年代以来，电子计算机与通信技术的结合发展，信息要素迅速成为影响人类社会发展的一种决定性力量，信息资源的开发利用日益走向社会化、产业化，并成为主导现代社会的支柱产业。这种变化不仅迅速改变着人类社会的各种活动和社会运行机制，而且还贯穿于各种社会职业活动之中。结果是：社会经济的信息投入产出比迅速增长，社会交往合作不断加强，科技与经济加速发展。发生在现代社会中的这一变化趋势就是人们通常所说的“信息化”。信息化把人类带入信息社会。

1.1.1 信息技术与信息革命

例1-1 智能手机及其应用

酷派6268H是一款集PDA、GPS导航、移动通信于一体的3G智能手机。首先，它是支持GSM和TD_SCDMA的双模手机，具有语音与可视通话、短信发收和3G无线上网等功能；其次，它具备全球定位（GPS）功能，支持相应的导航软件，实现定位和导航服务；第三，它是一台功能齐全的掌上电脑（PDA），采用Windows Mobile中文操作系统，配置MS Office Mobile（含Outlook、Word、Excel、PowerPoint等）、IE、Media Player及图片浏览器等应用软件，内置了私密防盗、来电卫士、资料密码、名片识别、文件备份等商务功能，同时可以嵌入即时通信、商务应用、游戏等众多应用程序。此外，它还带有百万像素摄像头和无线蓝牙传输等功能。这些优点使得它成为移动商务人士和户外调查人员采集、存储、处理、传输和利用信息的得力助手。

智能手机集中反映了信息技术所呈现数字化、小型化、网络化、智能化、系统化的发展趋势。可以想象，随着芯片、软件及无线通信等技术的更新换代，会出现功能更强、性价比更高的移动终端设备，改变着人们工作和生活娱乐的方式。

20世纪下半叶，随着计算机、互联网、手机等信息技术和产品的快速普及和广泛应用，人们的工作、生活方式受到了前所未有的影响。这些都源自20世纪中期开始的信息技术发展所引发的信息革命。

信息技术(Information Technology,简称IT)是应用信息科学的原理和方法研究信息产生、传递、处理的技术，具体包括有关信息的产生、收集、交换、存储、传输、显示、识别、提取、控制、加工和利用等方面的技术。现代信息技术主要包括计算机技术、通信技术、传感技术和控制技术，它们相当于人类的思维器官、神经系统、感觉器官和效应器官。而与半导体材料紧密相关的微电子技术是它们的基础。

微电子技术是指在几平方毫米的半导体材料上，用微米及亚微米刻蚀加工技术，制作由成千上万的晶体管构成的微缩单元电路，并应用这些电路装配成各种微电子设备的技术。通俗地讲，微电子技术就是一门使电子器件或电子设备微型化的技术。其基本构成是集成电路和微处理器，其特点是精细或超精细的“微”加工技术，是一种节约材料、能源、空间和劳动的技术。其技术工艺新、更新换代快、品种数量多、应用范围广，集中体现了现代科学技术的精华，全面推动了信息技术的突飞猛进。例1-1提及的智能手机就是微电子技术的一个结晶。

以微电子技术为基础的现代信息技术(计算机、通信、传感和控制等技术)已逐步渗透到国民经济和人民生活的各个领域，它们的发展与应用呈现出如下特点或趋势：

① 数字化　各种文字的、图形的、图像的、声音的信息被进行二进制编码即数字化，它是一切现代信息技术应用的基础。在数字化时代，带有微处理芯片的数码产品充斥社会的各个角落，数字图书馆、数字校园、数字城市等应运而生。

② 小型化　正如Intel公司创始人摩尔(Moore)和原DEC公司副总裁贝尔(Bell)等专家所预测的那样：在1970年至2000年的30年间，微处理器芯片大约每18个月集成度翻番，处理能力提高一倍，体积和价格减半。个人计算机、各种移动终端设备如笔记本电脑、平板电脑、个人数字助理、智能手机等不断更新换代，功能不断提高，体积越来越小，成为人们工作和生活的必备工具。

③ 网络化　从局域网到广域网，从有线网到无线网，从传感器网到物联网，网络技术的高速发展和普及应用，使得网络成为名副其实的国家信息基础设施。网络媒体后来居上，已经成为继报纸、广播、电视之后最重要的传播媒体。现代社会的工作生活与网络密不可分。

④ 智能化　从人们常见的手写输入、搜索引擎、智能比价等软件，到指纹识别器、数控机床、机器人等硬件，再到复杂的智能交通管理等应用系统，用智能技术开发的软件、硬件和系统被广泛应用于各行各业，实现业务活动的高效化乃至自动化，提高人们信息处理和管理的效率。研发高效的智能产品是信息技术发展与应用的主要趋势。

⑤ 系统化　将分散的信息产品(如功能不同的硬软件)有机地集成在一起，形成一体化的产品，方便使用，提高效率，消除信息孤岛，是信息技术发展和应用的另一个趋势。智能手机(如例1-1)的发展、智能卡技术的应用(如“公交一卡通”,银联卡的应用等)、企业信息门户等都是信息产品系统化的体现。

过去几十年间，微电子技术造就了成千上万的信息技术应用，有人把它概括为“3C”革命，即计算机(Computer)、通信(Communication)和自动控制(Control)领域的革命。三者相互联系，不断发展，集成应用，使整个社会普遍实现了自动化——工厂自动化(FA)、办公自动化(OA)、家庭自动化(HA)，即“3A”革命。以计算机及其网络为主的信息技术，被广泛应用于从政府办公到企业生产运作再到家庭、个人生活的各个领域。很难想象，当今信息社会如果没有计算机和网络将会成为什么样子，这就如同工业社会没有机器和电一样。信息技术的发展完全改变了人类社会的面貌，深刻影响着社会的组织、经济、文化、政治等多个方面，信息技术的水平、规模和应用程度已经成为衡量一个国家现代化程度的重要标志，人们把这种因信息技术发展而导致的社会变革称为信息革命。

信息革命具有技术科学化、群体化、智能化、高新性等特征。第一，与依赖经验完成纺织机械革新不同，在微电子技术、计算机技术、通信技术、传感技术和控制技术等信息技术发明和发展过程中，科学理论与实验始终起着主导作用。科研成果渗透到技术的各个环节，成为技术发展的关键，使技术越来越科学化和成熟。这一点不难从计算机、通信、互联网等技术的发展历史中得到验证，如关系代数理论于数据库技术，TCP/IP 协议于互联网技术等。第二，随着人们改造自然和生产实践活动的愈加深化，所面临的问题就愈带有综合性，涉及范围广、难度大，绝非单一技术所能胜任，必须依赖多学科、多技术所形成的技术群解决。如户外作业人员或移动商务人员需要使用便捷可靠的移动终端设备，人们综合多种技术制造了集 PDA、GPS 和电话于一身的智能手机及其应用软件(如例 1-1)。第三，信息革命更强调智能化。比如，机电一体化的数控机床、机器人；计算机和互联网应用涉及的语音处理、图像识别、软件代理、搜索引擎技术等，无不带有智能色彩。第四，信息技术具有高技术的特征。据说“高技术”一词来源于美国，人们对它有多种不同的理解。一般认为：高技术是指那些对国家军事、经济有重大影响，具有较大社会意义，能形成产业的新技术或尖端技术。它具有如下“高”特征：一是高驱动，信息技术相当大程度上是经济发展的驱动力，几乎可以渗透应用于各个领域，带动各行各业技术进步，它的应用具有广泛的社会性。二是高增值，它是经济效益和社会效益的倍增器。三是高智力，信息技术是知识密集、技术密集的新技术，其发展主要依赖于智力，其次才是资金。四是高战略，信息技术是以科学技术形式表现的战略实力，直接关系到一个组织、区域或行业乃至国家的社会经济地位。五是高风险，信息技术的探索处于科学技术的前沿，任何一项开创性构思、设计和实施都具有风险，要么获得巨大成功，要么造成严重损失。六是高时效，信息技术发展变化快，市场竞争激烈，时间效益特性突出。

1.1.2 信息化

作为一个大家耳熟能详的流行词，尽管人们对“信息化”的由来、内涵和翻译存在质疑，但它的确已经成为一个国际化的、有着鲜明时代特征的词汇。

许多学者都认为，1963 年日本学者梅棹忠夫针对本国物质资源匮乏特点，在探讨建立新兴产业的《论信息产业》论著中，在向人们描绘了信息革命和信息社会前景的同时，首次提出了“信息化”的概念。西方世界普遍使用“信息化”的概念主要是从 20 世纪 70 年代后期开始的。现在可以从互联网上看到许多语言文字表达的“信息化”，包括中文、英文、法文、德文、日文、韩文等，它被广泛应用于亚洲、北美、欧盟等地区。例如，informatization(美式英语)、informatisation(英式英语)、informationalization 就是人们造的 3 个“信息化”的英文字。

事实上，“信息化”在全球范围内获得极大关注并成为社会发展主流，源于信息技术发展波浪的两次高潮。其一就是 20 世纪 70 年代末到 80 年代的个人计算机(PC)的发明和迅速普及。在那之前，计算机技术尽管发展了近 30 年，但由于设备昂贵、技术复杂、使用不便等原因，计算机主要被为数不多的大公司、教育科研部门的专家(工程师、学者或研究员等)使用，限于科学计算、业务数据管理等专门工作。20世纪70年代，由于微电子技术(大规模集成电路)的出现，小型化催生了第一台微机的诞生。到20世纪80年代，随着物美价廉、方便耐用的PC机迅速普及，计算机几乎被用到办公、生产、管理、生活和娱乐等所有领域，各行各业掀起了应用计算机的第一次高潮。人们把这种普遍应用计算机技术的现象称作信息化。然而，真正把全球信息化波浪推向第二个高潮的是20世纪90年代迅速发展和普及的互联网技术。1992年，克林顿在其竞选总统的报告"复兴美国的设想"中提出："50年代在全美建立的高速公路，使美国在以后的20年里取得了前所未有的发展。为了使美国再度繁荣，建设21世纪的'公路'，它将使人们得到就业机会，带动经济发展"。这里所谓的21世纪的"公路"就是"信息高速公路"。在竞选获胜后不久，1993年3月克林顿政府就提出了"国家信息基础设施行动计划"(NII, National Information Infrastructure: Agenda for Action)，明确提出用信息技术促进美国经济发展和社会进步的目标，以及全面推进国家信息化建设的发展战略。随后，欧盟、日本、加拿大等发达国家和地区均制订了类似的规划，NII、RII、GII等国家、地区、全球信息基础设施计划在世界各地陆续展开，掀起了全球信息化的第二次高潮。而互联网技术的适时发展和快速普及应用，某种意义上实现了NII或GII所期望的社会或地球上的任何人能在任何时间、任何地点，通过任何形式(文字、声音、图形、图像等)享用或传递任何需要的信息。的确，互联网堪称对人类影响最大的发明之一。它的影响迅速而深刻，正如有人统计的那样，在历史上还没有一项技术像互联网这样，在这么短的时间内影响如此多的人：电话用户达到5000万户用了55年，广播听众达到5000万户用了38年，电视观众达到5000万户用了13年，而互联网只用了3年就超过了5000万用户。在我国，根据中国互联网络信息中心(CNNIC)于2008年7月公布的《第二十二次中国互联网络发展状况统计报告》，中国网民规模呈现逐年持续快速发展的趋势(见图1-2)。截至2008年6月底，中国网民数量达到2.53亿人，网民规模已跃居世界第一位。但中国19.1%的互联网普及率仍远低于发达国家互联网普及率(如全球第一的冰岛85.4%的居民是网民，韩国、日本的普及率分别为71.2%和68.4%)，同时也略低于全球21.1%的平均互联网普及率。不过，从近年来网民年增长数来看：中国的互联网处在发展的上升阶段，发展潜力较大。特别是，使用手机上网的网民数已经达到7305万人，占全部网民数的28.9%。截至

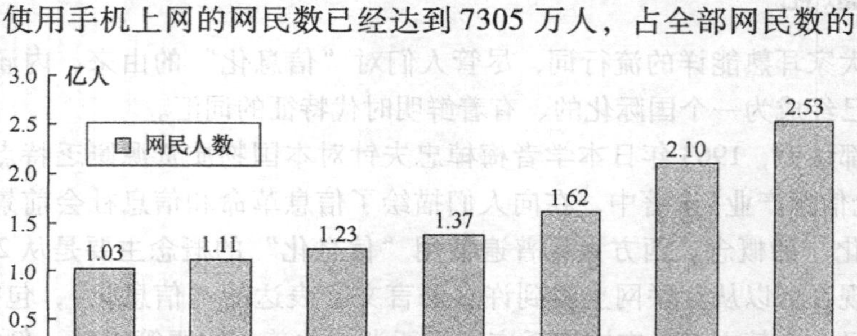

图1-2 中国网民人数增长情况㊀

㊀ 引自CNNIC于2008年7月公布的《第二十二次中国互联网络发展状况统计报告》。

2008年5月，工业和信息化部公布的数据显示，中国手机有效号码使用数已经达到5.92亿张，继早期的高速增长之后，近两年的手机有效号码使用数增长率超过18%，2008年5月比上年同期增加了9753万张卡，增长量非常大。随着3G等移动通信技术的普及和发展，可以相信未来无线互联网用户还会迅速增加。互联网普及程度和应用效率已经成为考察一个国家或单位信息化水平的基本标准。有人甚至把围绕着互联网这条信息高速公路的建设、开发和利用当成了信息化的代名词，信息化建设被形象比作“铺路”——建设信息网络，“买车”——建设信息系统，“运货”——提供信息内容。

现在，尽管“信息化”一词被社会广泛使用，但目前还没有一个统一的定义。不同的人站在不同角度，有不同的理解和表述。一般可归为如下一些理解：

① 信息化是指信息技术在国民经济和社会生活中逐步应用的过程。

② 信息化是继农业化、工业化之后人类生存和发展的一个历史阶段，其结果是导致人类进入信息社会。

③ 信息化是政府促进经济发展和社会进步的重要战略；国家信息化包含领域信息化、区域信息化、企业信息化和家庭与个人信息化等多个层面。

④ 信息化是各级社会组织为顺应社会发展潮流而从事的应用信息技术提高信息资源开发和利用效率的活动。

本书主要从资源管理的角度认识和使用信息化，即信息化特指一个具体组织实体（政府部门、事业单位或企业）应用信息技术提高信息资源开发和利用效率的过程与活动。

在我国，1991年江泽民同志指出：“实现四个现代化，哪一化也离不开信息化”，为我国把握信息革命机遇，推进信息化建设指明了方向。1993年国务院决定成立由20多个部委参加共同组成的“国民经济信息化联席会议”，统一领导与组织全国信息化工作及重点工程建设，并陆续启动了金卡、金桥、金关等“金字”系列重大信息化工程，揭开了全面开展国家信息化建设的序幕。1996年联席会议改组为“国务院信息化工作领导小组”，下设办公室，由18个部委参加。1997年全国信息化工作会议明确了国家信息化的内涵：“国家信息化就是在国家统一规划和组织下，在农业、工业、科学技术、国防及社会生活各个方面应用现代信息技术，深入开发、广泛应用信息资源，加速国家实现现代化的进程”；并提出了“统筹规划、国家主导、统一标准、联合建设、互联互通、资源共享”的国家信息化建设24字指导方针；确定了国家信息化体系，包括信息资源、信息网络、信息技术应用、信息技术和产业、信息化人才队伍、信息化政策法规和标准规范等6大要素；提出了以信息资源开发利用为核心，按照领域信息化、区域信息化、企业信息化，开展国家信息化建设的思路。领域信息化就是部门、行业所开展的信息化活动，如金融信息化、税务信息化、农业信息化等；区域信息化通常是指地方政府根据地区经济与社会发展实际而开展的信息化活动，如城市信息化（数字城市）等；企业信息化是指企业在生产、经营、管理、决策等各个层次应用信息技术，深入开发和广泛利用内外部信息资源，不断提高其经营管理效率和水平，进而提高企业经济效益和竞争力的活动。

由上可见，信息化是一个高度概括、内涵丰富的概念，它揭示了由信息革命所引起的社会经济全面变革的过程、活动和结果。首先，在信息化的进程中，信息化与工业化、农业化相互融合、相互促进、协同发展，社会产业结构发生重大变化。以信息技术制造（如微电子、计算机等信息设备制造业）、信息内容生产（如门户网站、电子传媒出版业等）和信息服务

（如信息技术支持、信息中介、信息咨询等行业）为主体的信息产业成为社会的支柱产业。信息化使得一些新的行业（如电子商务）产生并发展壮大，同时也促进和实现传统产业的改造（包括淘汰）和优化升级，信息化是一次名副其实的新型产业革命。其次，随着社会信息化的深入，社会经济形态和就业结构发生根本性变化，传统的工业经济形态逐步被新的信息经济（或知识经济）形态所改变。例如，在后工业时代（信息社会），服务业将成为社会生产的主力。以美国为例，从事服务业的人数占就业人数的比例，从 20 世纪初不到 40%，到 20 世纪末超过了 80%；2000 年美国的国民收入的 70% 是由服务业创造的，其中信息服务业占有很大的比重。最后，信息化对社会组织和个人行为方式也产生了重大影响。例如，以 Web 2.0 以及协同式知识创造的形式（如 Wiki 百科、百度百科等）为代表的社会网络应用的发展，深层次地改变了人们的社交行为，进而被引入企业经营活动中，产生了被称为“Enterprise 2.0”的新型应用，为企业知识管理和经营决策提供了更加丰富而强大的手段；以云计算（Cloud Computing）为代表的软件和平台服务技术，将 IT 外包潮流推向一个新的阶段，促进了信息技术服务行业的发展；基于网络的虚拟企业、SOHO 族（居家办公人群），改变了企业协作和员工工作的方式。总之，信息化使我们正面对着一个数字化、网络化的信息社会，它有着与农业社会和工业社会明显不同的特点：

① 非物质性　数字化把社会带入尼葛洛庞帝在《数字化生存》一书所描述的“比特时代”。正如原子是构成物质世界的基本单元一样，比特是构成信息世界的基本单元。在信息社会中没有重量的、虚拟形式的、非物质的比特（bit）比原子更加重要和活跃，许多有价值的东西，其物质重要性在减轻或消失。正像人们看到的，在数字化时代，人们会花钱买创意、娱乐、式样、便利、速度、创造性和美观。因此，出现了一大批非物质性的高附加值服务业，如信息咨询、代理服务、媒体制作、软件开发等。

② 超时空性　由于信息网络的存在，到处都是以光速在全球传输的没有重量的比特，它们无视空间和地域，时空距离被消除，地球变成了“村”。电子商务、全球经济一体化、远程教育、远程医疗等超越了时空。

③ 可扩展性　因为比特可以共享且便于传播，所以信息社会具备某种“无限可扩展性”，传统的生产观念、生产方式和产品交换方式等都受到重要影响。

在信息社会中，信息极大丰富，信息活动在社会生活中的各个领域逐渐占据主导地位，信息化既给人类提供了发展的机遇，同时引发像“信息爆炸、信息污染、信息安全、数字鸿沟”等许多问题，对人类信息化发展特别是信息化的管理提出了挑战。为此，从 20 世纪 70 年代开始，人们结合信息化实践，对信息、信息资源和信息资源管理进行了深层次的系统探索，从资源管理的角度认识信息化，探讨一个具体组织实体（政府部门、事业单位或企业）在应用信息技术提高信息资源开发和利用效率时可能遇到的问题，以及应对和解决这些问题所遵循的一般程序、策略和方法。一门新兴的综合性的边缘交叉学科——信息资源管理应运而生，它以管理科学、信息科学与技术、数学等为基础，研究和探索人类信息管理活动的基本规律和一般科学方法，具有综合性和实践性强的特点。

1.2　信息

例 1-2　烽烟报警——Hartley 信息量测度

古时候尽管没有电报、电话这样的远程通信工具，但聪明的古人仍然发明了烽火台、消息树、信鸽等方法，来进行简单的远程通信。

“烽烟报警”就是古人利用信息的一个范例，通过点起的烽烟，向远处后方的人们预报敌人到来的消息。烽烟(信息)如此重要，它关乎人民的安危。同时，烽火台就像一只小麻雀，用它可以揭示一般通信系统的一些基本道理。

这里，“烽火台”是发信方，“远处后方的人们”是收信方，烽火台(发信方)用有烟或无烟两个信号来向人们(收信方)传输信息。如果把有烟表示为1，无烟表示为0(信息的编码)，则烽火台就是一个简单的通信系统——只传输2种信息(1或0)。当然，可以像长城那样有多个烽火台，多个烽火台构成了一个相对复杂的通信系统。比如2个烽火台的情形，它可以发送4种信息(11、10、01、00)。怎样比较1个和2个烽火台这样两个通信系统呢？为此通信工作者进行了深入的研究，其中美国人Hartley最早从科学的角度阐述了“信息”以及“信息量”的概念。指出：“信息是选择通信符号的方式”，信息量可以用选择的自由度来计算。即

$$H = N * \log(S)$$

其中，H为信息量，N代表1条信息包含字符的个数，log为对数符号，S代表通信符号表(信息编码集)中符号的个数。以上面“烽火台”通信系统为例，$S=2$，它是通信符号集{1，0}的个数，1个烽火台的$N=1$，2个烽火台的$N=2$。则1个烽火台传输1条信息的信息量$H1=1*\log2$；2个烽火台传输1条信息的信息量$H2=2*\log2$。2个烽火台传输能力是1个烽火台的2倍，公式计算结果与实际相符。这里，对数log2可看做信息单位，当log以2为底时即$\log_2 2$称为比特(bit)。当log以e为底时即ln2称为奈特(nat)。当log以10为底时即$\log_{10}2$称为迪特(dit)。Hartley的工作开创了信息论的先河。

作为通信科技工作者，Hartley的信息量只限于符号(形式化即语法意义)信息量的计算，不涉及信息的内容(符号的含义:报警或平安即语义意义)，也没有涉及信息的价值(效用,即语用意义)。现代信息管理工作者不仅关注信息的形式(通信)，更关注信息的内涵和效用，这样才能使信息发挥更大的效益。我国西周时期的“幽王烽火戏诸侯”就是信息(通信系统)滥用的反例。

信息是当前社会使用最多、最广、最频繁的词汇之一，大多数人把它与消息、情报等同看待(俗语)。然而它的本质是什么？一般人很难说清楚，不同的人(包括学者)从不同角度给出许多不同的解释。这个看似简单的概念，其科学内涵(术语)却极为丰富且复杂，目前还未形成统一公认的定义。以至于近年来以它为专门的研究对象，形成了一门探索信息运动规律的学问——信息科学。本节从信息科学视角，阐述信息概念的内涵、性质、分类和测度，为信息资源管理提供必要的理论基础。

1.2.1 信息的概念及其发展

英文、法文、德文、西班牙文中共用的“Information”被译作信息(港台地区常作资讯，日语译作情报)，它源自拉丁语“Informatio”，意思是解释、陈述。从其动词根Inform看，有通告消息的意思。在汉语中，“信”和“息”都有音信、消息的意思。据有人考证，“信”和“息”二字连成“信息”，最早见于《三国志》，书中记载诸葛恪围合肥新城，城中遣使刘整出城传消息，王子俭期曰：“正数欲来，信息甚大”。一千多年前唐朝诗人李中也

有“梦断美人沉信息，目穿长路倚楼台”的诗句。因此，在信息成为流行语之前，由于认识的局限性，人们把信息仅仅看做是消息或音信的同义词。同样，在英语文献中“信息”（Information）和“消息”（Message）两词有时也是相互通用的。

最早把信息作为科学对象来加以研究的是通信科技工作者，他们关心在利用通信设备（如电报机或电话机）进行信息传输的过程中所面临的种种问题。比如，如何将发信者（信源）所发的文字的或语音的信息进行编码；如何将编码后的信息通过电磁波信号准确地传输到遥远的接受者（信宿）；最终，如何将电信号回译成接收者可理解的文字或语音等。他们时刻与信息打交道，但他们不是消息内容的关注者，而是信息传输的服务者，他们不关心信息内容的意义与价值，只考虑选择通信符号的方式。例如，著名的莫尔斯电报码就是利用短音（音作滴）和长音（音作答），将英文中的26个字母、10个数字及标点符号进行了编码（形成通信符号表），报务员通过操纵电报机发送与信息对应的长短音信号，最终利用电磁波信号（脉冲）实现信息的远程传输。为了深入研究通信问题（如信息编码、计算信源信息量、信道容量等），他们必须研究信息的本质及其度量方法。1928年，L. Hartley发表了一篇题为“信息传输”的论文，把信息理解为选择通信符号的方式，并用选择的自由度来计量信息量大小。信息被认为是信号，这种观点在计算机技术出现后，又引申为“信息就是数据”（如ASCII码）。1948年，信息论奠基人Shannon发表了题为“通信的数学理论”的论文，以概率论为工具，深刻地阐述了通信工程中的一系列基本理论问题，把信息量定义为随机不确定性（熵）程度的减少。其基本观点是：通信的发生是以通信者具有不确定（不知）性为前提的，如果两个通信者之间不存在不确定性，也就没有必要通信了（传输确定消息的信息量为零）。通信的目的就是减少不确定性，而消除不确定的东西正是它所传递的信息，即“信息是减少不确定性的东西”。Shannon的这些认识比仅把信息看做消息或通信内容要深刻而本质得多，同时数学上用概率建立起信息量计算公式（见1.2.3的Shannon熵），也是对Hartley工作的继承与发展。与此同时，控制论奠基人维纳（N. Wiener）从控制系统的角度研究了信息，认为信息是“我们在适应外部世界、控制外部世界的过程中同外部世界交换的内容的名称”，并指出“接受信息和使用信息的过程，就是我们适应外界环境的偶然性变化的过程，也是我们在这个环境中有效生活的过程”。如果把交换内容看成广义的通信，则维纳关于信息是适应偶然性变化过程的思想与Shannon是异曲同工的。

总之，Shannon等人从通信的角度建立的信息概念和信息量计算公式，是经典的而具有里程碑意义的工作。但是，正如我国著名的信息学家钟义信指出那样：首先，Shannon等人的信息概念基于“在收端复制发端的波形”的思想，是纯粹通信意义的形式化的概念，它排除了信息内容的含义和价值因素。信息不只用作传输（通信），当需要考虑信息的含义或价值（如决策分析）时，Shannon的信息概念就不能用了；其次，它只考虑了随机型不确定性，不能解释与其他类型（如模糊型）不确定性有关的信息问题；最后，Shannon的信息概念只是从功能上进行表述，还没有从根本上回答“信息是什么”的问题。为此，钟义信在他的著作《信息科学原理》中提出了“全信息”理论，对信息及其度量的相关概念进行了系统阐述。

信息概念是复杂的，对它进行系统辨识一定要分清楚层次，而不能笼统视之。钟义信首先把信息的概念分为两个层次——无约束的本体论层次和引入认识主体的认识论层次。从本体论客观意义上看，信息被定义为“事物运动的状态和状态变化方式的自我表述或自我显示”。其中，“事物”泛指一切可能的研究对象，既包括物质客体也包括精神现象。“运动”

泛指一切意义上的变化，包括物理的、化学的、生物的、思维的和社会的形形色色的变化。所以本体论层次的信息是普遍的、绝对的而客观的，它描述了事物内部结构与外部联系的状态及其变化方式。从认识论主观意义上看，信息是“主体所感知或表述的关于事物的运动状态及其变化方式，包括状态及其变化方式的形式、含义和效用”。由于引入“主体”，所以认识论层次的信息的内涵就更丰富。首先，主体具有感觉能力，能够感觉事物运动状态及其变化方式的外在形式；其次，主体具有理解能力，能够理解事物运动状态及其变化方式的内在含义；再者，主体具有目的性，能够判断事物运动状态及其变化方式对其目的而言的效用价值。借用语言学被分为语法学、语义学、语用学，可以把认识论层次的信息分为三个层次：仅考虑外在形式的“语法信息”，考虑内在含义的“语义信息”，考虑效用价值的“语用信息”。语法信息、语义信息、语用信息三者综合在一起构成了认识论层次的全部信息，即全信息。显然，前面 Shannon 等人的信息概念是语法层面的，用它可以解释信息传输环节的问题，而非全部信息活动。而全信息概念有助于人们全面地考察信息的获取、传输、组织、加工与利用等信息活动的各个环节。

在全信息的基础上，引入认识主体与事物客体之间的关系，则可以衍生出另外三类信息的概念：实在信息、先验信息和实得信息。实在信息是事物实际具有的信息，是事物本身固有的一个特征量，与认识主体因素无关。先验信息是主体感知事物前已经具有的关于该事物的信息。它既与事物本身有关，也与主体的主观因素相关。实得信息是主体观察事物的过程中实际获得的净信息。它与事物、主体的主观因素和观察环境条件相关。

如果我们对事物状态及其变化方式的不确定性做进一步分析的话，语法信息又可细分为三类：随机(统计)信息、模糊信息和偶发信息。世间事物繁多且相互联系，所以世界是复杂的，事物的状态及其变化一般具有一定的不确定性，即人们不能确切地知道某些状态是否出现或某些变化(事件)是否发生。其中，有些状态及其变化是不确定事件，但它具有一定统计规律(即可以通过大量重复性试验得到稳定的发生概率)，这类不确定性是随机的(统计的)，消除这类不确定性的信息被称为随机信息，Shannon 的信息概念属于此类。模糊信息是因为事物有若干运动状态，但运动状态之间的界限是不明确或模糊的(但可以获得状态归属的隶属度)，从而信息呈现模糊性。偶发信息是由于偶然发生而没有稳定统计规律的不确定性所导致的，这类信息现实世界也很常见。

1.2.2 信息的性质与分类

在介绍了信息概念之后，我们再来讨论信息特有的一些性质和分类，以便加深对信息概念的理解。

1. 信息与物质、能量的关系

物质、能量和信息是组成世界的三大基本要素，三者中物质是基础，能量和信息都源于物质。维纳指出：“信息就是信息，既不是物质也不是能量”。信息与物质和能量既相关联又有区别。

信息来源于物质，又不是物质本身(非物质性)；它从物质的运动中产生出来，又可以脱离源物质而寄生于另外的物质中，相对独立地存在。承载信息的物质被称作媒体或介质，媒体可以是源物质，也可以是其他物质，信息寄生于其中。信息是“事物运动的状态与状态变化方式”，但“事物运动的状态与状态变化方式”并不是物质本身，信息不等于物质。

信息也来源于精神世界。精神领域的事物运动(思维过程)当然可以成为信息的一个来源。同物质运动所产生的信息一样，精神领域的信息也具有相对独立性，可以被记录下来加以保存。

信息与能量息息相关，获取、传输、处理信息总需要一定的能量来支持，而控制和利用能量总需要由信息来引导。但是信息与能量有本质的区别，信息是事物运动的状态与状态变化方式，能量是事物做功的本领，提供的是动力。

信息在一定条件下可以转换为物质、能量、时间或其他。“知识就是力量”、“知识就是生产力”表达的就是这种转换关系。显然，正确有效地利用信息，就可能在相同条件下创造更多的物质财富，开发或节约更多的能量，节省更多的时间。从这个意义上讲，信息“变成”了物质或能量。

2. 信息的性质

(1) 信息是普遍的和无限的

信息的普遍性体现在它无处无时不在。信息是“事物运动的状态与状态变化方式”，无论是物质的还是精神的，只要“事物”存在，只要发生变化，信息就存在。显然信息普遍存在于自然界、人类社会和人类精神领域。

一切事物运动的状态和方式都是信息，而客观事物是无限的，所以它所产生的信息必然是无限的。即使空间(如地球)有限，但时间无限，事物发展变化也是无限的。特别的，人的想象是无限的，所以精神世界的信息显然也是无限的。

值得指出的是，信息的无限性指客观事物的实在信息是无限的。对于具体的认识主体而言，实得信息不仅有限有时甚至是稀缺的，这便产生了信息资源的概念。

(2) 信息依附于媒体且可以独立于源事物

信息的媒体依附性是指信息产生于物质且必须依附于媒体。信息可以通过声音(包括声响、语音、音乐等)、文字、图像(包括静态和动态)、气味、形态等形式来表现。信息是内容、媒体和形式的统一体，即信息的内容必然是以一定的形式呈现在某个媒体中，内容、媒体和形式三者同时存在。最初产生信息的事物被称为源事物，它的信息可以被主体以一定的形式感知、记录到其他媒体中，并且可以独立于源事物而被重现。

(3) 信息可以共享

因为信息可以脱离源事物独立存在于其他媒体中，因此某一主体拥有的信息可以被复制给其他主体，同时自身拥有的信息没有损失，这便是信息的共享性。共享性是信息不同于一般物质的本质特性。例如，我有一瓶矿泉水，分给别人喝了，我就没有了；而我经常到一个比价网挑网上最便宜的书购买，我把这个比价网的网址(信息)告诉我的同学，同学也上这个网买书，并不影响我继续网上购书。

值得指出的是，信息天然的共享性，使得信息可能很容易被非法使用。所以，信息产品的产权保护是当今信息安全管理的重要课题。因此，在现实世界中，信息“共享”是有限制的，能够共享和允许共享是两个概念。

(4) 信息可以变换

信息的可变换性是指信息可以被转换成其他的形式存储在媒体中。比如，可以通过扫描，把一份纸版本的文件转换为一份电子文档；或者把一个大的 BMP 图像压缩为一个小的 JPEG 图像等。信息变换是最基本的信息处理手段，信息可变换性被广泛应用到信息编码、压缩、加密等应用领域，发挥着重要的作用。当然，信息造假或信息欺骗是这个性质的反面应用。

（5）信息可以传递但不增值

信息的传递性是指信息可以在空间上或时间上从一点传输到另一点。时间上的传递称为存储或转储；空间上的传递称为通信，显然空间传递是需要时间的，空间传递必然伴随着相应的时间传递。信息传递性使得人类知识得以积累和传播，人与人能够信息交流。但信息传递并不增加固有的信息量，即一份信息被复制一次，其信息量并不会增加。相反，传输过程由于噪声干扰的影响，信息量有可能减少。

（6）信息是动态且有时效的

信息的动态性是指信息具有动态性质，一切信息都随时间而变化，通常信息的效用价值体现在一定时空范围。因为信息反映了过去某个时刻事物运动变化内容，随着时间推移其价值可能会逐渐降低直至完全失去效用，这就是信息的时效性。实得信息的时效不仅取决于信息本身（如事物变化快慢），也取决于信息是否及时被主体获得，信息只有在及时得到并利用情况下才会有理想的使用价值。

（7）信息是具体而可以被感知和处理的

信息并不是虚无缥缈的东西，也不是随意想象创造的事物。它是现实世界各种事物运动的状态及其变化的方式，是非常具体的，可以被感知和处理。主体（人或生物）可以利用其感觉器官或借助传感装置，实现对事物状态及其变化的感知。进而人们可以根据需要，对感知的信息进行存储、传输、提取、变换、加工（和别的信息一起变换）、检索、显示和利用等处理活动。

3. 信息的分类

比较进而分类是人们认识事物的一种有效的手段，也是科学研究常用的方法。从前面的阐述中我们看到：当把全信息的概念用层次的方法展开叙述以后，信息的概念就渐渐具体了。为了更深入地理解信息的概念，下面从多个视角对信息进行分类说明，通过对一些派生概念的阐述，以使抽象的信息概念变得具体和实用。

（1）按存储信息介质划分

按照记录存储信息的介质类型，信息可以分为如下类型：

书写介质信息：通过刻、印、手工书写等方式记录信息，被存储在纸介质、金属介质（如青铜器等）和其他介质（如竹简、石碑等）上。

磁介质信息：通过材料磁性变化记录信息，被存储在各类磁卡、磁盘、磁带中。

电介质信息：通过电信号记录和传递信息，被存储在普通电路与微型电路中。

光介质信息：借助光的强弱和颜色变化记录和传递信息，被存储在光盘、发光设备中。

声介质信息：借助声音记录和传递信息，被存储在音响设备、录音设备、人和发声生物中。

实体介质信息：借助某些实物或人形态变化记录和传递的信息，被存储在实物和人中。如温度计、实物模型、旗语、报警烽烟等。

（2）按信息表现形式划分

从信息的表现形式上看，信息可以分为：文字信息、图像信息（包括静态的图片或图形和动态视频或动画）、声音信息（包括语言、音乐、声响等）、气味信息、形态信息等。通过视觉器官得到的文字、图像、部分形态信息被称为视觉信息；通过听觉器官得到的声音信息被称为听觉信息；用嗅觉器官感知的气味信息被称为嗅觉信息；用触觉器官感知的文字（盲文）、形态信息被称为触觉信息。在计算机世界中，多种形式的信息都存储在电磁介质中，并以一定的技术规范表现出来的信息被称为多媒体信息。

（3）按信息记录方式划分

实物型信息指由实物本身产生、存储和传递的信息，它们通常瞬间表现或直接记录在实物中，是一些原始信息即主体直接感知的信息。例如，刘翔跨栏比赛现场。

记录型信息指利用专门介质存储的各类信息，它们通常是一些经过信息处理并转储于记录介质上的间接信息。例如，刘翔跨栏比赛的电视转播。

智力型信息表现为人脑存储未编码的知识信息，包括人们掌握的诀窍、技能和经验等，又称隐形知识，它通常由人携带，难以记录和保存，甚至无法言传。例如，它可能是成功管理者一生积累或悟到的管理经验和管理艺术；或艺术家、设计师头脑中的灵感；或企业员工掌握的技能等。这些信息都是知识社会的重要财富，需要重点开发和管理，以便为人类创造更多的财富。

（4）按信息源顺序或信息效用层次划分

原始信息是由源事物发出且没有被处理的最初级的直接信息（多属于本体论层次的信息）。但其中一类原始信息被称为零次信息，专指人利用其感觉（即视觉、听觉、嗅觉、触觉等器官）直接感知或交流获得的信息（近似于钟义信定义的第一类认识论意义的信息），它们具有直接性、及时性、新鲜性、随机性、非存储检索等特征，广泛存在于科技和经济活动中，如科学试验、医学诊断、市场调查等。再生信息即经过加工处理并存储于记录介质上的间接信息，如文献信息、音像信息、情报等记录型信息。也有人把再生信息按信息加工处理深度不同，又分为一次、二次、三次信息等。钟义信则把结合具体问题（包括目标），对识别和变换后的第一类认识论意义的信息进行信息处理（分析、比较、运算——信息再生），而得到的信息（或称策略）称为第二类认识论意义的信息。它是较高层次的再生信息，主要解决人类的决策问题。

甘仞初在《信息资源管理》一书中，利用一个简单生动事例，把信息按影响（效用）不同，分为迹象、事实、知识和智能（智慧）四个层次（见表1-1）。指出人们收集和利用信息，是为了规划或调整自己的行为，以便更好达到预定目标（钟义信把它定义为“信息施效”）。

表1-1　信息的层次

层　次	信息内容	描述的问题（效用）	层　次	信息内容	描述的问题（效用）
1	迹象	什么？（提出疑问）	3	知识	为什么？
2	事实	是什么？	4	智能	怎么办？

例如，一位司机在汽车运行中发现前方有异物，就是“迹象”层次的信息（类似于原始信息或零次信息）。司机进一步发现或被告知道路有塌方现象，这属于“事实”层次的信息。连日下雨是导致塌方的原因，这属于“知识”层次的信息。找到绕过塌方路段的路线，安全迅速地到达目的地，是“智能”层次的信息（类似于“策略”）。不同层次的信息获取方式和效用是不同的，这个例子完整地说明了人收集与利用不同层次信息，解决实际问题的一般逻辑（信息过程）。

（5）按信息生成的范围划分

世间的信息无非来自如下范围：宇宙空间、自然界、人类社会、人类思维(精神)。宇宙空间信息包括地球以外物质运动所产生的信息；自然信息是指地球自然界中的各种信息，以及人造物质所产生的信息，它包括生命信息、非生命物质存在与运动信息、生命物质和非生命物质之间的作用信息。社会信息是指人类各种活动所产生、传递与利用的信息，包括人—人作用信息、人—环境作用信息。人脑信息顾名思义指经过人脑加工(思维活动)并储存在人脑中的信息。

（6）按应用领域划分

按照社会分工原则，信息可以分为不同的应用领域：政府信息、企业信息、工业信息、农业信息、军事信息、商业信息、科教信息、文化信息等。

总之，信息的分类很复杂，还可以有许多其他分类原则和方法，例如：信息可以被分为历史信息、现实信息和未来(潜在)信息；也可被分为真实信息、虚假信息、不定信息等，不再赘述。

4. 相关概念

事实上，在前面的阐述中已经涉及几个与信息相近且容易混淆的概念，如消息、情报、数据、经验、知识、智能(智慧)等。在此，我们进一步说明它们的区别。

（1）消息与信息

消息与信息无大区别，字面上都有“音信”的含义。在使用上，一般地我们把消息当做信息的俗语，信息看做消息的学名。即在学术场合，一般使用信息而不使用消息；而在一般非学术场合，信息和消息可以互用。消息只有定性描述，而信息有定量计量。比如，同为1分钟的消息，其信息量可能有大有小，不尽相同。

（2）情报与信息

字面上，情报是对某人(或组织)有特殊意义的情况汇报。其英文也是Information。本质上，情报属于认识论层次信息，且人们更加关注其价值(语用)——即情报是对主体有特殊意义(利益)的信息。但反过来并不是所有信息都具有情报价值。

（3）数据与信息

在没有计算机的时候，数据仅仅指由数字符号组成的信息。随着数字计算机的出现，数字化使得原本非数字的信息(文字、图像等)都变成了数字，用计算机进行信息处理(文字、图像、数字等运算)就是数据处理。所以，在这种情况下数据和信息没有区分。但实际上，数据(计算机中的数字)仅仅是信息的某种编码表达形式，不能等同于信息。

另一种观点是，数据通常指未被加工的原始资料，只有加工以后才能起到“消除不确定性”的作用，所以，信息是“加工后”的数据，而数据不见得是信息。

（4）经验、知识、智能与信息

经验、知识、智能都是信息，反之不然。信息只是它们的原材料，即经验、知识和智能需要通过不同程度的信息加工而得到。经验是人们在解决实际问题过程中形成的成功的操作程序，被实践证实行之有效，但没有经过严格证明。而知识是由经验总结升华出来的结晶，即上升到理性的规律性认识，是高级的、抽象的且具有普遍适用性的信息。智能即智力能力，是指有针对性(目标)地获取问题—环境的信息，并适当进行处理提炼出的知识，最终结合目标信息产生解决问题的策略，解决问题，达到主体目的的能力。其核心是提供解决问题的策略信息。信息、知识、智能三者的关系是：信息经过加工提炼成知识，知识被目的激活成为智能。智能是信息最高层次。

1.2.3 信息的测度

目前信息的测度即信息量的计算主要限于语法意义上的计量，钟义信在其《信息科学原理》一书中，继承了前人（Shannon 等）工作，通过引入肯定度、效用度等，研究了全信息（语法、语义和语用信息）的综合测度问题，建立了全信息测度体系，将前人（包括 Shannon、维纳、Boltzmann、Ashby 等）研究的信息量测度公式纳入其中。下面重点介绍基于数据量和基于 Shannon 熵的两种语法信息量测度方法。

1. 基于数据量的信息测度

在计算机信息处理工作中，常用的信息测度方法是按反映信息内容数量的数据所占计算机存储装置空间大小来衡量信息量的大小。这是一种基于数据量的（语法）信息量测度方法。

目前国际上普遍采用的字母数字编码标准是 ASCII（American Standard Code for Information Interchange，美国信息交换标准码）。ASCII 码包括 10 个十进制数码、英文 26 个字母的大小写字符、专用符号（标准键盘上其他输入符号）共计 128 个元素，二进制编码需要 7 位（比特），外加 1 位校验码，共 8 个二进制位（1 个 Byte，译作字节），所以计算机的基本存储单位是字节（记为 B）。计算机中基于数据量的信息测度常用单位包括：B（字节）、KB（KiloByte，千字节）、MB（MegaByte，兆字节）、GB（GigaByte、吉字节）、TB（TeraByte）、PB（PeraByte）和 EB（ExaByte）。它们的换算关系如下：

$1B = 8bits$

$1KB = 1024B = 2^{10}B \approx 10^{3}B$

$1MB = 1024KB = 2^{20}B \approx 10^{6}B$

$1GB = 1024MB = 2^{30}B \approx 10^{9}B$

$1TB = 1024GB = 2^{40}B \approx 10^{12}B$

$1PB = 1024TB = 2^{50}B \approx 10^{15}B$

$1EB = 1024PB = 2^{60}B \approx 10^{18}B$

利用 ASCII 码很容易计算出一份纯英文文本（只含 ASCII 符）的信息量。同理，也很容易计算汉字文本的信息量。注意 1 个汉字占 2 个字节。

对于非计算机处理的信息（如书籍报刊等），直接用发行种类、发行量或文本字数来进行测度，这也属于基于数据量的测度方法。

2. 基于 Shannon 熵的信息量测度

基于 Shannon 熵的信息量测度方法主要用于随机型语法信息量计算。如前所述，信息是事物运动状态及其变化的方式，而世间事物繁多且相互联系，所以事物的状态及其变化一般具有一定的不确定性，即人们不能确切地知道某些状态是否出现或某些变化（事件）是否发生。但 Shannon 发现有一类变化具有一定统计规律即随机不确定，可以通过大量重复性试验得到稳定的发生概率，从而可以用概率计算消除这类不确定性的信息量。

设事物（信息源）存在的状态为 $x_1, x_2, \cdots, x_n$，它们的出现概率为 $p_1, p_2, \cdots, p_n$，满足下列条件：

$$0 \leqslant p_i \leqslant 1 \qquad i=1,2,\cdots,n \text{ 且 } \quad \sum_{i=1}^{n} p_i = 1$$

Shannon 继承 Hartley 的思想，指出概率信息量 H 应该是概率 $(p_1,p_2,\cdots,p_n)$ 的函数；且 $H(1,0,\cdots,0)=0$ 即确定消息的信息量为 0，因为信息是消除不确定性的，确定的消息不消除任何不确定性。同时，提出 H 应该满足连续、单调增和可加等三个公设，最终在理论证明的基础上，建立了 Shannon 熵公式(1-1)，实现了随机型语法信息量的测度。

$$H(p_1,p_2,\cdots,p_n) = -\sum_{i=1}^{n} p_i \log p_i \tag{1-1}$$

其中，$H(p_1,p_2,\cdots,p_n)$ 就是信息源发出消息的信息量。因为 $-\log p_i$ 是状态 i 出现时的信息量，所以 $H(p_1,p_2,\cdots,p_n)$ 实际上为各状态信息的平均信息量(数学期望)。当状态出现的概率相等，即 $p_i=1/n(i=1,2,\cdots,n)$ 时，Shannon 熵公式就是 Hartley 公式(见例 1-2)，即 Hartley 公式是 Shannon 熵公式特例。

例 1-3 计算发送一个英文字母所含信息量

因为英文字母出现的频率(概率)是不一样的，所以根据专家统计，我们得到每个字母出现的概率 $p_i(i=1,2,\cdots,26)$(如表 1-2)，把它们带入式(1-1)便可计算出发送一个英文字母所含平均信息量 $H(p_1,p_2,\cdots,p_{26})=1.243$。

表 1-2 英文字母出现频率统计(概率)

a	b	c	d	e	f	g
0.0856	0.0139	0.0279	0.0378	0.1304	0.0289	0.0199
h	i	j	k	l	m	n
0.0528	0.0627	0.0013	0.0042	0.0339	0.0249	0.0707
o	p	q	r	s	t	u
0.0797	0.0199	0.0012	0.0677	0.0607	0.1045	0.0249
v	w	x	y	z		
0.0092	0.0149	0.0017	0.0199	0.0008		

(引自卢开澄，计算机密码学(2 版)，清华大学出版社，1998，P6)

1.2.4 信息功能与过程

例 1-4 “电子眼”捕获违章信息

违章监测和异常事件处理是交通管理部门的重要任务之一。据报道，截至 2009 年底北京市汽车保有量已经超过 400 万台，如果其中 1/10 的车每年出现 1 次违章现象(如闯红灯、压黄线、违章停车、违章超速、违章逆行及限行行驶等)，那每年将有 40 万次违章事件需要监测和处理。可以想象，如此大量的违章监测处理任务很难由交警上路亲自完成。幸好随着交通信息化快速发展，智能交通系统中的“交通车辆违章视频监控系统”通常称为“电子警察”系统）发挥了强大作用。它借助先进的信息技术(视频监控技术、网络、图像识别、管理信息系统等)，通过数以千计星罗棋布的“电子眼”构成了强大的交通监控网，时刻捕捉着违章信息。从自动视频信息采集，到快速网络传输，再到用软件自动进行视频图像处理分析以判别违章现象及其车牌，最后结合车辆档案信息系统自动对违章车辆实行处罚(发布违章通告)，实现了违章监测和异常事件处理的自动化。它彻底改变了交警现场值勤、现场发现违章、现场处罚的传统交通违章管理模式，不仅节约警力资源，提高了工作效率和效益，也为违章处理提供准确有力的证据，避免执法纠纷，加强了执法严肃性。同时，也无形中构建了交通违章警示网，督促人们守法安全行车。

例 1-4 既是一个诠释信息化如何彻底改变人们工作方式(包括业务流程重组)，提高管理效益的案例。它也告诉我们(捕捉的违章)信息是多么有用，其背后一系列信息活动(特别是图像智能判别分析)所构成的完整的信息过程，对管理自动化的实现起了多么重要的作用。这便是本节要强调的“信息功能”与“信息过程”。

1. 信息功能

信息有着广泛的用途，钟义信在他的著作《信息与信息化》中把信息的功能概括成八个方面：信息是存在的资源，信息是知识的源泉，信息是决策的依据，信息是控制的灵魂，信息是思维的材料，信息是实际的准绳，信息是管理的基础，信息是组织的保证。事实上，正如他说的“如果愿意和需要，还可以列出许多功能”。这里，只强调两点。

首先，信息是生存与发展的必要资源。比如，信息是一切生物进化的导向资源。生物生存于自然环境之中，如果生物不能得到自然环境变化的信息，就不能及时采取必要的应对措施来适应环境的变化，就可能被变化了的环境淘汰。同样，信息也是企业生存与发展的必要资源。在市场经济下，企业如果不能及时准确地获取其外部环境(如各类要素和消费市场、政策等)和内部运作信息，就很难在激烈的竞争中生存和发展(7.1 节会重点说明)。信息社会人们只有建立和强化信息资源意识，发现并开发信息的功能(满足需求的能力)，才能促进自然与人类更好地协调发展。

其次，信息是知识、智能的源泉。将信息提升成知识和智能，信息的功效才真正得以发挥。科学技术是第一生产力，现代高技术(如信息技术)高度科学化，使得科学成为支配人类认识、改造(优化)世界的核心力量。科学就是系统的知识，它是通过加工提炼信息而得到的。同时，从前面把信息分为四个层次(迹象、事实、知识、智能)的讨论中，我们认识到了知识和智能在人类实现目标中所起的决定性作用。同样，例 1-4 也可以佐证知识和智能(包括人工智能)的重要性。试想，如果没有开启自动判别违章图像的“计算机智能(软件)”，采集的视频图像都还需要人工判别，效果会怎样？显然，图像识别智能代理软件对实现交通监管的自动化起到了关键乃至决定性作用。而这个“智能软件”浸透了科技工作者采集、加工、处理信息的艰辛。当今知识经济下，知识生产、知识发现(数据挖掘)、知识管理已成为人们关心的主要方向。而这些都是以信息为基础的，正如钟义信所言，信息的最重要、最核心、最本质的功能就是：信息“可以通过一定的归纳算法被加工成知识，并针对给定的目标被激活成为求解问题的策略，按照策略求解实际问题”，即达到改造(优化)世界的功效。

2. 信息过程

从例 1-4 介绍看到，要想最终解决实际问题——实现“违章监测及违章处罚”自动化，需要有序地开展采集、传输、存储、变换、加工、输出等一系列信息活动，原始信息经过逐步处理成为解决问题的知识信息和策略信息。信息按照一定逻辑从低向高运动便构成了“信息过程”。钟义信在《信息科学原理》一书中，总结了信息运动的一般过程及其规律(见图 1-3)。

表 1-3 结合例 1-4 的交通车辆违章视频监控系统的信息处理流程，具体阐述了信息过程

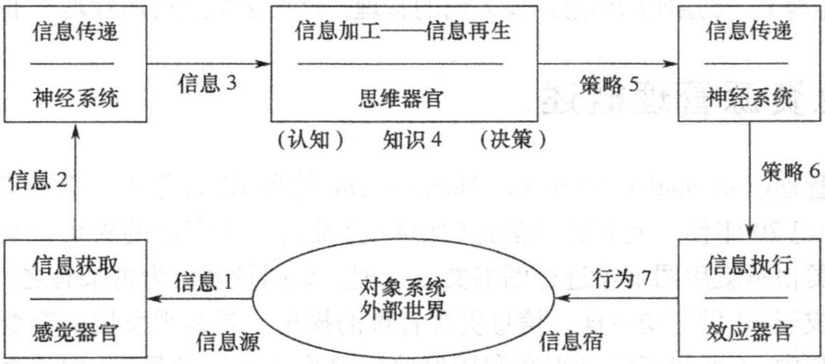

图 1-3　信息过程模型（改自钟义信《信息科学原理》（第 3 版））

所包括的信息获取、信息传递、信息加工、信息再生和信息施效等各个环节。注意：对于交通车辆违章视频监控系统而言，图 1-3 中的“外部世界”指道路交通的现实世界（车与司机、道路、相关交通设施与人等），认识主体是交警或交通车辆违章视频监控系统，待解决的问题或系统最终目标是对违章车辆进行处罚。主体的信息活动从“外部世界”产生信息后出现（表 1-3 从第三行开始）。

与图 1-3 钟义信描述的信息过程近似，何斌等人在《信息管理——原理与方法》一书中，从信息处理流程的角度，用信息收集、组织、存储、检索、传输、加工和利用 7 个阶段描述了信息的“生命周期”（信息过程）。

表 1-3　结合交通车辆违章视频监控系统说明一般信息过程各个环节

环　节	信息活动说明	对应交通车辆违章视频监控系统处理模块
本体论信息产生	产生外部信息源（信息 1）本体论意义信息	实在的交通（汽车运动）行为
信息获取	主体感知、采集、识别信息 2（第一类认识论意义语法信息）	摄像机采集原始图像，监视监控器的交警通过图像感知、识别
信息传递	变换、传输、组织、存储信息 3（第一类认识论意义语义信息）	将图像压缩、传输、并有序地储存到处理工作站中
信息加工	检索、分析、比较、计算、存储知识 4（第二类认识论意义语义信息）	软件判别违章行为
信息再生（再加工）	结合目标，产生解决问题的策略 5；传输、变换、加工得到策略 6（第二类认识论意义语用信息）以便施用	软件识别违章车牌
信息施效（利用）	传输、控制与显示：施用第二类认识论信息于外部世界，以解决问题（行为 7）	通过车牌号，检索车主信息，发布处罚单

值得指出的是，信息过程的表述提供了一个机会，使我们可以重新系统地认识信息的概念、性质及其分类，前面介绍的大多数关于信息的内容会被有机地映射到信息过程之中。从众多的概念、环节中，需要把握两点本质的认识：1）信息是有用的（资源），其本质是“消除或减少不确定性”。但它是有层次的，最有效用的信息是知识和智能（或策略），它在人类生存与发展中起重要的作用；2）高层次的信息（如智能）需要通过一定的信息过程完成。众多环节（如

获取、加工、再生等)、多层次的信息需要人们的管理，这便是信息资源管理产生的根本原因。

1.3 信息资源管理概述

信息资源管理(Information Resources Management,简称 IRM)作为一个专有名词和一门学科出现在20世纪70年代，但人类对信息(如情报)及其相伴资源的管理活动却有着悠久的历史，比如人类很早就用图书馆进行图书文献管理。如同管理行为古来有之，但管理理论或管理科学却形成于20世纪初一样，信息资源管理的提出，是客观发展的需要(比如,政府陷入大量文书资料中,不能很好地组织和利用这些资料为人民服务等)，但更多地反映了人们认识上的飞跃，是时代的产物。认识是存在于人们头脑中的精神层面的信息，自然也有层次之分。最低层次是人的感性认识，属于基本层。其次，是基于多视角比较分析后的理解层认识，它比感性认识要深刻，正如毛泽东所说：“感觉到了的东西，我们不能立刻理解它，只有理解了的东西才能深刻地感觉它”，才能运用它。基本层和理解层的认识并无绝对分明(典型的模糊性)的界限，但都是以一种外来形式被存储，还不是人自己的，有可能被遗忘。而再高级的意识层认识，是理解层的认识经过积累被人自我重新发现而升华的内在知识，它属于人自己(好像人从来就有)且很难被忘记。人们能够自如地在不知不觉中运用它，无需意识驱使。意识层的认识如同在计算机的内存中，可以被马上使用，而理解层认识像在计算机的外存中，需要经过内存(相当于意识驱使)才能使用。最高级的认识属于悟性层，它比意识更深刻，不仅表现为对知识的重新发现，而且有更深层次的“发现感”，是一种带有情感性的认识，往往只能意会不可言传。正像维纳创立控制论、Shannon 创立信息论那样，每个重要的历史时刻总有一些意识超群悟性极佳的英雄被时势造就出来，提出并建立具有里程碑意义的理论，引领社会进步。在信息资源管理出现之前，人们已经对信息、资源、管理有了很深刻的理解，到了20世纪70年代，随着信息时代渐渐到来(时势)，面对“政府的文山会海”以及信息爆炸、信息污染、信息安全等日益严重的现实问题，美国人霍顿(F. Horton)等适时地提出并不断发展和宣扬了信息资源和信息资源管理的概念及思想，使信息资源管理逐步成为指导人们开展信息化建设的重要理论之一。信息资源管理课也成为我国大学信息管理专业的必修内容。

1.3.1 信息资源

有人考证，“信息资源”这个术语最早由罗尔科(J. Rourke)在其《Information Resources in Canada》一文中提出，该文刊载于美国期刊“Special Libraries”1970年2月(61卷2期)59~65页。如同人们把“水”看成“水资源”一样，“信息”被看做“信息资源”，是人们认识的一种进步。

1. 资源

所谓资源即指“在自然界和人类社会生活中一种可以用来创造物质财富和精神财富，并且具有一定量积累的客观存在形式”。简单地理解，资源就是对人类有用的东西。经济学赋予资源三个内在属性，即需求性、稀缺性和可选择性。

(1) 需求性

资源有用体现在它可以满足人类物质或精神方面的需求，具有开发和利用的价值，所以需求性也被称作有效性或效用性。需求性决定资源的功能和利用方向，刺激人们为了更美好的生活而不断地开发利用资源，并大量消耗资源。据此可见，可被识别或检测到的、有用的信息才是资源，无用的信息不是资源而是垃圾，有害的信息不仅不是资源反而是污染。如前所述，原始信息通常需要经过信息处理过程的有序化，才能变得真实、准确而有效。正如奈斯比特所说："失去控制和无组织的信息，在社会中不再构成资源，相反，它构成污染和成为信息工作者的敌人"。

值得指出的是，人的需求是随时空而变化的，所以资源的有效性也呈现出一定的相对性。因此，有人限定资源是"那些对社会具有普遍效用，能够被开发利用并进入社会化生产、生活过程，促进社会经济发展，提高人民生活水平的投入要素"。

（2）稀缺性

稀缺性是指资源是有限的，使用资源是受到限制的，它是最基本的经济学特征。换言之，经济学认为具有稀缺性的东西才有意义称为资源。过去，人们认为水是取之不尽用之不竭的东西(无限制)，所以不把它视为资源。但随着江河枯竭、水源短缺，人们把"水"看做"水资源"，开始重视水资源开发利用和管理。

由于主观和客观因素的限制，人所能占有的资源总是有限的，所以"占有"稀缺性总是存在的。实在信息是无限的，但人所能得到的实得信息是受到限制而有限的，导致信息缺乏的现象(稀缺)，从而刺激人们开展如何有效开发和利用信息资源——信息资源管理问题的探讨。比如，对于一个人来说，Web 信息几乎是无限的，但他(她)所拥有的有用信息却是有限的，有时甚至是缺乏的，即无法找到所需要的信息，为此人们创造了搜索引擎、Web 挖掘等技术，帮助用户解决信息相对匮乏的问题。此时，如何用好这些技术，有效地开发利用信息资源便成为管理问题。

（3）可选择性

资源有数量和质量之分，不同资源的组合将产生不同的效果，故资源是可选择的。资源的开发和利用受时空的约束，从而导致资源配置问题，即人们寻找最佳资源组合，使资源开发和利用的效用最大。

由于资源的广泛性和多样性，人们从不同视角对它进行分类。

从人类生存发展角度看，资源可分为物质、能量和信息三类。其中，物质资源向人类提供材料，能量资源向人类提供动力，信息资源向人类提供知识和智慧。物质、能量、信息三者如同人的体质(物质)、体力(能量)、智力(信息)，只有三者都具备高素质的人，才是真正健康的人。在生存发展过程中，只有将三者有机结合，才能取得良好效益和效率。

从社会属性角度看，资源可分为自然资源和社会资源。自然资源包括土地资源、水资源、矿产资源、生物资源、气候资源等。社会资源包括人力资源、技术资源、资本资源、信息资源等。

从循环使用角度看，资源可分为可再生资源和不可再生资源。可再生资源指经过人的努力在数量和质量上可以得到增加和改善的资源，如人力资源、资本资源、信息资源、动植物资源等；不可再生资源指那些在数量和质量上都不可能经过人的努力得到增加的资源。如土地资源、矿产资源、水资源等。

2. 信息资源

把信息看做信息资源即形成信息资源观，既是社会经济发展的产物，也是人类认识演变和深化的结果。20 世纪中叶，计算机的发明及其随后的广泛应用，使得信息的地位发生了质的变化，信息在社会经济发展中的作用日益重要。据统计，20世纪最后60年所生产的信息量超过了此前几千年人类创造的所有信息量之和，并且信息量成倍增长。如20世纪60年代总信息量约为72万亿字符，80年代总信息量超过了500万亿字符；1995年的信息总量是1985年的2400倍。信息活动日趋频繁，导致由信息设备制造业、信息内容生产业和信息服务业组成的信息产业后来居上，成为社会支柱产业，为社会创造出巨大财富。正像人们在世界富豪榜中见到的那样，“信息超人”盖茨早把钢铁大王、石油大亨等“工业巨人”甩在后面。社会逐步进入信息时代，人们在生产实践中也开始认识到，资源不仅有各种物质形态，也包括知识、经验、技术等非物质的信息形态。信息是一种资源的观点随着人类的资源观发展而发展，目前已经得到广泛的共识。

同时，由于信息(如网络信息)具有的媒体依附性、时效性等特点，信息的丰富和快慢与否，不仅依赖于信息本身，还与信息生产者和信息技术密不可分，信息价值的大小很大程度上受信息、信息生产者和信息技术三者的配置方式和配置效率影响。因此，信息资源被扩大为信息、信息生产者和信息技术的集合。

目前，虽然信息资源的定义尚未统一，国内外不同的人有不同的观点，但基本上可以把它归纳为狭义信息资源和广义信息资源两种。狭义信息资源指人类社会经济活动中经过加工处理有序化并大量积累的有用信息的集合，即霍顿所说的单数意义下的信息资源。广义信息资源包括信息及其生产者、信息技术的集合，包括人类社会经济活动中经过加工处理有序化并大量积累的有用信息的集合，为某种目的而生产有用信息的信息生产者集合，加工、处理和传递有用信息的信息技术集合，即霍顿所说的复数意义下的信息资源。

由于狭义的信息资源具有信息的一般属性，所以除了非物质性、共享性、易流动性(可变换性、传递性)、时效性等，从开发和利用的角度看，信息资源还具备其他一些与物质、能量资源不同的特性。

(1) 不可分性

信息产品生产过程中所体现的不可分性指，生产一个与产生多个同样的信息产品(如软件、音像制品、著作等)所付出的努力(难度、费用)几乎没有差别。经济上看，信息产品生产是一种高固定成本(首期沉没成本即初始复制成本)、低变动成本(复制成本)、可忽略产量限制的生产。比如，微软花上百亿美元的资金研发Windows，而生产一份Windows备份光盘只需很少的钱。如果从网上下载的话，则分发产品几乎没有成本。

信息产品的使用也具有不可分性，不能像物质资源那样分斤按两计量，呈现出整体使用的特点。如一半数量的铝合金可以被使用，但制造铝合金的配方的一半(信息)就很难直接使用了。特别地，软件或信息系统等信息产品的使用与其应用环境密不可分，卡尔·夏皮罗和哈尔·瓦里安在他们的著作《信息规则》中把这种不可分称为捆绑(Bundling)。比如，通过某网站来观看“山寨春晚节目”(信息产品)，视频信息集成在网站的Web服务器中(即软硬件捆绑)，甚至还“捆绑”着相关工作人员；同时，观看者(信息资源利用者)也需要完整的客户端(捆绑操作系统和浏览器的硬件)，这里，信息产品和信息生产者、信息技术缺一不可，密不可分。信息资源的不可分性导致了广义信息资源概念的产生，特别是在云计算倡导的软件即服务(SaaS)、平台即服务(PaaS)、基础实施即服务(IaaS)的今天，信息产品越来越呈现整体(或系统)不可分性。

(2) 积累性或非消耗性

信息不同于物质和能量，它不会在使用中被消耗，可以不断积累，甚至是可再生的，即利用越多，产生新信息越多，效用发挥越充分。

（3）认知相对性

同样的信息对不同的人或组织在不同的时间下可能具有不同的意义和价值。

（4）不同一性

信息资源不同一性最早由美国著名的经济学家保尔丁格（K．E．Boulding）教授在1966年提出。仍以生产铝合金为例，对于给定种类的铝合金，当我们提出需要更多的铝合金时，意味着需要更多种类、质量、化学组成都相同的同一铝合金资源。但对信息资源而言，当我们提出需要更多的铝合金配方信息时，则意味着需要更详细的、不同的信息，对原来的信息集合提供更多的拷贝是不能满足上述需要的。因此，对于既定的信息资源而言，它必定是不同内容的信息的集合，集合中的每一信息都具有独特的性质。

（5）驾驭性

信息资源具有开发和驾驭其他资源的能力，不论是物质资源还是能量资源，其开发和利用都需要依靠信息的支持。信息资源的这一特性意义最为重要，它使信息在人类认识和实践中起到了特殊的作用。人的认识和实践过程基本上就是信息过程，虽然这个过程中的每一个环节都离不开物质和能量，可始终贯穿全过程、统帅全局和支配一切的却是信息。实际上，具体的物质和能量的形式都只是支持信息过程的手段，只有信息才是主导的、不可取代的。人类利用信息资源开发和驾驭其他资源的能力受科技发展水平和社会信息化程度的影响。科技发展水平和社会信息化程度越高，人类利用信息资源开发和驾驭其他资源的能力就越强。

从信息开发和利用的角度看，信息资源习惯上被分为多种类型，它是识别和利用信息资源的基础。

按社会组织属性的不同划分，信息资源被分为政府信息资源、企业信息资源和公共信息资源等三类。政府信息资源指政府生产和收集的信息，它包括政府业务流程（办公）产生的大量的文书记录和报表数据、调查统计得到的信息等。企业信息资源属于商业性信息资源，它是商业性机构或其他机构以市场化的方式收集和生产的，以盈利为目的的各种信息。公共信息资源属于公益性的信息资源，通常是由事业性机构产生、向公众提供并进入公共流通领域的信息，它包括教育、科研、文化、体育、卫生、娱乐、生活等方面信息。

按增值状况划分，信息资源被分为基础性信息资源和增值性信息资源。前者指组织机构业务流程中产生的，未经过加工或加工程度较低的，保证组织运作必不可少的信息资源。后者是基础性信息资源经过增值处理，或加工程度较高的信息资源。

按可利用范围的不同划分，信息资源可分为公有信息资源、专有信息资源和个人信息资源。公有信息资源即公众可拥有和利用的信息资源，它表现为一切在法律允许的范围内可为公众享用的信息，如在互联网上公开的信息。专有信息资源指组织机构专门拥有且独自使用的信息资源，例如企业的大部分信息属于专有信息资源，企业授权的合法使用者（用户）可以享用。个人信息资源是指各种形式记载的、有关某个可识别的个人的信息，原则上属于个人所有。专有信息和个人信息属于私有信息。无论是公有还是私有信息资源，都有公开信息和不公开信息之分，私有信息公开了就变为公有信息，但它们都受法律（如知识产权等）保护。

值得指出的是，互联网已成为全球最大的传播媒体，其信息容量之大、传播速度之快、使用之快捷是其他任何媒体所不能比拟的，网络信息资源目前已经成为最重要的信息资源形式之一。它给信息资源开发利用(如网络学习)带来便利的同时，也带来了更大的、更复杂的管理问题。事实上，信息资源管理的许多问题，如信息检索、数据挖掘、Web 信息整合、信息安全、信息伦理等都与之紧密相关，引起了人们的特殊关注。

1.3.2 信息资源管理的主要内容

1979 年，美国人迪博尔德(J. Diebold)以信息资源管理为题发表了论文“IRM：The New Challenge”。从那时起，信息资源管理的概念一直得到国内外人士的广泛关注，学者们从不同视角对其内涵和外延进行了理论探讨，形成了各种不同的见解。尽管目前还没有形成统一的概念，但信息资源管理主要分为狭义的信息资源管理和广义的信息资源管理两类。

狭义的信息资源管理以信息为管理对象，研究信息采集、存储、检索、加工、分析、传递和共享等环节中的技术方法及其管理问题，以便提高信息过程的效率，以最佳的方式满足人们的需求。它是狭义信息资源的管理，即信息管理，本书第 4 章讨论了狭义信息资源管理的主要内容。

广义信息资源管理是“有效地确定、获取、综合和利用各种(广义)信息资源，以满足当前和未来的信息需求的过程”(M. White)，即“对信息内容及其支持工具的管理”，“是对(广义)信息资源实施规划、组织、预算、决算、审计和评估的过程”(霍顿)。如前所述，现代社会信息更多的是以电磁媒体存在(即数字化或无纸化)，信息内容越来越与信息支持工具密不可分。所以，这种从广义上和整体上的认识和理解是比较合适的。

综上所述，我们把信息资源管理(IRM)定义为：综合运用各种方法和手段对信息及其生产者和支持工具进行规划、组织、开发、利用和控制的过程，其目的是有效地开发和利用信息资源，为社会发展服务。

① 从管理对象看，信息资源管理对信息过程中的所有信息要素——信息、人员、信息技术等进行管理。

② 从管理过程内容看，信息资源管理对信息资源进行规划、组织、开发、利用和控制。本质上就一个具体的社会组织而言，信息资源管理基本等同于组织的信息化管理，包括信息化的计划、组织、实施和控制。信息资源管理的理论和方法为组织信息化建设实践提供了理论指导。

③ 从管理手段看，信息资源管理手段包括技术手段、经济手段、行政手段和法律手段四大类。

④ 从管理层次看，信息资源管理可以分为宏观和微观两个层次。宏观信息资源管理主要解决国际、国家、地区等信息资源管理活动所面临的具有普遍和战略意义问题，通过制定信息资源标准与规范(政策和法规)，来指导和协调人们的信息资源开发利用活动，促进社会信息化事业的健康有序发展，本书第 5 章介绍了这方面的内容。微观信息资源管理则指一个社会组织(政府部门、企事业单位等)利用现代信息技术，有效地开发利用内外部信息资源，为其事业发展所开展的管理活动。本书第 2 章着重介绍其规划和组织的内容，第 3 章从信息系统资源管理角度介绍了信息资源开发和利用所关注的管理问题。

⑤ 从管理应用领域看，信息资源管理被分为政府信息资源管理、企业信息资源管理和公共信息资源管理等，本书第 7 章用案例的形式介绍其中的部分内容。

作为一种新的管理职能，信息资源管理把信息及其支持要素作为一种战略资源加以管理，提供了一种新的管理思想和模式，对各类社会组织的发展行为(如战略决策)有着深刻的影响。它以信息资源为主要管理对象，以信息技术为工具，比起传统的人财物管理，它具有更强的技术依赖性和系统综合性。

1.3.3 信息资源管理的产生与发展

信息资源管理于20世纪70年代末80年代初在美国的政府部门出现，随后迅速扩展到工商企业、科研机构和高等院校等部门，并影响和扩散到世界上许多国家和地区。信息资源管理的兴起有着深刻的时代背景，它与社会环境的变迁、组织机构自身的变革、管理思想和信息技术的发展密切相关。可以说，信息资源管理的形成与发展既是信息社会的必然产物，也是信息经济的崛起、信息观念的更新、信息技术的发展以及组织管理的需求等多种因素融合的结果。“要想把握一个事物发展的现在乃至未来，最好的办法是了解它的过去”。为了更深刻地理解信息资源管理的学科内涵和特性，把握它的未来发展趋势，有必要对其产生和发展作一个概括性的回顾。

1. 信息资源管理产生的背景

促进信息资源管理产生的主要因素有三个：“信息爆炸”，三个应用学科的发展，信息资源地位提高。

(1)“信息爆炸”——文书记录和文献数量激增

直观上，经济管理问题大多是由于现实世界中的多(复杂)样性和稀缺性引起的。当人口太多的时候，“计划生育”作为最重要的管理策略(国策)被提了出来，以便控制人口过多，保证国民经济健康发展；当道路上车多人多时，现代交通管理手段——智能交通系统被设计开发出来，以提高管理效率，来应对多而复杂的交通局面。当水短缺到珍贵的时候，水资源管理应运而生，经济学中的资源配置理论和方法被用来指导水资源的合理开发和利用。表面上信息资源管理产生的直接原因，也源自“信息爆炸”与“信息匮乏”的矛盾。在网络时代许多人都有这样的体验：一方面人们面对的信息(数据)如此的丰富(信息爆炸)，另一方面当人们做决策的时候，却经常会陷入矛盾、虚假信息(污染)的海洋中，有用的信息却如此的贫乏(信息匮乏)。这一信息“多”与“少”的矛盾，在政府文书记录管理和图书情报(特别是科技文献)管理的发展史上，体现得尤为显著。事实上，政府信息资源管理和图书情报(公共)信息资源管理是信息资源管理产生、发展和深度应用的最重要的两个领域。

自20世纪中叶以来，社会现代化使得政府的职能不断扩大，从而导致政府文书记录的爆炸式增长。据美国记录管理学会统计，美国联邦政府文书工作的用纸量成倍增长，1960年是4.3万吨，1980年达到11.4万吨，1990年达到34万吨。文书记录多得惊人，甚至连政府机构也不清楚它到底制作了多少文书，对这些文书的质量、存储位置、利用情况更是无从知晓。文山会海不仅大大增加了政府管理成本，降低了政府的工作效率，助长了官僚主义，而且也加重了社会负担，文书记录管理逐渐成为政府管理头痛的问题。为了解决政府组织中出现的信息过载与无法满足有效信息需求的矛盾，美国于1974年在国会中成立了联邦文书委员会，霍顿任主席，负责调查有关信息采集、处理和传播以及这些信息活动的管理与控制方面的情况，先后向国会递交37份报告。受其工作的影响，1980年美国国会通过了《文书削减法》(Paperwork Reduction Act of 1980, PRA)，第一次明确提出“信息资源管理”

的概念，把记录管理扩展到信息管理。1985年底，美国政府以“联邦政府信息资源管理”为名，颁布了A-130通告，首次从政府角度把信息资源管理定义为“与政府信息相关的规划、预算、组织、指挥、培训和控制”，并把信息资源范围扩展到信息本身及相关人员、设备、资金、技术等方面。

科技文献数量激增是引起人们关注的另一个领域。20世纪以来，科学技术以前所未有的速度发展，导致科技文献数量激增。不仅总量成倍增长，而且倍增周期持续缩短。以《化学文摘》为例，它从1901年创刊到1971年，总报道量为500万篇，其中第一个100万篇用了32年，第二个100万篇用了18年，第三个100万篇用了8年，第四个100万篇用了56个月，第五个100万篇用了40个月。科技文献数量激增且越来越分散、无序，增加了科技工作者查阅文献的时间，影响了文献利用的效率。为此，图书情报部门很早就尝试利用计算机技术，解决文献管理的问题。1961年化学文献社用计算机成功编制了《化学题录》，建立了字顺主题索引，并由此萌发了上下文关键词索引(KWIC)，用计算机对文献中的题名自动抽取关键词并进行排序，从而减轻了概念标引中的人工智力负担，大大提高文献处理效率。这种方法实际上代表了自然语言和全文检索的原始形式，它此后在计算机文献检索系统中得到广泛应用。同时，计算机在图书情报领域的深入应用，也极大地促进了数据库应用、信息检索、信息服务(如个性化推送)等技术的发展。图书馆从图书文献的物理存放管理，到基于计算机的自动化管理，再到为读者提供更有价值的服务(信息资源)，图书情报管理理念发生变化，进入信息资源管理阶段。

(2) 三个应用学科的发展

信息技术渗透应用到社会的方方面面，贯穿于信息过程的各个环节。而其中来自三个独立学科的工作，对信息资源管理的产生有着重要的影响。它们是数据库管理、记录或文献管理和数据处理管理。数据库管理的基础是计算机学科，随着数据库和DBMS应用日益广泛，出现了数据库管理及数据库管理员，以便从技术角度解决数据库集成、变化、应用所带来的数据管理问题。数据库管理员用系统(或全局)的观点建立和维护数据库，达到数据安全和共享目的，其最重要的数据管理思想就是把数据视为一个组织的重要资源，就正是信息资源管理思想的萌芽。记录或文献管理源自行政管理或图书情报领域，它们有很强的应用背景，首先它把记录、文献、报告等统一视为信息，从信息管理角度，提出了描述和管理记录、文献这类信息的一整套方法，并率先用信息资源管理概念和思想描述数据管理活动。其中，许多思想方法被用到了现代信息资源管理中，如信息主管(CIO)机制(参考第2章)。数据处理管理源自工商管理下的管理信息系统(MIS)学科，管理信息系统经历了电子数据处理(EDP)、管理信息系统(MIS)、决策支持系统(DSS)等多个阶段。其数据管理已从早期的数据存储和简单检索、统计，向高级应用如数据挖掘(DM)、商业智能(BI)等决策支持方向发展，即强调数据要被加工成为有用的信息(资源)，为决策服务。这正是信息资源管理的初衷。此外，结合管理需求和应用实践所总结出的信息系统开发方法(信息系统规划、信息系统分析与设计等)，为开展信息资源管理奠定技术基础。这三个学科相对独立的工作，从不同侧面为信息资源管理提供部分的解决方案，进入20世纪80年代，在反思技术解决方案得失的基础上，人们提出了与技术相融合的新管理理念，以解决日益突出的信息管理问题，信息资源管理应运而生。

(3) 信息资源地位提高

使信息资源管理破茧而出的根本原因是，随着社会信息化深入，信息资源在社会中的作用日益重要，地位不断提高。现代社会一切都与信息相关联，它不仅造就了新兴的信息产业，同时，信息技术渗透到各行各业，信息化也带动着工业、农业等其他行业走向现代化。数字化世界所出现的数字化企业、数字化政府、数字化个人生活，彻底改变社会的面貌，这一切都源自信息资源，其重要性反映在信息的功能上（参见1.2.4）。正如美国前总统卡特1979年在白宫全美图书情报工作会议上发表题为“照亮道路”的演说中说：“信息是人类智慧的火花，它照亮了面向未来的道路。”“信息，像我们呼吸的空气一样，是国家资源，准确而有用的信息对国家和个人来说，如同氧气对我们的健康和幸福那样必要。”

2. 信息资源管理发展阶段

作为一个新的管理学说，尽管信息资源管理产生于20世纪70～80年代，但信息资源管理行为很早就有。为此，对它的历史与未来发展，国内外学者有过诸多论述，其中美国人马钱德（D. Marchand）和克雷斯莱因（J. C. Kresslein）的“四阶段说”比较有代表性。美国信息资源管理学家马钱德和克雷斯莱因把19世纪末至20世纪90年代信息资源管理的形成与发展过程分成四个阶段（表1-4）：他们认为19世纪末是信息资源管理的生成时期，信息资源管理经历了物的控制（手工操作）阶段（1900年～1960年）、自动化技术（计算机应用）阶段（1960年～1970年中期）、信息资源管理（信息技术集成）阶段（1970年～1980年）、知识管理（技术与管理融合决策）阶段（1990年以后）。信息资源管理学说在20世纪80年代逐步形成，它摒弃“技术应用”为主导的管理思想，强调“信息资源”为主导、技术是服务的管理理念，重点围绕信息资源开发利用，开展管理实践（如标准化管理、信息安全管理等），并将所形成的理论和方法应用于政府信息资源管理、公共信息资源管理（如图书情报管理）和企业信息资源管理等领域。20世纪90年代开始的知识管理被认为是更高层次的信息资源管理，它更重视信息资源的决策效用，更强调技术与管理的融合。

表1-4　马钱德和克雷斯莱因的“四阶段说”

阶　段	推动力量	战略目标	基本技术	管理方法	组织状态
物的控制 1900年～1960年	商业与政府组织的增长和多样化	程序效率和物理控制	纸张、打字机、电话、文件柜、制表机、微缩胶卷	文书管理、记录、报告管理、通信管理、邮件管理、指令管理、指示管理、重要记录的保护、办公室设计与陈设	监管和中低水平管理；分化、扩散的协作
自动化技术 1960年～1970年	数据处理、通信、办公系统的独立发展与改进	技术效率与控制	第2、3代计算机、复印机、独立组合式文字处理机，语音通信的改进、技术搜寻利用是操作技术管理的主导状态	集中数据处理部门的出现、电子通信协作者与管理者的出现，文字处理中心与独立工作站的出现，复制中心与独立单元的出现	中级水平管理、认为手工信息管理不同于自动化管理，信息技术用户与提供者之间存在分歧

（续）

阶　段	推动力量	战略目标	基本技术	管理方法	组织状态
信息资源管理 1970年~1990年	数据处理，通信与办公自动化系统的聚合	信息技术集成管理，视信息为一种战略资源	分布式数据处理（语音、数据），集成通信网络，多功能工作站、个人计算机	传统资源管理技术（如规划、成本核算等）应用，信息技术水平管理，商业规划与信息资源规划的密切联系	中高级水平
知识管理 1990年至今	信息技术渗透到组织每个层次操作与管理决策制定过程	信息资源的物质/技术管理与决策层、管理层、操作层的信息管理的整合	专家系统、决策支持系统、办公智能系统	信息利用与价值与信息技术的集成，内部和外部信息处理的集成，信息规划与商业规划紧密联系	管理知识资源已经成为所有管理层所接纳的管理哲学的基本部分

除了上述之外，中外学者还从不同角度对信息技术发展引发的信息资源管理（包括数据管理）的发展进程，进行了概括和阐述，提出了不同的发展阶段学说。如“三阶段说”（如卢泰宏、谢阳群、马费成等）、“四阶段说”（如 R. Nolan、M. Michal、钟守真等）、“五阶段说”（霍顿、A. Smith & D. Medley、马费成等）。尽管大家对信息资源管理的起源、阶段细分原则等认识不尽相同，但基本共识是，现代的信息资源管理是从20世纪70年代末，由技术为主的“数据管理”中演变而来，围绕信息及其相关要素资源的开发和利用而进行的管理活动。现在已逐步进入了技术与管理高度融合、以知识为核心的管理阶段。本书后面章节，除了第4章从狭义信息资源的角度阐述信息资源的内容管理外，其余五章则从广义信息资源的角度，分别就信息资源的规划、开发与利用（信息系统资源管理）、信息资源管理的标准与规范、信息资源的安全管理、信息资源管理的应用等五个方面进行了阐述。

例1-5　广州石化信息资源管理平台建设与应用㊀

企业的信息资源主要包括来自于企业内部生产、管理、经营过程中产生的信息和从企业外部获得的各种信息，它们是企业做出各种决策的基础。现今，随着信息社会的快速发展，信息资源对企业的生存发展所起的作用也愈来愈重要。正如西方一位著名经济学家所言：“控制了信息就是控制了企业的命运，失去信息就失去一切”。有目的的信息采集、处理、决策、利用是经济情报活动的表现形式，也是信息资源得以最大发挥的有效手段。

广州石化公司是中国石油化工股份有限公司在华南地区最大的现代化石油化工企业之一，同时也是目前国内首家全部加工进口原油的企业。随着公司规模的不断增长，业务规模的不断地扩大，广州石化深深地认识到，“信息资源是股份公司的重要资产”，

㊀ 改自 http: //www.cbinews.com/casestudy/news/1479.html

利用好企业的信息资源是公司得以稳定健壮发展的重要保障。因此，广州石化将信息资源的管理和利用提升到了前所未有的高度，希望其能为企业目标的实现发挥它应有的效益。

为此，广州石化对其现有信息资源使用情况及面临问题进行了分析。企业现有两种类型资源：内部资源和外部资源。广州石化公司经过近几年的信息化发展，内部动态信息资源建设已初具规模，完成了基础的网络布局，建成了包括：生产管理、质量管理、实验室管理、设备管理、财务管理、销售、采购、情报档案、办公处理、公文查询、电子邮件等应用系统，并且这些系统中产生的动态信息也已成为了企业信息资源的重要组成部分。其信息数据类型包括TXT、DOC、XLS、WPS、PDF、PPT等各类文档。同时，广州石化通过外购的商业数据库和免费从互联网获取等渠道获得外部信息资源，它包括：市场动态信息、科技信息、相关企业及竞争对手的动态信息等一系列企业情报信息。这些信息为广州石化的生产、经营、管理和技术进步提供了及时准确的信息服务，成为了企业经营、产品开发、领导决策不可或缺的依据。

但是，广州石化在其信息化发展过程中面临着三种问题。

①“信息孤岛”，各信息主体缺乏资源交换和共享。广州石化各主要管理部门大都建立了自己的业务管理网站，但这些部门信息的采集、管理和发布都由其自行管理，从而形成了多个各自孤立的信息系统，为信息在各个部门的共享带来了一定的困难。

② 资源分散，降低了使用效率、提高了使用成本。广州石化购买了多家内容厂商的信息产品和商业数据库，并且每个信息产品和商业数据库都由厂商自带的系统进行管理，从而每当工作人员在获取信息时，都需要登录多个系统进行查询，给工作人员的工作带来了极大的不便，降低了使用效率，也提高了信息资源的使用成本。

③ 信息资源的加工、审核和发布有待规范化。广州石化信息资源的采集、管理和发布都由各个部门自行管理，缺乏规范化，从而使得信息的科学性、合理性、有序性和受控性难以保证，严重影响了获取到信息的全面性和有效性，影响了信息服务的质量。

为此，广州石化为改变信息系统各自为政的现状(以技术应用为主导的信息管理模式)，从信息资源管理新视角，提出了信息资源建设的四大需求。

① 整合内外资源，构建企业信息资源分类体系和信息资源库。整合内部文档资源、互联网信息资源及外购的商业数据库资源，实现内外异构非结构化资源的统一存储和管理，并建立涵盖与企业生产、经营和销售等业务有关的信息资源分类体系，实现信息资源的有机管理。

② 规范内外信息资源的加工、审核和发布体系。规范内外信息资源加工和审核的管理机制，使信息的采集、审核和发布等各流程科学、合理、有序、受控，从而提供完善的信息服务及信息资源管理和执行体系，使信息资源的管理真正达到安全、适用、规范的目的，并初步达到广州石化信息资源管理的目标和要求。

③ 搭建企业内部信息资源服务门户，建立完善的资源访问权限管理机制，实现资源面向公司内部人员的灵活交换和共享。使得工作人员、管理人员和领导登录信息资源服务门户后，可以方便和快捷地获取到自己想要的信息。

④ 提供获取内外信息资源的丰富服务手段，为企业内部工作人员提供资源分类导航、资源检索、资源订阅等个性化的信息服务手段，从而提高工作人员的工作效率，降低信息资

源的使用成本。

根据上述需求，广州石化提出了 TRS 信息资源管理解决方案，搭建了符合企业需求的个性化信息资源管理平台，实现了互联网资源、企业内部文档资料信息资源和商业数据库信息资源的整合，并建立了统一的企业信息资源库、信息资源分类体系和管理体系，从而使信息资源服务门户提供信息共享和有针对性的信息服务。

这个平台具有如下功能特点：

① 多种信息资源整合策略的有效使用。广州石化信息资源管理平台把获得的信息资源，在数据层进行整合并统一导入本地数据库，进行统一发布。同时，系统也提供分类导航和检索服务，从而进行数据安全备份等工作。对于暂时无法获取或不必获取的裸数据的资源类型，以及远程分布式网络资源，系统提供了应用层资源整合方案，主要是利用各资源本身的发布和检索引擎，提供和数据层整合完全相同的访问方式和文献获取体验。而应用层资源整合方案在系统资源建设方面的优势就在于，能够做到凭借最低的代价和最高的效率实现最大范围资源类型的整合，并且成功规避了业界普遍没有解决的法律和版权问题，也免去了自身对数据发布和资源增量所带来的动态维护的负担。

② 信息加工和审核。广州石化建立的信息自动及人工加工和信息审核两大流程，主要应用了 TRS CKM 技术具有的自动分类、自动摘要、自动聚类和关键词自动提取等功能，来作为系统整个加工和审批过程的基础。与此同时，系统还支持信息的深度加工，主要是通过工作流引擎对用户事先定义好的流程进行审核。全程化全文检索服务广州石化信息资源管理平台包含了信息采集、加工、审核和发布的多个过程，因此原始数据在这里可以逐步得到过滤和加工处理，并成为有价值的情报信息。另一方面，系统具备的高效检索功能还可以辅助各级信息管理员、部门负责人等企业内部人员快速地查找自己需要的内容。

通过 TRS 信息资源管理建设和应用，使得企业：

① 整合信息资源，提升资源价值。广州石化通过信息资源管理平台的建立，有效整合了企业内外部资源，使工作人员登录一个操作系统便可以获取到从前登录多个系统才能够获得的信息，有效提高了获取信息的全面性，并更利于工作人员挖掘信息的价值，为企业的生产和决策提供了有效的信息服务，从而充分发挥了信息资源的价值，让信息资源名副其实地成为企业的重要资产。

② 提高使用效率，降低应用成本。广州石化通过建立统一规范的信息资源加工、审核和发布机制，提高了信息资源的加工、审核和发布效率；通过整合企业有效资源，提高了工作人员的资源访问效率；通过建立企业信息资源的管理体系、分类体系和执行体系，提高了整体企业信息资源的利用效率。

③ 规范资源体系，树立企业形象。广州石化企业信息资源管理体系、分类体系和执行体系的建立，完善了企业信息资源的体系架构，在石化行业树立了信息资源管理的典范和良好的企业形象，提高了行业地位。

◎关键词

信息技术、信息化、信息、资源、信息资源、信息资源管理。

◎本章小结

本章重点阐述了信息、信息资源、信息资源管理的基本概念，信息资源管理的主要内容及其产生与发展。

首先，介绍了信息技术及其发展与应用特点和趋势，说明信息革命及其特征和影响。说明了信息化产生的原因和基本理解。社会信息化分国家、地区、领域、企事业单位和个人多个层次。

其次，从信息科学的角度全面阐述了信息的概念、性质和分类；介绍了 Shannon 信息量测度方法；结合案例说明了一般信息过程。

最后，在介绍资源、信息资源及其性质的基础上，阐述信息资源管理的内涵及其研究的主要内容；概述了信息资源管理的产生与发展过程。

◎练习题

1. 解释信息技术及其发展与应用的主要特点或趋势。
2. 简述信息革命及其基本特征。
3. 阐述信息化的基本内涵及其影响。
4. 我国国家信息化的含义是什么？
5. 什么是产业？解释信息产业的内涵。
6. 阐述企业信息化的内涵和意义。
7. 什么是信息？解释认识论意义下的三类信息。
8. 说明信息与物质、能量的相互关系。
9. 简述数据、消息、情报、知识与信息之不同。
10. 阐述信息的性质和分类。
11. 说明资源的概念及其所具有的经济属性。
12. 什么是信息资源？信息资源有哪些类型？哪些特征？哪些作用？
13. 全面(多角度)阐述信息资源管理的内涵。
14. 概述信息资源管理的发展阶段。

◎网络学习题

1. 莫尔斯码已经成为历史，这是社会信息化的结果。从网上找到莫尔斯码的编码规则，体会电报通信原理；考察电报被淘汰的情况。

2. 从网络上寻找相关案例资料，了解政府、企业、事业单位的信息资源管理情况，增强对信息资源管理内涵与作用的认识。

3. 了解 Web 2.0 时代的特征，体会博客、社会网络等对信息分享、知识发现、创新思考的影响。

4. 百科全书是人们学习知识的重要工具，网络流行使用的“百度百科(中文)”、“Wiki百科(英文)”已经成为内容丰富、更新及时、检索方便的最大的电子百科全书。对比使用纸质和电子的百科全书之不同，比较公共知识(信息资源)在开发利用方面上的变化。

◎思考题

1. 从信息与信息资源的区别，考察信息资源管理的内涵和特点。

2. 同样的信息技术应用于不同领域有着不同的应用效果，比如视频监控技术在交通管理（例1-4）和在森林防火监控中应用效果很不一样。这涉及信息资源管理时代普遍关注的“信息技术采纳”问题。试用信息资源管理分析这类现象。

第 2 章　信息化规划与组织

◎学习目标与要求

本章从广义信息资源管理的角度，就信息资源管理的计划工作进行了讨论。概述了组织战略与信息化的关系；阐述了信息化规划的内容、作用、层次和主要方法；以及信息化组织与 CIO 机制。

通过本章学习，要求同学们：

① 理解信息化规划的目标、作用和层次。

② 掌握信息化战略规划的内涵、步骤与方法。

③ 理解信息资源规划的产生、内涵及其步骤。

④ 了解信息化项目规划的内涵及其主要内容。

⑤ 理解信息化组织的必要性、CIO 机制的含义。

从广义的角度看，信息资源不仅包括信息，也包括相关的人和相应的信息技术。就一个具体社会组织而言，信息资源管理的任务就是：调动好相关的人力资源，借助适宜的信息技术，开发和利用相应的信息系统，对信息实行有效的管理，达到开发与利用信息资源以促进组织战略实现的目的。这本身就是组织的信息化工作。由于具有高科技应用所共有的高驱动、高战略、高投资、高风险等特性，所以组织信息化是一项典型的管理系统工程。任何管理都包括计划、组织、指挥和控制等环节，因此，组织开展复杂的信息化建设，首先需要对它进行科学的规划和组织，这就是本章要讨论的信息化规划与组织，它是组织一切信息资源管理活动的基础。

2.1　组织战略与信息化

例 2-1　浙江省新华书店的成长㊀

1993 年，全国图书发行体制改革已进行了十年，新华书店一统天下的格局被打破，图书市场多元化竞争格局形成。在原有计划经济下，省级新华书店的网络、仓储、运输、资金、信誉、人才优势不能够有效发挥，长期形成的竞争、服务意识的淡薄、内部流转繁复、市场反应迟钝等弱点暴露无遗。

面对困境，浙江省新华书店的经营者并没有采取当时时髦的“放权、让利、承包”的策略，来调动每一个人的积极性，通过“竞争”来实现企业的生存发展。而是逐步摸索出了“联合”的战略定位。即从联合入手，向集约化、集团化靠拢的发展战略。

㊀ 改编自曹培红，模糊制造——浙江省新华书店的成长故事。

浙江省新华书店集团成立后，经营者提出：书业是商流带动物流，物流带动资金流，贯穿三个流圈的是信息流。商流上不去的关键是没有良好的物流和信息流。

为此，集团制定了稳步推进、由点到面的信息化战略，并在信息化战略思想的指导下，开展了一系列的信息化建设步伐。1995 年，浙江省新华书店使用计算机技术整合了企业内部流程，实现业务、运输、财务的计算机联网运行。1996 年，开发了图书和音像现货批发管理系统。财务管理采用了国家通用的财务软件。1996 年～1998 年，在基层新华书店开发推广运用基层教材管理系统、业务管理系统、门市 POS 系统。2002 年，集团全面启用经营信息一体化、市场一体化、库存一体化的计算机网络平台。2003 年 7 月与计算机网络平台无缝连接的物流自动化流水线建成。

围绕集团经营战略所实施的信息化，有力地支持了浙江省新华书店的成长。

透过例 2-1 可见，任何组织（政府或企事业单位）面对多变的环境——新经济或经济全球一体化的挑战，日趋激烈的竞争，必须制定正确的组织战略。而信息化战略是组织战略的重要组成部分，是组织信息化的指导方针。信息化战略必须服从组织战略的核心思想，在组织战略的框架下制定。

“战”即竞争，“略”即计划、方略，“战略”一词广泛见于军事、政治、管理等领域，是高层管理者的关注重点。

1. 组织战略的定义

组织战略是组织达到目标、完成使命的综合计划。具体来讲，组织战略是组织为了在外部环境中生存和发展，在总结历史经验、调查现状和预测未来的基础上，所做出的长远性、全局性的谋划或方案。审时度势、科学规划的战略对于组织发展具有激励和引导的作用。例如联想在 2000 年制定了 3 年战略，目标为在 IT 领域中成为规模达世界级的多元化的大企业。联想在组织战略的引导下，公司上下同心，克服了重重困难，通过收购 IBM 的 PC 业务，实施企业资源规划（ERP）、供应链管理（SCM）、电子商务（EC）等一系列信息化举措，成功地将新的 Lenovo 品牌推向国际市场，公司规模和经营层次都跃上新台阶（参见例 7-2）。

2. 组织战略的结构

组织战略一般包括三类：总战略、经营战略、职能战略。

① 总战略描述组织总的方向，如专一化还是多元化发展。

② 经营战略描述某个产品或者事业部的竞争合作战略，以提升在特定领域的竞争力。

③ 职能战略是营销、制造、研发、信息技术等职能部门所制定的战略，它们通过整体能力的优化，帮助组织及下属事业部实现战略目标。

3. 组织战略的制定过程

组织战略的制定包括三个基本过程。

（1）环境分析

环境分析是从组织内部、外部所拥有的优势和劣势等方面入手，通过评估机会和风险，形成组织对所处环境的判断。例如管理者可以思考几个关键的战略问题：组织现在处于什么位置？与竞争对手比，在资金、技术、人力资源、市场占有率等方面有什么优势或不足？如果维持现状，1 年、2 年、5 年、10 年后企业处于什么位置？如果不能接受维持现状的结果，组织应该采取哪些措施，这些措施会带来哪些风险和回报？

（2）战略决策

战略决策是在环境分析的基础上，综合各种信息，达成战略方案。组织的战略决策方案包括明确组织的使命，确定可达到的目标，形成组织的战略指南。其中，使命是指组织的性质和发展方向，反映组织是谁、做什么。目标是行动的结果，即组织在什么时间内完成什么样的任务，反映组织要做成什么。

(3) 战略规划的形成和完善

战略决策形成后，要加以细化调整，以便执行。在具体的执行过程中，由于内外部环境的变化和前期制订过程中的认识不足，可能使战略偏离实际，因此要进行调整和完善，形成指导组织发展的战略规划。

4. 组织战略的规划方法

组织战略的规划方法有很多，这里着重介绍 SWOT 矩阵法、波特五力模型和价值链分析法。

(1) SWOT 矩阵法

SWOT 矩阵是由波士顿咨询公司提出的，也称波士顿矩阵，是全面分析组织外部环境和内部资源、寻找满意战略组合的分析工具。外部环境分析是通过剖析外部环境结构，明确外部环境变化给组织带来的机会(O,即 Opportunities 的首字母)和威胁(T,即 Threats 的首字母)。内部资源分析是为了扬长避短，需要理清组织内部资源的现状，了解优势(S,即 Strengths 的首字母)和劣势(W,即 Weaknesses 的首字母)。

绘制完 SWOT 矩阵(见图 2-1)后，可以进行组合分析和综合分析。

		内部资源		
外部环境		优势 S	劣势 W	S+W
	机会 O	SO 组合	WO 组合	(S+W)O 组合
	威胁 T	ST 组合	WT 组合	(S+W)T 组合
	O+T	S(O+T)组合	W(O+T)组合	(S+W)(O+T)组合

图 2-1 SWOT 矩阵

SWOT 矩阵分析包括组合分析和综合分析两步。

组合分析是对优势—机会组合、优势—威胁组合、劣势—机会组合、劣势—威胁组合这 4 个组合进行分析，或者是利用内部资源优势去赢得外部发展机会；或者是利用内部资源优势去应对外部环境威胁，或者是创造条件抓住机会降低劣势。而劣势—威胁组合是最不利的，任何组织都要尽量避免。

综合分析是应对实际复杂情况的权衡方法。由于实际工作中，机会、威胁、优势、劣势往往交织在一起，所以需要权衡利弊，结合具体情况，寻找次优解。例如，(S+W)O 组合即面对机会时要综合考虑优势和劣势。

(2) 波特五力模型

波特五力模型也叫五力竞争模型，是美国著名管理学家波特(M. E. Porter)提出的一个企业竞争策略模型。该模型基于这样一种认识，一个企业是否进入或继续留守或退出某个行业，关键取决于该行业能否使其获得的机会和企业将付出的代价，即该行业竞争强度和企业获利能力。而行业的竞争强度和企业的获利能力又是由行业自身和环境的各种因素决定的，这些因素可归纳为五种竞争力量，分析这五种竞争力量的状况就能决定进退。这五种竞争力是：同行业竞争对手(现有竞争者)，潜在竞争对手(潜在的进入者)，供应商的竞价能力，客户的竞价能力(购买者)，替代商品(替代品生产者)。他们之间的相互作用关系如图2-2所示。通常五力模型非常适用于企业进行开辟新业务的战略分析。

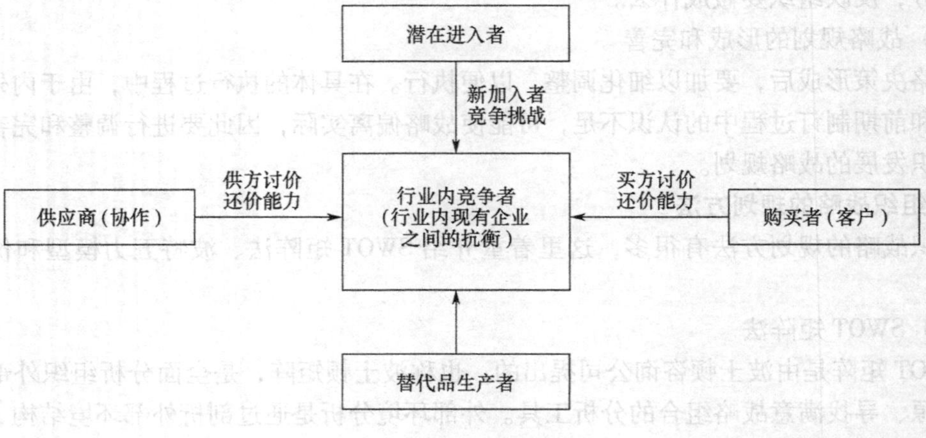

图2-2　五力竞争模型

(3) 价值链分析法

这是波特提出的另一种企业战略分析方法。波特认为，企业每项生产经营活动都是其创造价值的经济活动；那么，企业所有的互不相同但又相互关联的生产经营活动，所构成的创造价值的一个动态过程，称之为价值链。

企业的价值创造活动可分为基本活动和辅助活动两类。基本活动是指生产经营的实质性活动，包含了原料供应、生产加工、成品储运、市场营销和售后服务等活动。这些活动与商品实体的加工流转直接有关，是企业的基本增值活动。辅助活动是指为基本活动提供服务的活动，包括企业投入的采购管理、技术开发、人力资源管理和企业基础结构。所谓价值链分析法，就是通过系统地分析企业价值生成环节中存在问题及其影响的关键因素，提出整体解决的方略即企业经营管理战略。一般地，价值链分析法较适合于进行企业业务流程重组战略分析。

5. 组织战略与信息化的关系

显然，无论用哪种方法进行组织的战略规划，都需要获取和分析组织内外部的信息。组织能否快捷、准确和高效地获取和分析信息，进而得到有重要价值的情报就显得非常重要。这样利用现代信息技术(计算机、互联网和信息系统等)完成组织战略情报收集和分析便是顺理成章的事。这也就导致组织信息化工作的重心，逐步从以提高效率为主的事务处理自动化，转向支持管理决策的智能化，特别是对高层战略决策的支持(如经理支持系统(ESS)等)。它反映了信息资源管理的一个重要理念，组织的信息资源管理(信息化)要以支持组织战略实现为目的，它是组织信息化发展到一定阶段的必然结果。信息化是组织战略制定的工具。

随着信息化的深入，信息技术应用到组织的各个部门，从基层的事务处理，到中层的管理控制，再到高层的战略决策，越来越多的业务工作从手工操作转为计算机处理。信息化工作本身变得越来越复杂，涉及的组织资源(人财物等)越来越多，影响越来越大，信息化效果好坏(成功或失败)或效率高低，已经成为影响组织战略制定和实现的重要因素。组织战略的落实需要信息技术的全面支撑，即信息化是实现组织战略的重要保证。

2.2 信息化规划

2.2.1 信息化规划概述

例 2-2 信息化发展中的问题

(1) 信息孤岛

周宏仁在《信息化论》一书中列举了一个统计数据不一致的例子，从表 2-1 看到：通过上海财税局和工商局各自的信息系统分别统计的企业、工商个体户和事业单位的数据存在很大的不同(数据相对差超过 14%)，究竟哪个可信呢？恐怕谁也难说清。同样的问题也存在于许多地区或行业中。这种“自采、自用、自成体系”的“三自”现象就是组织信息化进程常见的典型的“信息孤岛”问题。成为信息资源利用和共享的巨大障碍。

表 2-1 上海市工商与财税数据对比表

注 册 类 型	企业/户	工商个体户/户	经营性事业单位/户	合计/户
财税局	483150	128244	3110	614504
工商局	454588	267751	无	722339
绝对差	28562	-139507	3110	-107835

所谓“信息孤岛”是指在数据信息单元单独存放、不能自动地实现信息共享与交换，需要靠人工与外界进行联系的一种现象。表面上，它反映为不同软件产品而导致大量的异构、独立的信息系统不能有效地交换信息，本质上它是由于组织信息化进程缺乏整体规划而造成的。信息孤岛不仅使组织的信息资源管理效率降低，同时也使日后系统集成代价剧增。

(2) IT 黑洞

前些年随着信息化热不断升温，很多企业在没有进行整体规划和充分了解自身实际需求的情况下，盲目跟风投资，出现了大量 IT 投资无回报或回报率很低的现象，事实上，美国人曾有一项统计，在整个 20 世纪 80 年代，美国企业在 IT 应用上投资了 10000 亿美元。尽管投资巨大，但白领人员的生产率实质上并没有发生变化。在 1975 年至 1985 年这 10 年期间，蓝领工人数量减少了 6%，实际产出增长了 15%，表面上看劳动生产率提高了 21%。但在同一期间，白领工人数量增长了 21%，与实际产出增长 15% 相比，生产率下降了 6%。这组统计数字表明，企业在 IT 应用上的巨额投资并没有达到预期目标。经济学家们称之为“生产率悖论”，而众多的企业则认为他们在 IT 应用方面的投资掉进了“IT 黑洞”。

造成“IT 黑洞”的原因很多，如改变各部门原有工作流程、组织各部门间的协同工作方式阻力重重；虽然应用了管理软件系统，但原有的手工业务处理模式没有更新；信息一致性与共享机制未能形成；原有业务处理流程与计算机信息处理流程间的矛盾无以解决；员工素质不能大幅度提高，新的团队精神难以形成等。种种原因最后导致管理软件系统无法正常运行，即使勉强保持系统运行，也无法达到预期目标。从本质上看，造成组织出现“IT 黑洞”的重要原因同样是组织信息化工作缺乏有效的计划。

(3) IT 项目泥潭

另一个信息化存在的普遍现象就是“IT项目泥潭”。据专家统计，至少90%的ERP系统的实施要么超过预定时间，要么超过预算。在对ERP系统的投资超过1千万美元的公司中，能够在预定的时间和预算内开通的几率等于零。一方面，信息化需要技术与管理的高度融合(如业务流程重组、管理变革等)，高新技术应用的复杂性使得信息化实施超出人们的预想。另一方面，缺乏对信息化实施过程全面有效的控制，使得IT项目超支延时，信息系统运行缺乏保障，效率差，陷入“IT项目泥潭”。其中，一个重要原因就是信息化实施缺乏有效的计划管理机制。因此，人们提出了要进行“有效益”的信息化，进而实施全面的IT治理。

凡事预则立，不预则废。通过例2-2所列的一些问题和统计事实不难看到，随着社会信息化的深入，组织(特别是大型组织)的信息化涉及组织的方方面面，是一项典型的管理系统工程，面临着信息孤岛、IT黑洞、IT项目泥潭等许多问题。为了规避风险，保证信息化建设成功和健康发展，需要事先对组织信息化进行周密的计划——信息化规划。

信息化规划是信息化工作的前瞻性的全局安排，是对信息化建设过程中的建设重点、步骤、人员技术资金等要素进行统筹谋划。它通过识别组织信息化的关键需求，设计组织信息化体系架构，建立组织信息化管理机制，实现组织信息化的全局性优化。

信息化规划的战略目标体现在如下四个方面。

① 业务匹配　实现信息技术投资与组织的远景规划和战略目标的匹配；

② 竞争优势　通过开发创新的战略业务信息系统，提高组织的生存与发展的竞争优势；

③ 管理资源　优化组织信息资源配置，有效地管理组织中各类信息资源；

④ 技术架构　清晰地勾画出与组织战略、组织结构和业务流程相适应的信息技术架构。

信息化规划的作用包括：

① 有效管理组织的信息资产，对组织的信息资源进行统筹安排，资源共享，最大限度地避免“信息孤岛”出现；

② 降低信息化建设的整体风险和投资成本；

③ 使信息技术与组织战略保持一致，增强组织的竞争力；

④ 改善业务部门与信息部门间的交流和合作，使信息化工作有序进行。

组织信息化规划在时间跨度上一般为3~5年，每年要根据其内外部各种因素的变化而做出适当调整和完善。值得指出的是，每个组织应该根据自己的具体情况，有侧重地制订自己的信息化规划。信息化规划不能盲目跟风，追求“大而全、高精尖”，而应该因地制宜，达成各方共识。一个达成共识的、没有很多技术创新点的规划方案有时远远好于一个有很多创新点，但迟迟不能达成共识、也迟迟不能落实贯彻的规划方案。同时，组织信息化建设不是一蹴而就的，是一个不断演进的过程，应该采取“统筹规划、分步实施、循序渐进、逐步升级、先进适用、讲求实效”的原则。

美国学者诺兰(R. L. Nolan)经过调查研究，提出了著名的诺兰模型，把组织IT应用发展划分为起步、扩展、控制、集成、数据管理、成熟等六个阶段。处于不同历史阶段的组织，其信息化规划的意识、要求和内涵是不同的。早期信息化规划局限于技术(战术)层面的信息系统项目规划；而后随着信息技术渗透到组织的各个部门(集成阶段)，产生了用信息资源规划整合信息系统(系统集成)的思想和方法；到更高级阶段(数据管理、成熟)，强调信息化与组织战略匹配，出现了宏观的信息化战略规划。

现代的信息化规划主要包括：信息化战略规划、信息资源规划和信息化项目规划等三个层面工作(如图2-3)。三者是有机统一的整体，不可或缺。其中，信息化战略规划是纲，是组织信息化规划的总体设想与安排，是其他规划工作的指导。其中，信息化战略规划最重要的成果是提出组织信息化体系架构(如例7-2联想信息化全景图)，它包括重要的信息基础设施规划——对硬件基础设施(网络)进行全面筹划，以实现信息资源的共享和集成管理，是其他规划的基础。信息资源规划是从管理业务(狭义信息资源)角度，对各个部门业务流程中信息流、数据架构、数据标准等进行全面的分析和设计。信息化项目规划则是在信息化战略规划的指导下，从技术实现(项目实施)的角度，对各个信息化项目的内容、进度、成本等进行统筹规划。

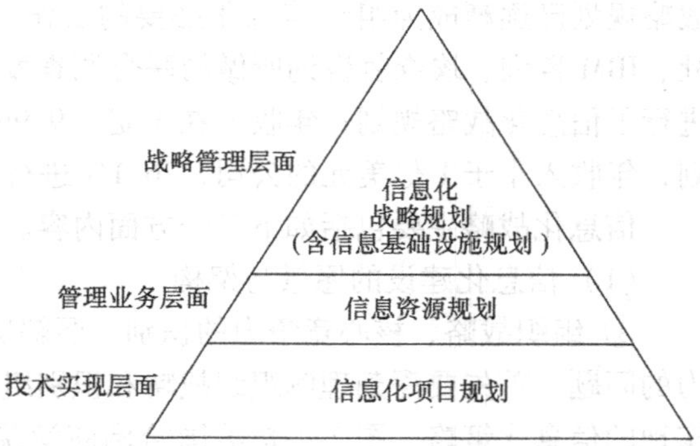

图2-3　信息化规划层次

开展信息化规划的方式有很多种，如从下向上、由上而下、由外而内、中间开花。从下向上方式指从基层向上逐层地对信息化需求进行识别、分析，最终形成组织信息化规划的方式。它比较适用于业务相对稳定的组织，通过对业务流程的信息化集成，实现组织整体信息化；由上而下方式指从高层向下逐层地分解战略目标，最终形成组织信息化规划的方式。它适用于有较明确(新)的发展战略的组织，组织将高层战略逐层落实，通过业务流程重组及其信息化。由外而内方式强调从组织外部因素出发，由外向内地形成组织信息化规划的方式。中间开花方式指从组织中层(管理层)出发，分别向上和向下进行“细化”，最终形成组织信息化规划的方式。在实际开展信息化规划的过程中，通常是以一种方式为主，兼顾其他方式。

2.2.2　信息化战略规划

1. 信息化战略规划内容

描述组织信息化建设的方向、重点、步骤和措施等的策略被称为信息化战略，它是组织信息化建设与发展的整体思路与指导体系。组织战略与信息化战略是包含与被包含的关系。信息化战略是组织职能战略的一部分，是为组织总体发展目标服务的，是以组织战略为依据而制订的。

信息化战略规划是以组织战略为指导，以各个部门的业务需求为基础，结合行业信息化方面的实践和对信息技术发展趋势的掌握，定义出组织信息化建设的远景、使命、目标和战略，规划出组织信息化建设的未来架构——组织结构、信息基础设施架构、信息系统及其集成架构等，为组织信息化建设的实施提供一幅完整的蓝图，全面系统地指导组织信息化建设的进程。

信息化战略规划是信息化规划的首要步骤，它兼顾信息化的长远发展和近期实现的需要，是从战略高度上对组织信息化内容、过程的总体谋划，是组织信息化建设的指导纲领，是避免重复建设、统一建设标准，消除“信息孤岛”的重要工作。组织应该根据自身实际情况制订一个3~5年的信息化战略，在信息化过程中贯彻实施，推动组织战略的落实。随着 IT 投资的数额增加和人们认识的提高，组织日益重视信息化战略的制定和实施，信息化战略规划已逐渐成为组织信息化必要的工作。在信息化最发达的美国，根据美国经济情报社、IBM 咨询、埃森哲咨询所做的联合调查发现：年收入在 10 亿美元以上的大公司，95% 进行了信息化战略规划；年收入在 1 亿 ~9.99 亿美元的公司，91.3% 进行了信息化战略规划；年收入小于 1 亿美元的公司，76.1% 进行了信息化战略规划。

信息化战略主要包括如下三个方面内容。

（1）信息化建设的愿景与架构

① 组织战略、核心竞争力的识别　要解决信息化战略与组织战略匹配，提高组织竞争力的问题，首先要深刻理解组织战略和识别组织核心竞争力，进而分析和设计支持组织战略实现的信息化策略。图 2-4 是美国哈佛商学院 J. Handerson 1994 年提出的战略一致性模型（SAM——Strategic Alignment Model），从中可见：信息化战略就是要在明确组织战略（业务范围、核心竞争力、经营管理方式）和组织结构与业务流程基础上，分析 IT 应用的关键点（技术范围、系统竞争力、IT 治理）和架构，促进组织战略的实现。

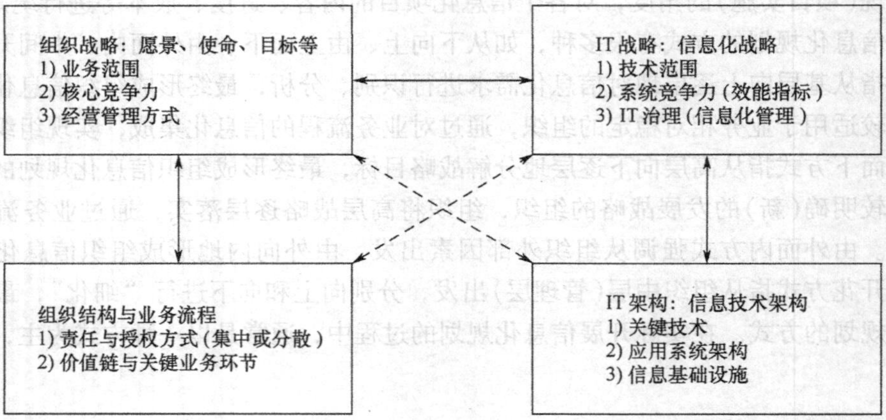

图 2-4　战略一致性模型

② 管理提升与业务改进的方向　包括：审视组织外部环境以及内部运作环境；结合标杆与约束，明确管理提升和业务改进的方向。

③ 信息化的作用点和愿景分析　包括：信息化应用的理念学习、热点及案例标杆的了解；识别信息化对管理提升和业务改进的关键点；描述信息化建成后的愿景。

④ 分析信息化现状、进行信息化能力评估　包括：从人、流程、技术三个方面来系统地分析企业信息化的现状；评估当前的信息化能力。

⑤ 分析差距，探讨改进构想　包括：分析现状与愿景之间的差距；确定关键要突破的问题要点；多方听取意见，探讨对这些问题要点的改进、构想。

⑥ 业务需求调整　包括：围绕问题点，收集改进需求；进行综合整理。

⑦ 分析信息化体系架构　包括：根据上述分析，结合问题要点及其需求，定义信息化所涉及的系统的边界与环境，分析信息化建设的组织结构及其各子系统的类别、规模和相互关系；勾画出与组织结构相关联的信息化体系架构——信息系统应用架构、数据架构、技术支持架构（开发架构）、操作架构和信息基础设施架构等（如图 2-5）。

（2）项目方案选择与组织

① 项目方案选择　包括：结合信息化体系架构，明确信息化总时间表、各子系统建设的时序表、各子系统的类别与规模，明确各子系统硬件软件等的选型程序、选型标准；确立信息化项目。

② 信息化建设的项目组织　包括：企业与外部服务顾问之间的关系；内部人员遴选；服务顾问遴选；多层次的联合团队的组成，围绕问题要点来明确职责。

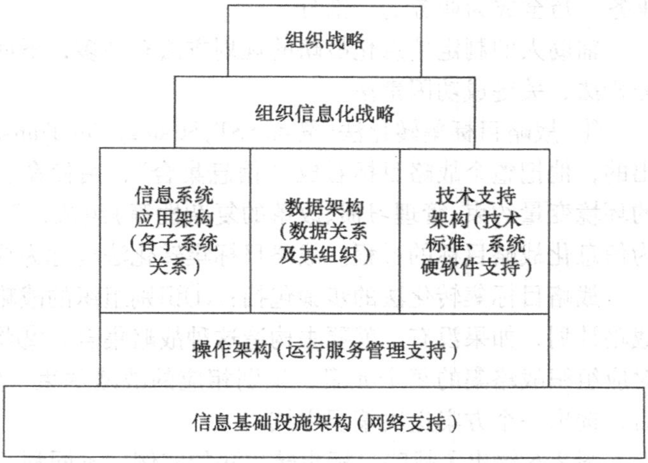

图 2-5　组织信息化体系架构图

（3）信息化项目规划

① 信息化建设阶段规划　包括：明确每个建设阶段的范围、目标、方法、依赖关系、时间和资源需求。

② 风险管理质量监控策略　包括：分析各阶段、各方面可能出现的心理反应；明确项目质量监控、风险防范及转化的方法。

③ 主要实施计划与培训计划　包括：综合形成信息化具体项目的主实施计划及第一阶段的计划；在考虑培训目的、时间、对象、方法的基础上制定培训计划。

2. 信息化战略规划步骤

信息化战略规划的主要步骤包括：基础信息调研、现状评估与问题分析、信息化战略目标设计和制定等。

（1）基础信息调研

基础信息调研包括如下三方面。

① 信息化的现状和发展趋势调研　包括两部分内容，一是对国民经济和社会信息化的现状和趋势、信息技术的发展对经济的影响和冲击方面作调研；二是调研行业信息化状况和趋势，主要是行业的总体信息化状况，新的信息技术给行业带来的变化和冲击，行业的信息化趋势，主要竞争者或领先者应用的新技术、取得的成功经验或失败教训等。

② 组织信息化需求调研　主要包括组织外部（政府的上级部门或企业的管理部门、客户、供应商、竞争者和市场等）和组织内部部门对信息化的需求调研。

③ 信息化建设基础条件调研　主要包括组织内部信息化建设的有利条件和制约因素的调研。包括管理基础、数据基础、技术基础、人员基础等，如信息技术应用现状，有无内部局域网络，互联网接入状况，人均计算机占有量，业务部门管理和技术水平，人员素质结构等。

（2）现状评估与问题分析

在充分调研并取得大量的基础信息之后，对组织信息化现状进行客观评估；分析信息化面对的挑战、信息化需解决的问题、组织发展对信息化的要求等。

（3）信息化战略目标设计和制定

通过上述分析，根据组织的外部宏观环境、发展战略及竞争能力的要求，确定信息化战略的远景目标、价值、规模、步骤，即形成组织信息化战略，使信息化能够有效支持并推动业务，乃至成为业务的一部分。

辅助人们制定信息化战略的规划方法有许多，下面主要介绍战略目标集转化法、价值链分析法、关键成功因素法。

① 战略目标集转化法(简称 SST,Strategy Set Transformation)是 William King 于 1978 年提出的，他把整个战略目标看成“信息集合”，由使命、目标、战略和其他战略变量(如重要的环境变量约束、管理习惯、改革的复杂性等)组成，SST 规划过程是把组织的战略目标转变为信息化战略目标的过程。战略目标集转化法也称为战略集合转移法。

战略目标集转化法的步骤包括：①识别组织的战略集，先考查一下该组织是否有成文的战略计划，如果没有，就要去构造这种战略集合。②将组织战略集转化成组织信息化战略。对应组织战略集的每个元素，识别相应的战略约束，然后提出整个信息化体系架构。③最后，选出一个方案送决策层审核。

图 2-6 给出了战略目标集转化法的实例。不同利益群体的诉求重点存在差异，例如政府希望改善组织的现金流，而高层管理者希望增加年收入，及加强管理水平。在执行信息化战略规划时，可以逐个将利益群体的需求转化为组织的战略，再进一步转化为具体信息系统战略。例如高层管理者的加强管理监控的需求就可以转化为建立财务实时监控系统，即建立信息系统改进财务结账速度。

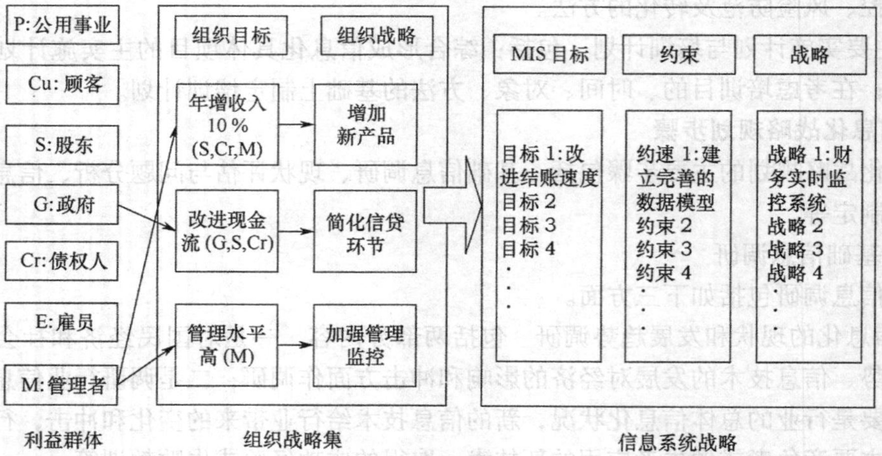

图 2-6 战略目标集转化法的实例

战略目标集转化方法的优点在于：它反映了各类群体的要求，而且给出了转化为信息系统目标的结构化方法。它的优点是全面识别目标，缺点是重点不够突出。

② 价值链分析法 价值链分析法(Value-Chain Analysis)是从波特价值链分析演变而来的，这种方法认为信息技术在组织的战略牵引方面能起关键作用。

价值链分析方法将一个组织看成一些输入、转换与输出活动的集合，而每一活动都可能相对于最终服务或产品产生增值作用，为提高企业竞争能力做出贡献。

通过价值链分析法，可以利用信息技术在价值链中识别并放置“信息增强器”，进行增值，以提高组织的竞争力。

③ 关键成功因素法 关键成功因素法(CSF——Critical Success Factors)是 20 世纪 70 年代 MIT 推出的一种规划方法。通过与企业高级管理人员交流，了解企业的发展战略及其相

关的问题，识别企业的关键成功因素，根据这些关键成功因素来决定信息资源分配的优先级，并帮助企业利用信息技术发掘新的机遇。其优点是能够直观地引导高级管理者综观整个企业与信息技术的关系。但在进行较低层次的信息需求分析时效率不高。

关键成功因素源于组织目标，即组织系统所希望达到的状态。在商务活动中，有些活动对组织目标的实现起着关键作用，这些活动就是关键成功因素。关键成功因素法的主要步骤包括：

① 了解企业目标。

② 识别关键成功因素。

③ 识别性能的指标和标准。

④ 识别测量性能的数据。

3. 信息化战略规划书

典型的组织信息化战略规划书一般包括以下几个部分：

① 环境分析　即信息化战略规划的依据。它是基础信息调研和现状分析的结果，总结出信息化战略规划的背景。明确组织的发展目标、发展战略和发展需求。明确为实现组织目标各关键部门要做的工作。分析信息技术产品的发展趋势。分析行业发展现状及发展方向、发展动力及信息技术在行业发展中的作用。总结行业内或相关行业信息化的成功经验和失败教训。分析组织内部信息化程度和基础条件等。

② 信息化战略　即根据环境分析结果制定或调整组织信息化的指导纲领。这部分要根据组织的战略需求明确组织信息化的远景和使命，确定信息化的发展方向，明确信息化在实现组织战略过程中的作用。明确各项具体目标。

③ 信息化体系架构设计　即基于前两部分设计出的组织信息化总体框架，层次化的结构概括信息化层次以及各个层次之间的关系。体系架构的每一层次由多个功能模块组成。

④ 信息技术标准　即规定出信息化采用的具体技术、产品、方法和技术流程应遵循的标准，这是对信息化总体架框的技术支持。确定统一的技术标准可以保证信息化的可靠性、兼容性、扩展性等，并能降低实施成本和时间。一般采用符合工业标准要求、应用广泛并具有一定发展前景的信息技术标准。

⑤ 项目分派和管理　即在上述基础上，明确各个层次的功能模块以及相应的各部分信息化任务的优先级，统筹计划，明确每个项目的责任、要求、标准、预算、范围、时间等，明确各个项目的具体实施部门，明确各项目管理、监督、考核的原则、办法和指标。

2.2.3 信息资源规划

例 2-3　海化集团的信息资源规划[㊀]

2001 年大连圣达计算机发展有限公司介入山东海化集团有限公司的信息资源规划项目。经过业务人员和系统分析人员两个月的紧密合作，完成了“需求分析”和“系统建模”的计算机化技术文档，建立了信息资源管理基础标准。

为什么要开展信息资源规划呢？圣达公司认为海化集团的信息化发展水平，是处于从初

㊀ 案例来源：IRP 实践网. 山东海化集团信息化建设一期工程。

级阶段向中级阶段的发展过程之中，其主要表现是：第一、分散的、独立运行的事务处理系统(TPS)较多，应用系统之间缺乏自动化的数据交换，没有共享数据库。第二、应用系统规模较小，还没有中等规模的(即覆盖几个职能域、信息共享)管理信息系统，数据缺乏规范化。第三、集团各单位信息联网困难较大，除了通信和计算机设施方面的问题外，更重要的是没有全系统的信息标准化管理。解决这些问题的技术核心是数据集成。即信息资源规划。

本次海化集团信息资源规划内容有：

① 分析集团主要职能域之间，以及与外单位之间的信息流，绘制一级数据流程图(1-DFD)；二级数据流程图(2-DFD)；规范化主要用户视图；进行数据流量化分析。

② 建立新系统的功能模型。

③ 建立新系统的数据模型。

④ 建立集团信息资源管理基础标准。

⑤ 建立集团信息分类编码体系表。

最终编制完成的《山东海化集团有限公司信息资源规划方案》，为海化集团实现信息化建设跨越式发展奠定了基础。

1. 信息资源规划的产生与内涵

信息资源规划的提出是与信息资源管理发展紧密相关的。20 世纪七八十年代，美国学者詹姆斯 · 马丁(J. Martin)等针对维护信息系统所出现的“数据处理危机”——结构化方法开发的信息系统其维护、扩展代价巨大，特别是数据维护成本太高(如阿波罗计划的数据维护成本大约为总成本的75%)，提出了加强数据环境管理和从上向下的数据规划理论和方法——战略数据规划。他认为存在着 4 种数据环境需要识别和管理：

① 数据文件(Data Files)，其特征是由系统分析员和程序员分散设计，并伴随应用程序设计的各种非格式化、不规范的数据文件，虽然实现简单，但修改维护费用高。

② 应用数据库(Application Data Bases)，这类数据可被视为相对独立的规范文本，分散的数据库为分散的应用而设计，共享程度不高，随着应用的扩展，应用数据库剧增，使得维护费高。

③ 主题数据库(Subject Data Bases)，其特征是经过严格的系统分析，建立数据模型，存储结构与其处理程序相对独立，共享关联性强，维护成本很低。

④ 信息检索系统(Information Retrieval System)，它能保证信息检索和快速查询的需要，在软件设计中采用转换文件、倒排表或辅助关键字查询技术，新的字段可随时动态地加入到数据结构中，比传统数据库有更大的灵活性和动态可变性。“数据处理危机”表面原因是传统信息系统中①和②类数据环境较多，根本原因就是系统缺乏全面有效的高层(战略)数据规划。相反，③或④的数据环境可以保证高效率和高质量地利用数据资源，是值得建设的。但它们都要求在信息系统开发前，进行总体数据规划设计。此外，马丁等还强调数据的标准化管理，即建立整体一致的数据标准——数据命名、数据属性、数据设计和数据使用的一致性规范。并提出了企业模型、实体数据关系、战略数据规划等 13 种组件，形成了所谓信息工程模型，为建设高效率、高质量的复杂信息系统提供规划设计的工具。20 世纪 90 年代，我国学者高复先在继承前人工作的基础上，提出了信息资源规划的概念，即在进行总体数据规划的过程中，同时进行数据管理标准化工作，通过数据标准化工作使总体数据规划更为扎实，使总体数据规划成果更能在集成化的信息系统建设中发挥指导作用。信息资源规划的核

心就是基于实体数据分析和主题数据库设计的总体数据规划。

信息资源规划(简称 IRP,Information Resource Planning)是对组织管理或经营活动所需要的信息，从产生、获取，到处理、存储、传输及利用进行全面的规划。它是依据信息化战略规划规定的组织信息化体系架构，从全局角度厘清现有业务和未来业务所需信息资源的种类和数量，对数据架构进行细化，并建立数据标准，为后续信息系统的规划和开发工作奠定基础。信息资源规划是信息化建设工作的核心，是信息化的基础性和奠基性的工作。假如抛开信息资源规划，直接设计开发信息系统，会使信息系统由于缺乏规范的数据表达而不断推翻重来，造成极大的资金浪费。随着信息化的普及和深入，组织日益清楚自身在经营管理活动中所需的信息，因此可以把数据标准化工作提前到信息系统开发之前。在美国学者詹姆斯·马丁提出的信息工程方法的指导下，人们成功地开发了越来越多的大型的复杂信息系统，信息资源规划的重要性也日益得到重视。

2. 信息资源规划的步骤

组织的信息资源规划工作的主要有三个步骤。

(1) 建立负责信息资源规划的工作组

为了进行信息资源规划，需要成立一个责权明确的工作组。这个工作组在高层管理者的直接领导下，由一名信息资源规划员负责全面规划工作，并通过一批用户分析员和广大的最终用户相互联系。

(2) 分析职能域及其业务

职能域也称职能范围、业务范围，是指主要管理活动领域，不同行业和规模的企业或组织，职能域不同。例如，一个制造企业的职能域一般有：经营计划、财务、产品计划、材料、生产计划、生产、销售、配送、会计、人事等。识别定义了企业全部的职能域，就可以对企业管理活动领域的划分有了概括的把握。

职能域业务分析是分析定义各职能域所包含的业务过程，识别各业务过程所包含的业务活动，形成由“职能域—业务过程—业务活动”三层结构组成的业务模型。

(3) 对职能域数据进行标准化

在各个职能域中，存在着内部、外部的各种数据。信息资源规划工作组的人员需要搞清楚职能域内外、职能域之间、职能域内部的信息流；分析并规范化用户视图(包括单证、报表、屏幕表单等)；进行各职能域的输入、存储、输出数据流的量化分析。

在数据分析的基础上，建立组织信息资源管理基础标准。包括数据元素标准、信息分类编码标准(分为 A 类编码对象、B 类编码对象、C 类编码对象)、用户视图标准、概念数据库标准和逻辑数据库标准。

3. 信息资源规划的重点工作

信息资源规划涉及方方面面的活动，其中，重点工作是业务分析、主题数据库与数据标准化。这两项工作关系到信息资源规划的成败。

(1) 业务分析

业务分析是信息资源规划的重点工作之一。为了系统、本质、概括地把握组织的功能结构，进而清晰地把握所需要规划和管理的信息资源，需要开展业务分析工作，也就是从“职能域—业务过程—业务活动”的角度描述组织的业务。

组织的各级管理人员需要分析组织的现行业务和长远目标；按照组织内部各种业务的逻

辑关系，将其划分为若干职能区域，弄清楚各职能区域中所包含的全部业务过程；再将各个业务过程细分为一些业务活动。业务分析工作不是一两个人一次完成的，而是多人多次反复完成的。有时考虑到引进计算机后势必调整和改造部分业务过程，业务分析时还要考虑原有业务流程应该如何重组。

（2）主题数据库与数据标准化

主题数据库是一种集约化的数据库环境，构成组织独立于具体应用的数据资源。主题数据库是根据业务主题建库的，而不是按业务报表原样建库的；主题数据库要求信息源的唯一性，即所有源信息一次一处地进入系统；主题数据库结构的稳定性是以基本表作技术保证的，这些基本表具有三个主要特征：原子性（基本表中的数据项是数据元素）；规范性（基本表中的数据结构达到三范式）；演绎性（基本表中的数据能生成全部输出数据）。图 2-7 是一张企业的数据架构图，其典型的主题数据库有产品、客户、零部件、供应商、订货、账户、员工、文件资料、工程规范等。

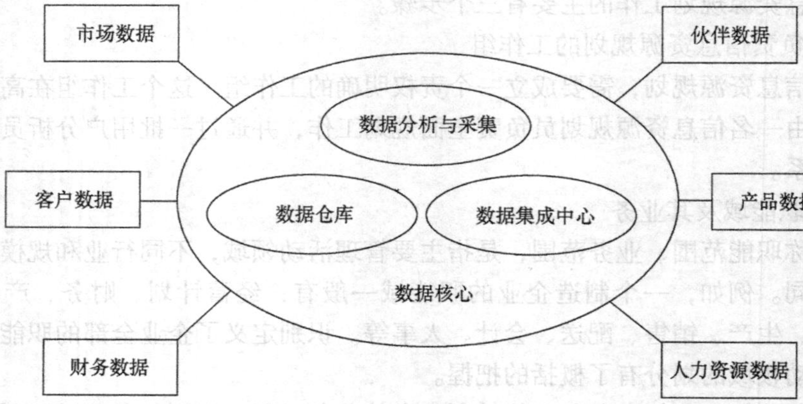

图 2-7　企业的数据架构图

主题数据库建立以后，要进行数据标准化，它决定着信息资源处理、检索和传输的质量与效率。数据标准化包括数据元素标准化和信息分类编码标准化。数据元素是最小的不可再分的信息单位，是数据对象的抽象。数据元素的定义要用一个简明的短语来描述其意义和用途，其一般结构是："修饰词—基本词—类别词"。数据元素名称是指数据元素的代码，是计算机和管理人员共同使用的标识。数据元素名称和数据元素定义在全系统中要保持一致，要控制同名异义和同义异名的数据元素。信息分类编码决定着信息的自动化处理、检索和传输的质量与效率，因此信息分类编码标准化要遵循国际/国家的相关规定，例如《国家经济信息系统设计与应用标准化规范》和《标准编写规则第 3 部分：信息分类编码》（GB/T 2001.3—2001）。

2.2.4　信息化项目规划

信息化战略规划确定了信息化建设体系架构和重点任务（信息化项目）；信息资源规划对组织所需信息资源进行了全面梳理和标准化，为组织实现共享和统一高效地管理信息资源提供基础。它们属于宏观层面的信息化规划。组织信息化的宏观构想最终将落实到许多具体的信息化项目上，如信息基础设施建设项目、不同信息系统建设项目等。信息化项目作为特殊的项目，美国项目管理协会把它定义为：在特定时间、质量、资金等约束下，以应用信息技术为目标的一系列活动。对组织信息化而言，信息化(系统)项目可以分为应用型和开发型两类。应用型项目是指购买或外包现有的应用系统，通过项目实施，完成信息化工作。如许多大制造业企业应用 SAP 的 ERP 软件，完成其企业资源规划。开发型项目则指需要企业自主或联合开发的应用系统项目，如一些特殊领域的组织自主(如安全部门)研发项目。随着信息化的深入，社会分工细化，越来越多的组织采用应用型项目来实现其信息化。但不论应用型还是开发型项目，都是在组织信息化战略规划和信息资源规划指导下开展的。它们的实施，都需要精心地安排和科学地计划，以便项目能够在预算内按时、优质地完成，这就是信息化项目规划。

科学的信息化项目规划指利用项目管理方法和工具(如 MS Project)，在项目实施前，对其所做的范围、进度、成本、质量等进行的全面计划。

1. 范围计划

范围计划是对信息化项目的最终交付物及工作范围的说明。项目负责人要在理解项目合同内容的基础上，编写项目范围说明书，并应用相应工具，做出范围计划。项目范围说明书是一份主要定义项目交付物的文档，它包括：项目商业目的、项目产品或服务描述、项目交付物、项目目标。根据项目的范围说明书，用 WBS(Work Breakdown Structure,工作分解结构)工具来做出范围计划。图 2-8 是某组织一个软件项目的 WBS 图，项目被分解为需求调研、系统设计、程序开发、测试、试运行、验收、项目总结等七个阶段，每个阶段任务分解到最小任务单元——工作包(Work Package)。

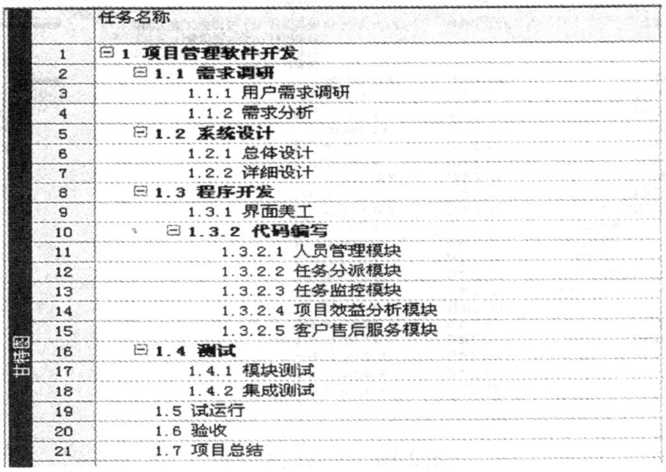

	任务名称
1	⊟1 项目管理软件开发
2	⊟1.1 需求调研
3	1.1.1 用户需求调研
4	1.1.2 需求分析
5	⊟1.2 系统设计
6	1.2.1 总体设计
7	1.2.2 详细设计
8	⊟1.3 程序开发
9	1.3.1 界面美工
10	⊟1.3.2 代码编写
11	1.3.2.1 人员管理模块
12	1.3.2.2 任务分派模块
13	1.3.2.3 任务监控模块
14	1.3.2.4 项目效益分析模块
15	1.3.2.5 客户售后服务模块
16	⊟1.4 测试
17	1.4.1 模块测试
18	1.4.2 集成测试
19	1.5 试运行
20	1.6 验收
21	1.7 项目总结

图 2-8 某组织“项目管理软件开发项目”的 WBS

2. 进度计划

信息化项目通常是智力密集型、劳动密集型项目，对于人力资源的依赖度高。所以，不确定性也高，目标也具有模糊性和渐进性的特点。这些都导致信息化项目容易发生延期，各种突发事件常常会打断项目的计划进度。因此，需要按照科学方法和合理步骤，制订切合实际的项目时间计划的。常用的进度计划工具是甘特图(如图 2-9)，首先，确定 WBS 中的各个项目任务和工作包(活动)的先后顺序和所需要的时间；其次，将活动按时间排序；进而利用网络优化工具，计算出最短项目工期(关键路线-用粗黑线表示)；围绕关键路线科学地安排人财物资源，以保障项目按期或提前完成。

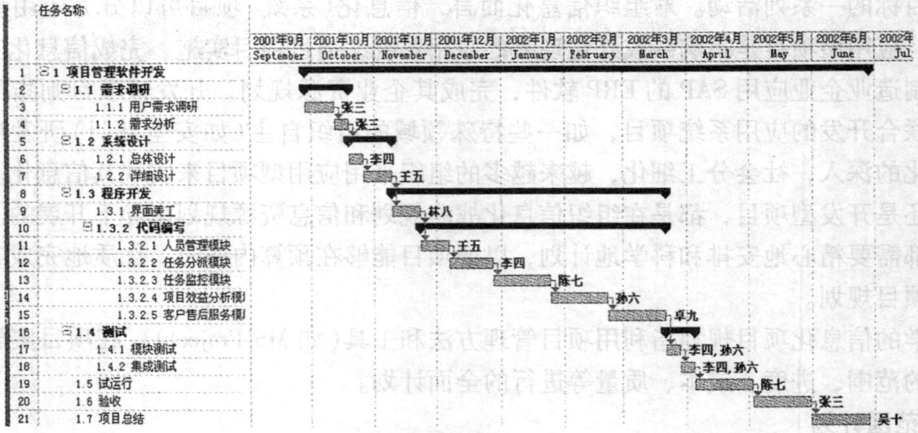

图 2-9　项目进度计划甘特图

3. 成本计划

项目成本计划是在保证满足工程质量、工期等合同要求的前提下，对项目实施过程中所发生的费用进行估算的管理活动。通过科学的核算，计算出 WBS 的各项任务所需各种费用(如员工每工时的费用、交通、办公等费用)，借助工具软件便可汇总核算出项目成本(如图 2-10)。通过对成本变动(随机性)控制，实现成本计划管理。

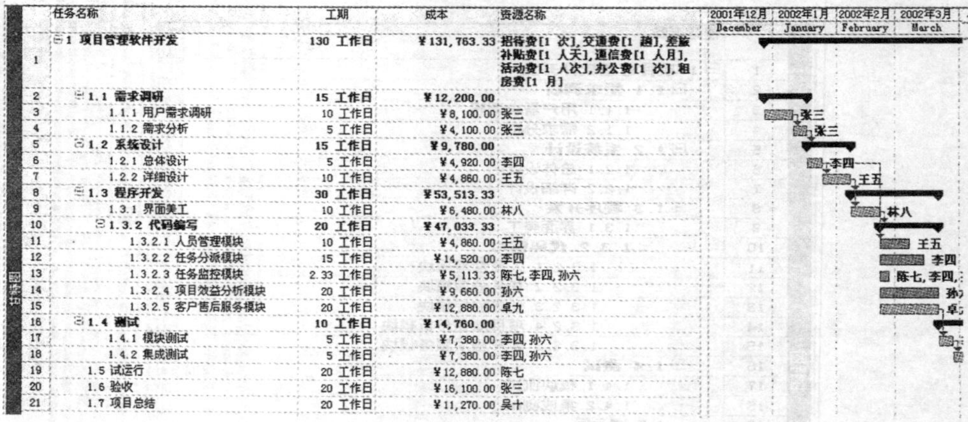

	任务名称	工期	成本	资源名称
1	1 项目管理软件开发	130 工作日	¥131,763.33	招待费[1 次],交通费[1 趟],差旅补贴费[1 人天],通信费[1 人月],活动费[1 人次],办公费[1 次],租房费[1 月]
2	1.1 需求调研	15 工作日	¥12,200.00	
3	1.1.1 用户需求调研	10 工作日	¥8,100.00	张三
4	1.1.2 需求分析	5 工作日	¥4,100.00	张三
5	1.2 系统设计	15 工作日	¥9,780.00	
6	1.2.1 总体设计	5 工作日	¥4,920.00	李四
7	1.2.2 详细设计	10 工作日	¥4,860.00	王五
8	1.3 程序开发	30 工作日	¥53,513.33	
9	1.3.1 界面美工	10 工作日	¥6,480.00	林八
10	1.3.2 代码编写	20 工作日	¥47,033.33	
11	1.3.2.1 人员管理模块	10 工作日	¥4,860.00	王五
12	1.3.2.2 任务分派模块	15 工作日	¥14,520.00	李四
13	1.3.2.3 任务监控模块	2.33 工作日	¥5,113.33	陈七,李四,孙六
14	1.3.2.4 项目效益分析模块	20 工作日	¥9,660.00	孙六
15	1.3.2.5 客户售后服务模块	20 工作日	¥12,880.00	卓九
16	1.4 测试	10 工作日	¥14,760.00	
17	1.4.1 模块测试	5 工作日	¥7,380.00	李四,孙六
18	1.4.2 集成测试	5 工作日	¥7,380.00	李四,孙六
19	1.5 试运行	20 工作日	¥12,880.00	陈七
20	1.6 验收	20 工作日	¥16,100.00	张三
21	1.7 项目总结	20 工作日	¥11,270.00	吴十

图 2-10　项目成本计划

4. 质量计划

由于项目的一次性特征，项目出错会给项目带来无法挽回的影响，因此，项目质量管理强调质量计划。项目成员要从一开始就树立质量意识，从而保证项目的整体质量。

制定质量计划时，主要需要考虑以下方面：

① 合同对质量的约束条款。

② 企业的质量政策：如采购原材料、设备的质量；项目产品的质量保证；对环境、健康和安全的保证。

③ 质量检验标准，即项目最终交付物的各项指标。如软件的缺陷数量、响应时间、最

大用户访问数量等。

④ 质量检验流程，即定义通过什么手段或方式来检查或证明项目某个环节是否符合既定的质量标准。

⑤ 对质量检验结果的管理计划——包括发布质量检验结果、保存质量检验文件、对质量偏差整改的跟踪计划。

信息化项目的质量计划，往往以文字形式给出，具体内容可灵活调整。

2.3 信息化组织

例 2-4 信息化离不开有效的组织[⊖]

海航集团是一家以航空运输业为主体，集航空运输、酒店旅游、机场管理及其他相关产业为一体的企业集团。经过十几年的发展，海南航空已经成长为继国航、南航、东航之后的第四大航空集团。

海航的信息部门规模和技术实力不断提升，有力地支持了海航的发展。1997 年，海航启动数字化之旅，当时信息部门只有不到 10 名员工，两台 PC。经过 10 年的发展，海航信息部门已经成为一个专门的公司——海航信息公司，员工已近 170 人，服务器数量超过 200 台，入网终端达 8000 多台，各类应用系统达到 70 多个，能够为整个集团 20000 多名员工提供专业水准的 IT 服务。

2007 年，海航启动数字化海航运营指标监控系统(简称 BI)项目。和众多其他企业不同的是，在 BI 的实施过程中，IT 团队几乎没有遇到过与高层沟通上的困难，反而是高层帮着他们推动整个进程。系统上线时，数据非常多，有时候会出现一些问题，集团高管会打电话询问相应的业务部门。系统上线时，最紧张的不是 IT 人员，而是业务部门。当时，很多业务部门都希望自己能够有更多的时间来完善数据。正是来自海航高层领导和业务部门的支持，让 BI 项目经过 3 年的努力得以成功完成。该项目促使海航实现了精细化管理，为海航集团下属的 8 大产业集团及其成员公司的生产经营和日常管理提供了决策支持。

“组织”一词有名词和动词两种涵义。作为动词，信息化组织是指为了达到信息化的目标，设立科学的组织机构，对各类资源(人员、资金、物资、技术等)和活动进行统筹协调，以期发挥最大效用。

信息化组织十分必要。因为信息化是一个复杂的系统工程，涉及资金、技术、各种利益主体，只有通过协调，才能有序地推进信息化进程。而且，信息化也是一个不断发展变化的过程，需要不断地修正调整策略，解决各种新的矛盾冲突。因此，信息化组织既是信息化实施的必要前提，也是信息化实施的动态保障。

信息化组织工作主要包括两个关键点：结合组织具体实际情况，建立相应的信息化组织机构；确立信息化组织工作的核心灵魂——CIO 机制。

2.3.1 信息化组织机构

信息化组织机构，有广义和狭义之分。

⊖ 案例来源：改编自中国信息产业网. 海航的智能运营。

广义的信息化组织机构，是指整个组织机构。由于信息技术渗透应用到组织中的各个岗位，组织的每个成员都是信息的需求者、采集者、分析者。除了专门机构的专职员工以外，其他部门也或多或少地承担了部分信息管理工作，因此信息化组织机构等价于组织机构。

狭义的信息化组织机构，是指组织中专门负责信息化管理的机构，也称信息部门（或IT部门）。本书中不做特别说明时，信息化组织机构特指组织的信息部门。

1. 信息化组织机构的类型

（1）隶属业务部门的信息部门

在信息化建设初期，信息化还局限在单项业务应用，或者局限在从单项业务向单一管理职能过渡的时期。此时，信息化组织机构隶属于某个业务部门。例如，组织仅有物资出入库管理系统时，组织的信息管理机构，可能只是物资供应处仓库管理科下面的一个信息技术室。如果信息系统的应用扩展到一个部门的数据综合处理时，可能信息技术小组就升级为一个科，成为物资供应处下面的信息技术科。这类信息部门主要常见于中小企业。

（2）与业务部门平级的信息部门

随着计算机应用的普及，信息系统从单项管理职能的MIS应用，到各职能部门的综合联网，实现跨部门的信息共享。此时，信息组织机构便从所属职能部门中独立出来，直接由有关的副总经理领导，成立一个专门的管理机构。由高层领导直接负责信息化组织机构，此情形目前较普遍。

（3）由CEO直接领导的信息部

对于一部分大型企业而言，需要把组织内的多个信息系统联结成一个有机整体，实现信息在内部和外部间的无缝对接。信息部门则是直接归CEO领导。例如大型生产制造、银行、证券、保险、航空等行业的企业已经完全离不开大型信息系统的支撑。组织不仅要有专门的信息部门，还要把它置于CEO的直接领导下，以便使信息技术更好地与组织战略相融合。这种情形在大型组织中较常见。

（4）由信息管理委员会直接领导的信息部门

在大型组织中，还有一种形式，是由高级业务管理人员、高级信息技术人员等人共同组成一个信息管理委员会，对信息部门进行直接的管理和指导。信息管理指导委员会的主要职责包括：制定组织信息资源系统发展方向，并把组织的信息资源系统发展战略和组织的总体战略结合起来；确定信息资源系统的规划，确定信息资源系统建设的资金预算，确定信息资源系统在组织内部的资源分配；确定信息管理组织的基本结构，将信息资源系统在组织中定位；确定信息资源系统主要管理人员，并明确其权力与责任；明确信息资源系统的职能岗位与工作标准，确定相关的规章制度。

当大型组织实施大型信息系统工程，就可能采用这种形式。由于信息化工程浩大，牵扯方方面面，需要听取多方的意见。由各利益群体代表组成信息管理委员会，有利于发扬集体决策的优点，从全局角度更好地统筹安排信息化建设。

2. 信息化组织机构的职能

概括起来，信息化组织机构有如下主要职能：

（1）信息化战略制订及管理工作的组织

信息部门的首要职能就是协助组织的领导制订符合战略发展需要的信息化战略规划，通过调研、分析，提出组织信息化的整体发展设想和方案。并组织协调各部门的工作，以实现规划所规定的各项信息化工作。

（2）信息系统研发与管理

信息系统为组织的各项业务运作和决策服务，它是随着组织的发展而逐步完善的。信息系统的研发与管理是信息化组织机构承担的主要任务。组织的信息部门要对组织的各项活动进行研究分析，确定组织信息系统的战略发展规划与工作计划：或自主研发——自主分析、设计、编制、测试、实施、运作的信息系统；或购买——选择成熟而适宜的信息系统产品及其服务；或外包——与信息技术专业公司建立战略合作伙伴关系，将信息系统的开发和应用外包给专业公司进行。此情况下，信息部门承担信息系统外包的监督与协调。

（3）信息系统运行维护与管理

组织的信息部门负责计算机网络及信息系统的安装、运行和维护工作，保障信息系统正常运转。即负责设备、网络、软件和信息处理等的运行维护和管理。设备运行维护和管理包括信息系统的中心计算机（服务器）、终端计算机、网络设备、高级打印机和系统备份设备等的运行维护和管理；网络维护包括通信线路、网络安全、用户及其权限等的维护和管理；软件维护包括系统软件和应用软件维护，尤其是应用软件的维护；信息处理包括批处理工作的执行、分布式打印输出、集中数据录入、数据备份、历史数据转储等工作。

（4）信息资源管理与服务

组织的信息部门要制订组织内外部的信息资源及其利用规范（标准），协调和督促组织成员合理利用信息资源。负责组织的内部信息和与组织有关的外部信息资源的采集、维护和安全利用。又要负责向组织内各用户提供信息、技术资源的咨询服务与帮助，在软硬件知识上对信息系统的使用者进行培训，对组织内各部门跨平台网络应用、PC 间数据交换和集中式计算环境等提供培训和技术支持。

3. 信息化组织机构的岗位设置

一般来讲，信息化组织机构包括三个部门，分别是系统研发与管理部、系统运行维护与管理部、信息资源管理与服务部。

（1）系统研发与管理部

系统研发与管理部是信息部门最基本的组成部分，其主要岗位包括系统分析和设计人员、程序员和测试人员。

系统分析员的主要任务是通过现行系统的运行环境、作业流程、用户需求情况的详细调查分析，确定目标系统的功能结构、性能指标、资源配置和编码体系、逻辑模型，以便为系统设计提供科学依据。

系统设计员的主要任务，是根据系统分析阶段提供的目标系统的逻辑模型和功能要求，在用户提供的环境下，采用恰当的设计方法进行目标系统的物理模型设计，确定实施方案。系统设计员可以由系统分析员兼任。

程序员是根据系统设计员编写的程序设计说明书，和系统测试说明书，专门负责编写程序和调试程序。程序员必须懂得各种高级语言，熟练掌握编程技巧、测试技巧，具有程序设计及迅速查找程序中的错误，及时修改的能力。

测试员是对程序员编写的程序进行各种测试，以便将程序缺陷消灭在萌芽状态，避免程序正式运行后对业务造成严重损失。

（2）系统运行维护与管理部

系统运行维护与管理部是信息部门正常运行的保障。该部门的主要岗位包括：控制台操作员、设备管理员、数据录入人员、运行的培训教师、资料保管员、支持人员等。

控制台操作员是负责系统软件、应用软件等软件系统的进入、运行、退出和监护工作。他们的主要工作职能是保证系统的正常安全应用。控制台操作员必须熟悉硬件性能，尤其要熟练掌握软件的操作使用，懂得软件操作规程，能及时判断误操作或者运行异常。

设备管理员主要负责对系统硬件进行维护、保养、备份、修理及恢复更新。他们是系统正常安全运行的可靠保护神，必须全面掌握相关设备知识。

数据录入员的职责是输入系统所需要的原始数据。他们可能是信息部门中的初级计算机专业人员，也可能是分布在业务部门中的职能人员，如会计、统计员、质检员等。他们除了要熟悉数据录入的格式要求，还必须熟悉机器的性能，能够快速准确地录入信息，并将信息转储在指定的存储介质上。

运行的培训教师是承担系统运行的培训任务的工作人员，他们主要负责对数据录入员和系统最终用户的培训工作。因为最终用户需要用信息系统来处理他们负责的业务，因此，要培训他们，掌握信息系统的必要功能。

资料保管员主要是对系统开发和维护过程中的文档资料进行收集整理。他们主要应该具备组织、整理各种文件资料（纸介质、磁介质等）的能力。

(3) 信息资源管理与服务部

信息资源管理与服务部的出现和信息资源日益受重视是分不开的，它负责组织信息资源的统一管理。这个部门的工作岗位如图 2-11 所示，其主要岗位有资源管理员、信息员、信息服务与技术支持人员。

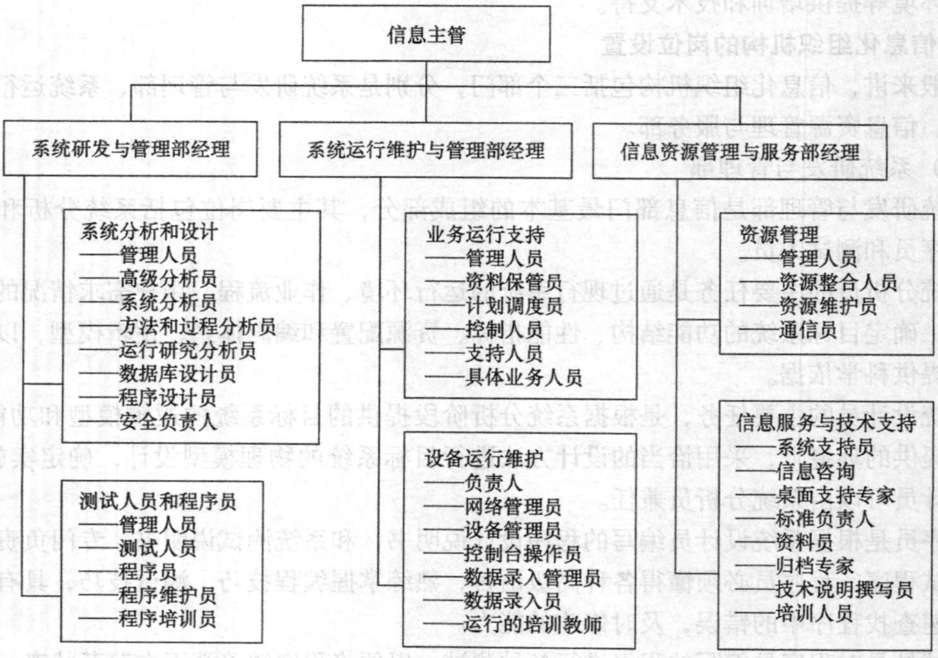

图 2-11　信息部门工作岗位

资源管理员主要是从组织的全局角度，确定各类信息的收集范围、收集方式、传递方式，实现组织的信息资源的有效的整理、分类、传播及开发利用。

信息员则是具体负责信息的收集、整理和发送。信息员专门负责收集来自组织内部和外部的信息，并进行分类、筛选，把有用的信息提供给领导，以辅助领导决策。信息员应该具有敏锐的观察力，一定的文字修养。

信息服务与技术支持人员也是一个新岗位，它体现了信息部门的服务定位。它相当于信息中心的技术部门与业务部门的一个缓冲地带，目的是为了使信息技术更好地为业务人员所使用。信息服务与技术支持人员主要是响应业务部门的各种请求，帮助业务人员解决各种技术故障，培训业务人员的计算机技能。

2.3.2 CIO 机制

CIO 即 Chief Information Officer 的缩写，中文译为首席信息官，通常也称为信息主管，即专门负责组织信息化建设、实施和运作的管理者，他通常是组织决策层的成员。CIO 机制则是组织信息化发展比较成熟以后的一种信息化管理机制，是随着组织信息化的不断发展而形成的。

1. CIO 机制的产生背景

CIO 机制在组织中的形成并非一蹴而就。

一开始组织只有信息技术专家，没有 CIO。当企业仅仅开始零散化应用时，信息人员主要从事软硬件维护、技术紧急支援等工作，没有参与到企业管理活动中。即便到了信息系统的大量应用时期，企业还是没有真正意义上的 CIO。虽说管理信息系统、计算机集成制造系统、客户关系管理等系统开始在各部门广泛应用，信息技术开始提高企业管理效率和生产经营效率，但是技术的辅助色彩仍然十分明显，信息人员在企业中仍然侧重技术方面。

只有到了信息集成阶段，企业进入战略信息管理时期，才有了真正意义上的 CIO。此时，CIO 进入企业的战略决策层，能够从企业经营战略的角度，全面规划企业信息化战略，全面整合企业各方面的信息化资源，整体推动企业的信息化建设。

2. CIO 机制的构成

具体来讲，CIO 机制是以组织 CIO 为核心，以信息技术部门为支撑，以业务部门为信息化实施主体的信息化管理体系。这个体系由四大部分组成。

（1）CIO

CIO 在该体系中处于核心，在信息化战略层面扮演实质性的作用，类似于公司的总经理。CIO 向企业的信息化管理委员会负责，后者类似于公司的董事会。CIO 的主要职责是参与战略决策和部署具体工作。具体包括：参与信息化乃至企业整体战略的制订工作；根据企业的经营战略，考虑企业的信息化战略；CIO 要负责企业信息化的推进工作，包括基础设施建设、人员配置、资源调配、拟订各种管理制度等。

（2）信息化管理委员会

信息化管理委员会也称信息化领导小组。既可以是一个固定机构，也可以是一个松散机构。其成员包括企业的高层领导和部门领导。信息化管理委员会的主要职责是负责企业的整个信息化战略的规划。另外，在信息化实施过程中，出现原来规划的重大调整时，应该由信息化管理委员会对变更方案进行讨论和决策。而且，信息化管理委员会还是重大信息化政策的发布者，这样可以提高信息化工作的地位，得到企业员工的更多重视。

(3) 信息部门

信息部门既是信息技术的支持中心，也是企业各项信息的管理中心。信息部门的主要职责是负责信息资源的收集、整理、统计，向决策层提供相关数据信息，信息系统的建设管理与维护，以及开展人员培训，提供紧急技术支援服务等。不同企业应该根据自己的实际情况，拟订信息部门的职责。

(4) 业务部门的信息人员

在 CIO 机制中，业务部门是信息化的实施主体，通常会配置相应的信息人员岗位。在信息化初期，或许只有少数兼职人员，其主要工作是配合信息化项目的开展，更多扮演了“代言人”的角色。随着信息化工作的逐渐成熟，往往要设立专职人员，组成部门级的技术支持中心，负责系统的维护工作、系统运行协调工作等。

总之，CIO 机制的出现，标志着信息化工作在企业中的成熟。CIO 直接参与企业的战略管理，表明企业进入了技术与经营相结合的战略信息管理阶段。

3. CIO 的职能

CIO 是 CIO 机制的主要组成部分。不同企业在不同的发展阶段，对 CIO 的职能要求是不一样的。概括地来讲，大致有三个基本职能。

(1) 战略的参谋者

CIO 作为战略决策层的成员之一，在企业的高层领导中扮演了战略参谋的角色。严格来讲，CIO 并不能决定企业战略，但是 CIO 可以把业界、竞争对手的信息化成效，以通俗易懂的形式，介绍给 CEO 及其他企业高层管理人员。使他们意识到信息技术对于企业管理能够起到实在的改造和创新作用，使其由衷地支持企业的信息化建设。

(2) 战略的执行者

当企业实施信息化工程时，CIO 是企业信息化战略的执行者。由于企业信息化涉及企业的各项职能，从采购到销售、从生产到库存，方方面面都要实现系统的集成。因此，需要在企业业务和信息技术之间实现协调，解决具体的技术问题和管理冲突，才能使企业战略从蓝图变成现实。

(3) 信息的传播中介

企业信息化涉及企业内外的许多利益体，CIO 扮演了信息的传播中介，发挥“桥梁”作用，使各方得以沟通。在企业外部，有国内外的硬件和软件提供商、咨询机构、监管监理机构，CIO 要把外界的新技术、新信息、新趋势介绍给企业内部，尤其是企业的高层管理人员；在企业内部，CIO 要搜集了解企业的信息化需求，把它传达出去，让外界了解企业需求，以便为企业提供合适的解决方案。

4. CIO 的能力

概括来讲，CIO 应该具备技术和管理两方面的知识。具体来说，包括两方面的知识和三方面的能力。

(1) 技术知识

信息技术是一门专业技术，只有具备扎实的技术根底，才能履行 CIO 的基本职能——战略参谋。如果不懂信息技术，就不可能把企业的战略思想和意图用最佳的 IT 实践来实现，在项目的实施过程中很被动，受制于人。往往会被舆论所左右，没有办法自己独立判断，更多依赖于成熟的甚至是落后的技术，不可能开展主动性和创造性的工作。

（2）管理知识

以企业管理变革为主要内容的信息化建设不仅涉及企业的战略、人力资本、供应链、客户、研发、制造、物流、信息和变革等方面的管理知识，而且还涉及领导艺术、企业文化、项目管理、团队精神和沟通交流等其他方面的管理知识。CIO 掌握这些专业知识并能有效地运用，将有利于从根本上抓住信息化建设的本质、科学地制定信息化规划和进行项目管理，同时也使自己处于主动地位。

（3）沟通能力

信息化项目是一个管理系统工程，实施中还将涉及很多部门和人员，遇到很多困难和矛盾。CIO 要有团队精神，善于沟通交流，要能化解这些困难和矛盾，确保项目的顺利实施。

（4）协调能力

出色的协调能力是不断解决问题，持续推动各项工作进行的保证。在信息化项目的实施过程中，因为业务繁杂，参加的单位和人员广泛，很容易陷入具体需求的泥潭当中。任何一个通用软件，无论它的设计再先进，考虑问题多全面，总是会有在具体的实施过程中满足不了最终用户需求的情况。如果缺乏协调能力，就容易导致小问题和小冲突越演越烈，往往会影响整个系统的进度。

（5）项目管理能力

CIO 必须具备极强的项目管理能力。项目的预算、成本、工期、目标、范围、资源、计划等这些工作十分复杂，需要 CIO 要有科学的规划和精密的控制能力。由于 IT 项目高投入、高风险、低成功率决定了 CIO 的项目管理能力极其重要。

总之，在 CIO 机制中要兼顾四个方面，注意发挥 CIO 的作用，选择一个称职的 CIO。

◎关键词

组织战略、信息化规划、信息化战略规划、信息化战略、信息资源规划、职能域、主题数据库、数据标准化、信息化项目规划、信息化组织、信息化组织机构、CIO 机制。

◎本章小结

计划是管理第一职能，一个组织的信息资源管理的计划，就是其信息化规划，它是组织一切信息资源管理活动的基础。

本章首先说明了组织战略与信息化的关系——组织信息化是以促进组织战略制定和实现为目的的；进而对信息化规划的目标、作用、层次和方式进行了阐述；重点介绍信息化战略的内容、步骤和成果；阐述了信息资源规划的产生和内涵以及工作重点；概述了信息化项目规划的主要内容。

为了保证信息化规划的落实，需要结合组织的具体情况，建立相应的信息化组织机构；同时确立信息化组织工作的核心灵魂——CIO 机制。

◎练习题

1. 什么是组织战略？它的意义是什么？
2. 什么是信息化战略？它和组织战略是什么关系？
3. 信息化规划的必要性有哪些？

4. 信息化规划主要包括哪些内容？

5. 信息化战略规划的主要方法有哪些？

6. 简述信息资源规划的产生原因。

7. 阐述信息资源规划的重点工作。

8. 什么是主题数据库？主题数据库主要具备什么样的特征？

9. 阐述信息化项目规划的内涵和主要内容。

◎网络学习题

1. 利用搜索引擎从网上搜寻并阅读海尔集团信息化的相关资料，体会海尔集团的发展与信息化建设之间的联系。

2. 阅读中国制造业信息化百强的相关报道，全面了解我国制造型企业信息化的发展情况。

3. 在网上搜索高复先所著的《信息资源规划》，了解我国研究人员在信息资源规划方面提出的解决方案。

4. 从网上收集大型制造型企业、商贸企业的信息化组织机构情况，了解 CIO 的主要工作内容、任职资格要求。

◎思考题

结合具体组织，考察组织信息化战略规划的主要内容及其制定过程。

第3章　信息系统资源管理

◎学习目标与要求

信息系统资源管理是信息资源管理的重要组成部分。本章主要介绍信息系统资源管理的基本概念和信息系统资源管理的主要内容——信息系统开发管理和运行维护管理。

通过本章学习，要求同学们：

① 理解信息系统资源管理的基本概念；理解信息系统的资源观，理解信息系统资源在组织中的地位和作用；了解信息系统资源管理的内涵与意义。

② 了解信息系统开发管理的意义和内容。

③ 掌握信息系统的运行维护中人员管理、数据管理、维护管理、文档管理、IT服务管理的内容和方法；了解信息系统评价与审计的内容与方法。

例3-1　LX集团信息系统资源整合——LX-ERP项目实施与运行管理

1998年3月的一天，窗外阳光明媚，LX集团总公司1号会议室内气氛热烈。该公司所有高层人物，齐聚一堂，正在举行一次非常重要的会议。集团董事局主席L先生正在发言："在过去的10年里，LX实施并运行着各种信息系统，为不同部门的业务运行和管理起到了很好的支持作用。信息系统作为管理企业信息的一种重要资源，为我们集团在国内具有优势竞争力起到了举足轻重的作用。但是这些分散的系统。也形成了很多信息孤岛，已经逐步制约公司更快发展。面向21世纪，信息系统的战略资源地位进一步提升。集成的、一体化的信息系统，将是企业进一步发展的关键。我们有必要消除信息孤岛，整合分散孤立的信息系统资源，创建一个崭新的、集成的、一体化的信息系统，形成更加优化的企业信息系统战略资源，进一步提升我们集团核心竞争力，为集团下一步跨入世界领先企业奠定基础。请各位讨论。"

经过讨论，会议达成共识：淘汰老系统，优化整合信息系统资源，创建新型的满足LX集团发展需要的ERP系统。LX集团公司实施ERP的工作逐步展开。为了保证新型信息系统资源开发的优质高效，LX集团成立了以总裁为首的信息系统开发团队，划分了工作组，明确了分工，制定了周密的开发计划，制定了人、财、物管理的相关制度，完成了精密的项目经济预算方案和进度控制方案。2年后，LX-ERP按计划完成，并上线运行。信息系统资源的开发顺利完成。

LX-ERP系统主要分五大部分：财务模块、管理会计模块、销售与分销模块、物料管理模块和生产计划模块。为了充分利用LX-ERP信息系统资源，使其更好地为集团公司服务，公司采纳了各种先进的信息系统管理的理念，制定了数字化管理ERP日常运行管理制度，包括：数字化管理操作使用管理制度、计算机上机操作记录制度、数字化管理人员管理（岗位责任制）制度、数字化管理账务处理制度、数字化管理报表管理制度、数字化管理系统（软件及硬件）维护制度、数字化管理档案管理制度，对信息系统进行规范的日常运行和维护管理、文档管理，引入先进的IT管理理念和方法，对信息系统运行进行事件管理、问题管理、配置管理、变更管理和发布管理以及服务级别管理、IT服务财务管理、IT服务持续性管理、可用性管理和能力管理，逐步提升了信息系统的运行性能和服务质量。并对信息系统进行评价审计，找出问题，提出建议，保障了LX-ERP优质、稳定、高效地运行，充分发挥了信息系统战略资源的重要作用。

截至目前，LX-ERP已经运行了10年。为了挖掘新的资源，在过去的10年中，LX集团不断完善信息系统，进一步开发和补充了知识管理系统(KMS)和经理信息系统(EIS)，并扩充了供应链管理(SCM)、客户关系管理(CRM)和跨组织系统(IOS)，扩充了新的信息系统资源，加强和巩固了信息系统资源的战略地位。经过不断的信息化建设，LX集团每年节约的成本数亿元左右，其利润在近10年中有了很大的提高，一跃跨入国际知名企业的行列。这些成绩的取得，与企业对信息系统资源的合理开发与高效利用密不可分。LX集团公司的成功，是企业信息系统资源管理的成功。

3.1 信息系统资源管理概述

随着社会信息化的深入，信息资源在社会经济发展中的战略地位日益提高。信息系统是一种重要的信息资源，其在组织中的战略地位越来越被管理者所重视。信息系统资源管理，就是为完成信息系统资源的合理开发与高效利用，保证优质的信息系统上线，并能发挥信息系统在企业运行中的重要作用所采取的一系列管理措施。作为组织管理信息的工具，信息系统像是一个组织的神经系统，为组织的运行管理传递、存储、加工各种信息，并为不同的用户提供其所需的信息。重视信息系统资源管理，将保证并促进组织中信息的优质、安全、高效地管理，从而提高组织的核心竞争力。

3.1.1 信息系统的基本概念

1. 信息系统的定义

简单地理解，信息系统(Information System，简称IS)是一个完成信息采集、传递、存储、加工、维护和使用等信息处理活动的系统。它可以是纯人工的——不涉及计算机等现代技术，也可以是基于计算机、网络等现代信息技术的。现代信息系统特指以提供信息服务为主要目的的数据密集型、人机交互的计算机应用系统。从技术层面上讲，信息系统有四个特点：

① 涉及的数据量大。数据一般需存放在辅助存储器中，内存中只暂存当前要处理的一小部分数据；

② 绝大部分数据是持久的，即不随程序运行的结束而消失，而需长期保留在计算机系统中；

③ 这些持久数据为多个应用程序所共享，甚至在一个单位或更大范围内共享；

④ 除具有数据采集、传输、存储和管理等基本功能外，还可向用户提供信息检索、统计报表、事务处理、规划、设计、指挥、控制、决策、报警、提示、咨询等信息服务。

20世纪五六十年代期间计算机在信息处理领域得到广泛的应用，它极高的处理速度、极大的存储能力和极广阔的应用领域向人们展示了其强大的生命力。一时间以电子计算机为基本处理工具的信息处理技术和系统风靡整个西方世界。各公司纷纷出巨资购买计算机，并抽出大量人力、财力建立信息处理系统，以取代日常的人工信息系统，并解决手工情况下人想做而又没有能力做的数据处理、信息分析，甚至管理决策工作，以期为组织带来巨大的效率或效益。经过半个多世纪的发展，信息系统经历了简单数据处理系统(EDP)、孤立的业务管理信息系统(MIS)、集成一体化的智能信息系统(DSS)三个阶段。

2. 信息系统的组成

信息系统是一种非常复杂的人机系统，其组成要素种类众多，结构复杂。一般来说，信息系统可以看成是由人、硬件、软件、数据和处理规程五种要素构成的有机整体。信息系统中的人是指与信息系统进行交互的组织内外的所有人员。包括终端用户——信息使用者(如组织中的决策人、各级管理人员和基层业务人员等)；系统操作员(如收集、加工和传输信息的有关人员)；系统运行和维护人员(如设备的操作与维护人员、数据库管理员、网络管理人员等)；系统建设者(如系统分析员、程序员或供应商等)。硬件是信息系统中所有物理设备，它包括计算机硬件、网络设备和其他信息收集与处理设备，例如摄影、录音等装置。软件包括应用软件和系统软件两大类。其中系统软件包括支持计算机及其网络运行的操作系统和各种支撑应用的服务软件(如Web服务器、数据库服务器等)。数据是信息系统最重要的要素，是信息系统处理的对象，数据在信息系统中经过加工后变成对用户有用的信息。处理规程包括保障信息系统正常运行的各种规章制度，它包括规范各类人员的权利、责任、工作程序及奖惩办法的各种规定文件；有关信息采集、传递、存储、加工、维护和使用的各种技术标准和工作规范；各种设备的操作维护规程等相关文件；信息资源开发、利用与传播的有关制度、政策与法律。

3. 信息系统的生命周期

信息系统和任何事物一样，有一个产生、发展和消亡的过程，这个过程周而复始，形成信息系统的生命周期。信息系统的生命周期可以划分为五个阶段：系统规划、系统分析、系统设计、系统实施、系统运行与维护。如图3-1所示：

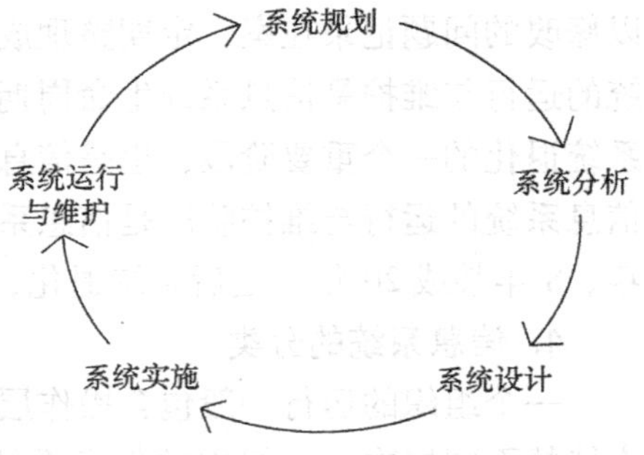

图3-1　信息系统的生命周期

(1) 系统规划阶段

系统规划阶段的任务是对组织的环境、战略、目标、现行系统的状况进行初步调查，根据组织目标和发展战略，确定信息系统的发展战略，对建设新系统的需求做出分析和预测，考虑建设新系统已有的法律、政策和所受的各种约束，同时制定建设信息系统的各种指标，研究建设新系统的必要性和可能性。根据需要与可能，给出拟建的各种子系统的顺序以及备选方案。对这些方案进行可行性分析，写出可行性分析报告。可行性分析报告审议通过后，将新系统建设方案及实施计划编写成系统开发计划书。

(2) 系统分析阶段

系统分析阶段的任务是根据系统开发计划书所确定的范围，对现行系统进行详细调查，描述现行系统的业务流程，指出现行系统的局限性和存在的不足，确定新系统的基本目标和逻辑功能要求，提出新系统的逻辑模型，包括数据流程图、数据字典、处理逻辑说明、存取分析等。在信息系统分析阶段，要回答信息系统“是什么样的”的问题。系统分析完成后形成“系统分析说明书”。

(3) 系统设计阶段

系统设计阶段的任务是根据系统分析说明书中规定的目标和功能要求，考虑实际条件，具体设计实现逻辑模型的技术方案——设计新系统的物理模型，它包括系统总体设计和详细设计两部分的内容。系统总体设计完成系统的硬件体系、网络结构、软件组成和应用软件模块结构的设计；详细设计完成数据库和文件设计、代码设计、输入输出设计、人机交互设计等。系统设计要回答“怎么做”信息系统的问题，即确定系统开发的策略。这个阶段完成后的技术文档是“系统设计说明书”。

(4) 系统实施阶段

系统实施阶段的任务是将设计的系统付诸实施，即完成“做”信息系统的工作。这一阶段的工作主要包括计算机硬件设备的购置、安装和调试，系统软件和开发工具的购买，网络连接与调试，应用程序的编写和调试，人员培训，数据文件转换，系统调试与切换等。这个阶段的特点是几个互相联系、互相制约的任务同时展开，必须精心安排、合理组织。系统实施按系统设计说明书，制定系统实施计划，分阶段完成。每个阶段应写出实施进度和状态报告。系统测试前应设计测试计划书，系统测试之后写出系统测试分析报告，然后完成系统切换，使信息系统开始上线运行。

(5) 系统运行与维护阶段

信息系统运行与维护是应用信息系统的阶段。在这个阶段中，信息系统价值能否体现，需要从资源管理的视角使用和管理信息系统，以期发挥其最大的效用。信息系统投入运行后，需要定期进行人员培训，记录系统运行的情况，经常进行系统的维护和评价，根据一定的标准和规格对系统进行必要的修改，评价系统的工作质量和经济效益。对于不能修改或难以修改的问题记录在案，定期整理成新需求建议书，为下一周期的系统规划做准备。信息系统的运行与维护是信息系统生命周期的最后一个阶段，是信息系统开发完成后投入使用直至系统退化的一个重要阶段，也是信息系统发挥作用，体现信息管理服务于用户的一个阶段。信息系统的运行与维护阶段是信息系统一个重要时间段属性。可以说某某信息系统运行了4年、8年甚或20年，之后系统退化，开始开发新系统。

4. 信息系统的分类

一个组织的运行一般包含操作层、知识层、管理层、战略层四个层次的内容。按照信息支持的不同层次，组织中的信息系统可以分为事务处理系统(TPS——Transaction Processing System)、知识工作系统(KWS——Knowledge Work System)、办公自动化系统(OAS——Office Automatic System)、管理信息系统(MIS——Management Information System)、决策支持系统(DSS——Decision Support System)、经理支持系统(ESS——Executive Support System)。这些系统所属的层次及典型的功能如表3-1所示。

表3-1 六种主要的信息系统

组织层次	系统类型	典型功能
战略层	经理支持系统(ESS)	长期销售趋势预测、长期预算计划、长期人力资源计划
管理层	决策支持系统(DSS)	成本分析、定价分析、投资分析
	管理信息系统(MIS)	人力资源、财务、设备材料等业务管理系统

（续）

组织层次	系统类型	典型功能
知识层	办公自动化系统(OAS)	文字处理、电子邮件、电子日历等
	知识工作系统(KWS)	计算机辅助设计、虚拟现实
操作层	事务处理系统(TPS)	销售记录、收支纪录、设备使用记录、库存纪录、工资发放等

其相互关系如图3-2所示。

一个组织中的信息系统也可以按照功能类型来划分，如企业中的信息系统大体包括销售与营销（市场）系统、制造与生产（或服务）系统、会计与财务系统、人力资源系统四种功能类型。

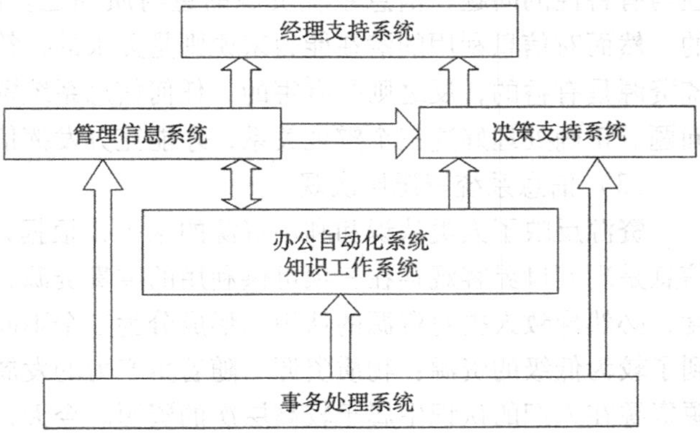

图3-2　不同类型的信息系统之间的相互关系

3.1.2　信息系统的资源观

所谓资源观就是人们对资源的认知或看法，它是随着社会发展变化而不断进化的。在知识经济条件下，新的资源观主要包括资源系统观、资源辩证观、资源层次观、资源开放观等。用这些观点来审视信息系统，就形成了信息系统的资源观，其核心思想就是把信息系统作为组织一种重要战略资源来认知。具体地来说，信息系统的资源观主要体现在以下四个方面。

（1）信息系统资源系统观

信息系统资源系统观是信息系统资源观中最核心的观点。信息系统资源系统观包含以下三点含义。

① 信息系统是组织系统中的一个子系统，是非常重要的一个系统，是组织的神经系统。因此要正确处理信息系统资源和其他资源之间的关系，把信息系统资源看做核心战略资源优先发展。

② 信息系统资源是由各种组成要素或者子系统资源构成的。开发和利用信息系统资源，就是要开发和利用信息系统中各种子系统资源，协调优化，使之成为一个有机的整体。系统集成（SI——System Integration）为我们整合优化信息系统资源提供了工程科学方法。系统集成，就是通过各种网络技术，将各个分离的设备（如个人电脑）、功能和信息等集成到相互关联的、统一和协调的系统之中，使资源达到充分共享，实现集中、高效、便利的管理。系统集成应采用功能集成、网络集成、软件界面集成等多种集成技术。系统集成实现的关键在于解决系统之间的互联和互操作性问题，它是一个多厂商、多协议和面向各种应用的体系结构。系统集成解决各类设备、子系统间的接口、协议、系统平台、应用软件等与子系统、建设环境、施工配合、组织管理和人员配备相关的一切面向集成的问题。

③ 信息系统资源是动态发展的，有产生、发展和消亡的生命周期。因此，要想发挥信息系统资源的作用，就必须做好其生命周期中每一阶段的工作。开发好信息系统，是信息系

统资源生命周期良好的开始。采取各种措施，保障信息系统运行和维护阶段优质、安全、高效地利用，才能充分发挥信息系统资源在企业或组织中战略资源的作用。在信息系统资源的消亡阶段，要总结问题，完成新老系统的顺利更新；要充分利用现有资源，对遗留系统资源进行优化和重组，才能最大限度地降低成本，为开发新信息系统资源奠定良好的基础。

（2）信息系统资源辩证观

资源辩证观是信息系统资源观中非常重要的内涵。信息系统资源辩证观是指如何处理好信息系统资源的几个矛盾关系：信息系统资源的有限性与无限性问题、信息系统资源的有益性与有害性的问题、信息系统资源的量与质问题。信息系统资源，就其物质性而言是有限的，然而对信息利用的潜在能力来说则是无限的；符合社会法律、法规和道德规范的信息系统资源是有益的，反之则是有害的；任何信息系统资源都有质的优劣和规模的大小两重性的问题。正确处理好这三个辩证关系，才能充分发挥信息系统资源的作用。

（3）信息系统资源层次观

资源反映了人类认识和利用资源的水平，根据认知水平来区分资源层次。物质、能量、信息是现实世界客观存在三项可供利用的宝贵资源，而社会生产力和人类文明发展的不同程度，必然导致人类对资源的认识的形成分为三个不同的层次。较为低级的生产力使人们认识到了较为低级的资源：物质资源。随着生产力的发展，人类逐渐发掘并利用了能源资源，能源资源在人们的认识中属于较高层次的资源。今天，人类文明高度发展，人们认识到了信息资源的存在。这一资源堪称是人类认识到的最高层次的资源。人们利用这一最高层的资源，创造价值。物质、能量、信息，三位一体，构成现代社会不可或缺的宝贵资源，而信息资源处于灵魂和统帅地位，是最为重要的资源。信息系统是一种非常重要的信息资源，在任何组织中都处于最高层次的地位。因此，开发和利用好信息系统资源，对信息系统资源进行科学的管理，必然会给组织带来重要收益，从而提升组织的核心竞争力。

（4）信息系统资源开放观

信息系统资源开放观是开发和利用信息系统资源的又一重要理念和认识。世界经济一体化的趋势，要求人类必须树立各种资源的开放观念。资源开放观是指从地区到全球，从微观到宏观，从局部到整体，在不同层次上都要形成一种统一资源观：打破地域和层次封锁，合理配置资源，实现结构动态优化。对信息系统资源，也要站在这个角度去认识，才能实现信息资源充分开放和信息的全面共享。如今，各种基于服务的共享式信息系统应运而生，“云计算”成为一种信息系统资源共享的新理念，“泛在网络”为信息资源的共享提供强有力的物质基础，各种开放共享的、以信息服务为目的的“云”，必将为全人类的生活、生产带来巨大的益处。

3.1.3 信息系统资源管理

为了实现信息系统资源的合理开发和有效利用，就必须充分利用计划、组织、指挥、控制与协调的五大管理职能，对信息系统资源进行科学的管理，才能实现信息系统资源的合理开发和有效利用。从系统生命周期的角度，信息系统资源管理可分两阶段：信息系统开发管理和信息系统运行维护管理。信息系统开发管理的目的是保证信息系统开发的有序、经济和优质。信息系统的运行维护管理的目的是保证信息系统运行的优质、安全和高效。开发管理和运行维护管理反映了信息系统资源管理的时间属性，即从生命周期的角度对信息系统资源管理的内容进行了划分。

同时，信息系统是由五大类要素构成的有机整体，要素组合具有空间分布性，因此信息系统资源管理的实质，还要反映在对构成信息系统的五大组成要素的管理上：即要完成对人、硬件、软件、数据和处理规程的管理。把信息系统资源管理的时间属性和空间分布性结合起来考虑，就构成了信息系统资源管理全部内容，包含了开发阶段和运行维护阶段对人、硬件、软件、数据和处理规程的所有管理。这些管理，体现在一系列的活动、规章制度和技术文档中。

3.2 信息系统开发管理

3.2.1 信息系统开发管理的目的与意义

信息系统开发难度大，需要投入的技术复杂。信息系统开发需要投入大量的人力、财力、物力、时间等资源，对组织的发展会产生很大的影响。只有对信息系统的整个开发过程，按照系统的观点，使用现代项目管理的科学理念和方法进行管理，才可能以较小的投入，取得较为理想的效果。信息系统开发管理，是为了使开发的信息系统项目可行并且目标明确，能够按照预定的成本、进度和质量顺利完成开发任务，对需求、成本、人员、进度、质量、风险等进行科学分析和有效管理及控制，保证信息系统项目开发的有序、经济和优质而进行的一系列工程化的活动。信息系统开发项目管理要解决的基本问题，就是如何按所选择的研制方法，对开发项目进行有效的计划、组织、协调、领导和控制。对信息系统进行项目管理的重要性有以下四点：

① 可以进行系统的思考，进行切合实际的全局性安排。

② 可为项目人力资源的需求提供确切的依据。

③ 通过合理的计划安排对项目进行最优化控制。

④ 能够提供准确、一致、标准的文档数据。

3.2.2 信息系统开发管理的内容

（1）信息系统项目开发人员组织

人是信息系统中最为重要的因素。信息系统项目开发管理首先要成立项目管理的人员组织机构，建立一定的人员组织模式。信息系统的开发有全组织（企业）的信息系统的开发，也可以是为实现某一管理职能而实施的一个单项业务系统的开发。对于全组织的信息系统的开发，需成立有“一把手”参与的项目委员会，“一把手原则”是信息系统项目开发管理的核心。项目委员会可下设项目管理组、项目评审组和项目开发组。对于单项业务系统的开发，则可以根据职能所涉及的范围，召集相关部门人员成立开发项目组，项目组中分设系统开发小组和项目评审小组，由项目负责人进行统一管理和协调。

项目管理负责人可以为多人，由职能部门和信息部门管理人员组成。主要职责为：拟定项目管理的进度安排；组织项目阶段评审；协调整体开发工作；对项目管理采取优化措施。

项目评审小组一般由企业技术专家组成。主要职责为：对项目的需求分析进行评审；对系统选型和开发计划进行评审；对系统开发进行阶段性评审；对项目总结报告进行评审。

项目开发组由开发技术人员构成。主要职责是：根据项目负责人的安排具体负责项目的技术研发、软件开发、硬件和网络建设、数据建设等工作；项目结束后提交开发成果并形成技术文档。

(2) 信息系统项目开发过程管理

过程管理保证信息项目开发的有序。一个完整的信息系统开发根据具体的项目执行过程可分为项目授权、需求分析、项目实施管理三个阶段。

项目授权主要明确开发项目管理的责任者，由其完成所负责项目的可行性分析、需求评估，并进行项目开发的总体规划和管理与质量控制等。一般而言，对单项业务系统的开发项目，授权给具备此项业务职能的部门来负责。如果是全组织的信息系统开发，应由成立的项目管理委员会负责。

需求分析主要完成三个过程：可行性评估、需求评估和项目总体安排。可行性评估要从人员、技术、经济、操作、进度等方面进行可行性分析与评价。需求评估要对信息系统开发的整体需求和期望做出分析和评估，明确信息系统项目的预期成果和目标。项目总体安排包括信息系统开发的时间、进度、人员等的总体安排，制定项目的总体计划。

信息系统的项目被批准实施之后，就应开始项目实施的管理工作。项目实施管理的目的是通过计划、检查、控制等一系列措施，使系统开发人员能够按项目的目标，有计划地进行工作，以便成功地完成项目。开发管理的主要内容有：项目选型评估与风险控制，预计需要的资源，费用估算与经费管理，安排工作任务和日程，定期评审，质量保证管理，制定文档并进行管理，开发总结报告，处理意外情况，制定测试计划等。

(3) 信息系统项目开发管理的质量控制

质量控制是信息系统开发项目管理的重要方面之一，建立和执行适当的质量衡量标准是进行项目质量管理的关键。质量控制贯穿了项目管理的全过程，是在项目管理中对质量的动态管理，不仅仅是对开发成果的质量要求控制，还包含了对开发工作流程、开发方式、财务成本以及开发风险等方面的控制管理过程。

质量控制的首要工作就是建立项目的质量衡量标准。项目质量控制标准的制定，是依据系统开发的功能需求，通过开发项目的计划和实施过程，所建立起来的对项目开发的若干要求，并以此作为项目开发评审和控制标准的基础和核心。具体的项目质量控制标准主要包括以下内容：

① 项目开发工作流程的合理化。

② 开发时间和成本预算控制。

③ 项目风险控制。

④ 开发工作安排效率。

⑤ 开发工作的协调管理过程。

⑥ 工程化开发方式的运用。

⑦ 程序的运行效率和统一的信息标准。

⑧ 信息系统需求方满意度。

项目的质量控制建立在观察开发过程的实际表现情况的基础上。通过项目执行过程中的各种渠道，收集项目实施的有关信息，了解开发过程的实际表现情况。在这一步骤中可以利用的信息渠道有：

① 正式渠道，如定期编写项目进度报告，召开项目开发情况通报会议。

② 非正式的渠道，如在开发过程中与项目小组成员或需求方的交流等。

项目的质量控制，要将项目进行的实际表现和制定的控制标准进行比较，找出差距，才能采取纠正措施，保证质量。比较项目实施的实际表现和预先制定的控制标准，主要是为了了解项目进展情况，及时调整与项目计划的偏差。管理控制标准，为客观评价项目状况提供了依据，使项目负责人能够迅速、有效地对项目的实际进展做出全面、客观判断，从而及时采取必要的措施。

项目质量控制最后的步骤是采取调整措施。在比较项目实际表现和衡量标准后，如果出现偏差，就需要采取调整或纠正措施。纠正措施可以采取以下的形式：

① 对开发流程进行合理化调整。

② 协调项目资源的合理分配。

③ 建立系统、全面、准确的技术文档资料。

信息系统资源开发采用项目管理的理念和方法，保证了信息系统上线前质量优良、功能满足，为信息系统资源的有效利用打下良好的基础。

3.3 信息系统运行维护管理

信息系统运行维护管理是指信息系统上线后对信息系统运行过程中的人员、硬件、软件、数据、规程等进行管理的活动。对人员管理的重点在于人员组织机构建设、培训和各种制度的建设。对硬软件管理主要是指对硬软件系统的运行进行监测、记录、维护、评价和审计的过程；对数据的管理主要是数据库的日常管理和维护。也可以把对硬软件、数据、处理规程的管理分为信息系统的日常运行管理、信息系统的维护、信息系统运行中的IT服务管理和信息系统的评价与审计四大部分。其中信息系统运行中的IT服务管理主要体现在改善系统对组织的优质服务上，是对信息系统资源进行充分利用的重要管理措施。信息系统的处理规程的管理主要包括制定和修订规程，完成对规程的载体——文档的管理。信息系统运行和维护管理是保证信息系统资源被充分利用的重要措施。

3.3.1 信息系统运行维护中的人员管理

例3-2 承担信息系统运转的应该是谁？

××集团是河北皮革行业的龙头企业，CIO毛先生为了企业信息系统的运行忙得不亦乐乎。蒋先生是该企业的总裁，他对信息系统的运转有些犹豫：建设一个系统靠团队，那运行和维护一个系统靠谁？信息系统的开发、运行和维护自然有它内在的逻辑，但是当一个业务全部依托信息系统的时候，就远远不是技术层面上的事情了，而是一般意义上超越技术层面的事情。蒋先生知道这已经不是一个人的事情了，是关联到几百个合作伙伴，关系到几万人的大事。他总觉得在信息系统的运转上，力量还是比较单薄，之前一下子想不清楚到底单薄在什么地方，最近算是想清楚了，那就是应该有专门的主导信息化的角色。那主导信息化的角色，或者说承担信息系统运转的人应该是谁？

信息系统的重要组成部分是人，合适的人员队伍是保障信息系统运行的基础。因此对人员进行科学的管理，是信息系统健康运行的关键。信息系统运行和维护人员管理的主要内容是：信息系统运行和维护人员组织机构建设，各类人员的培训，各种规章制度的制定与执行。组织的信息系统运行和维护机构是依托于组织信息化的管理机构。一般是以CIO为首、以组织的信息部门为依托实体，与组织内各部门专职或兼职信息系统管理人员连接一体的一个有机整体，完成信息系统运行与维护阶段的各项工作。人员培训，保证了信息系统资源正确操作和充分应用。各种规程是用来规范各类人员行为的依据。对规程的管理，重点表现为：各种管理制度的建立、有效的执行与监督。管理规范的企业，每一项具体的业务都有一套科学的运行制度。信息系统也不例外，同样需要一整套的管理制度，来确保信息系统的正确和安全运行。信息系统人员管理相关的制度包括各类机房安全运行管理制度和其他制度。

（1）信息系统运行和维护人员组织机构

高效和结构良好的运行和维护人员组织机构是信息系统运行和维护能正常开展的基本保障。组织的信息系统运行和维护机构发展经历了不同的阶段。总体来看，从早期的主要负责硬件维护、一般的技术支持的计算机中心演变到后来从事组织内部信息化建设与维护的信息部门，发展到今天，以CIO为首、以组织的信息部门为依托实体的、组织内各部门专职或兼职信息系统管理人员网状连接形成的完整的信息系统运行和维护机构，成为企业信息系统运行和维护机构的主要形式。

随着“软件即服务”、“云计算”等一系列新理念、新技术的出现，信息系统的运行和维护机构将逐渐从组织内部向组织外部发展，信息系统的运行和维护外包也成了新的发展趋势。

（2）人员培训

例3-3 西安市道路运输管理信息系统培训

西安市道路运输管理信息系统培训工作实际耗时整整一周，培训工作从2007年11月22日开始至2007年11月30日结束。培训内容包括客运、货运、市场稽查、运输服务、搬运装卸、搬家运输、汽车租赁、快捷货运等八个方面的内容，涵盖了目前西安市全部运输业务。培训主要对象包括西安市交通运输管理处各个业务科室、各区、县运管站、市处直属四站、各个稽查站的相关业务操作人员和业务主管领导。

培训在时间安排上，采取分批次进行培训。主要按照业务范围的不同进行分批培训，但学员可以按照所附的培训课程表选择其他相关培训。培训采用教师课堂讲解，学员跟随教师练习的方式。每批次的培训，都留有一到两个小时的自行上机练习时间，学员对有疑问的地方可以当场提出，教师现场进行答疑和辅导。

信息系统运行阶段的人员培训是信息系统人力资源准备中最主要的工作，是信息系统运行和维护中人力资源管理的重要内容。信息系统是一个向单位或部门提供全面信息服务的人机交互系统。人员培训是根据信息系统应用需要和用户操作需求，由专门人员对信息系统运行和维护的不同的人员进行基本操作和系统应用的培训。由于信息系统的终端用户多数是非计算机专业人员，对这些用户要进行基本操作的培训和各自相关的系统功能模块使用的培训是非常必要的。同时，信息系统运行和维护阶段对终端用户的培训，要重点考虑和业务应用相关的流程和操作的培训。对所有人员还要进行各种规章制度的培训。系统维护和管理人员要重点进行有关的管理制度的培训。人员培训是保证不同用户对系统进行正确操作的重要措施。

信息系统是一个人机系统，涉及信息系统运行过程的人员大致可以分为以下两类：终端用户、系统维护管理人员。与组织管理被分为战略、控制与操作三个层次相一致，终端用户又可分为高中低三层不同的用户，他们是信息系统的应用者。而系统维护管理人员是维护信息系统，保证终端用户正常应用信息系统的专业人员。这里的人员培训主要针对终端用户进行阐述，而系统维护管理人员通常需要进行专门的技术(如操作系统、数据库、网络、应用系统等)和管理制度等的培训。

通过培训要达到以下目标：

① 应使用户对目标系统有较全面的了解，缓解或消除对系统的误解、抵触和恐惧情绪，并知道如何使用和维护系统，如何利用系统提供的信息。提高全员信息意识。

② 在用户中强化信息管理的理念。信息系统的作用不应仅限于提高信息处理的速度和准确性，更在于实现报表自动化。在市场经济背景下，信息已成为企业的重要战略资源，信息管理日益成为企业管理的核心。采用先进的计算机工具，应用先进的通信技术，利用管理科学的最新成果，综合处理企业内外部的信息，即建立企业信息系统，从而辅助企业各级管理人员科学决策，已成为企业信息管理的发展趋势。

③ 应使用户了解目标系统对现行系统的新要求，为新系统的运行作必要的准备工作。计算机在管理中的应用，对管理工作提出了内容更广泛、质量更严格的要求。原来常规的管理基础工作已远远不够了，它必须以科学管理为基础，要求有合理的管理体制、完善的规章制度、稳定的生产秩序、科学的管理方法和完整准确的基础数据。

在信息系统的建立和使用过程中，用户培训工作应密切结合各业务部门的要求和系统建设各阶段的具体需要进行。大多数信息系统只重视在系统调试时的集中培训而忽略了信息系统运行阶段的各种内容的长期培训。在信息系统运行阶段，由于系统在实际运行中会碰到各种问题，必须对用户进行深入广泛的有针对性的培训。这种培训是保证信息系统长期运行的基础。培训内容应随系统运行的需要而定，根据不同对象，进行不同形式、不同内容、不同层次的培训。培训可按照专业教育、技术培训、普及教育三个层次，采取多种形式，灵活多样地进行。用户培训的方法有如下几种：

① 让需要培训的人员参加部分或整个系统的前期开发工作，在实践中学习有关知识，这种方法几乎适用于所有的用户。国内外的经验表明，结合重大任务及日常工作，对人员进行这种培训，是提高在职人员的技术水平和业务能力，保证系统一体化运行的一种行之有效的方式。

② 把需要培训的人员送到大专院校等有关培训机构，进行定向代培。这种方式比较适合于培养专职计算机技术人员和系统维护管理人员。

③ 在系统投入使用前后对人员进行各种操作培训，通过教员现场演示和用户实际操作相结合的方式，逐步提高用户的计算机操作水平。这种方法比较适合于培养初级程序员和计算机操作员。

④ 举办多种形式的短训班，请有关人员以讲课的方法讲解计算机知识和经济管理知识，加速系统应用开发。这种方式适合于普及教育。由于用户具有不同的知识结构，他们在目标系统中的作用也不同，因此用户培训的内容和深度也应有所区别。培训内容可分为如下三方面：

a. 计算机知识，包括：计算机基础、数据库、网络与通信、程序设计方法等。

b. 管理知识，包括：企业管理基础、经济数学方法、现代化管理常识等。

c. 信息系统的概念和目标系统的概况，包括：系统分析与设计方法、企业信息系统的发展概况、计算机在企业管理中的应用案例、目标系统的硬件和软件结构等。

实际培训的内容可根据企业的具体情况适当增减，因人施教，以取得更好的培训效果。

(3) 信息系统运行管理制度

信息系统运行管理制度是指信息系统运行过程中的保障信息系统安全、稳定运行的各种规章制度，主要用于规范各类人员的行为。信息系统运行管理制度主要有信息系统运行的机房安全运行管理制度、软件、数据、信息等的管理制度等。

机房安全运行管理制度，是针对物理意义上的机房管理制定的各种规定和依据，主要保证物理意义上的机房处于监控之中，安全正常地为信息系统运行服务。主要包含以下内容：

① 身份登记与验证出入。

② 带入带出物品检查。

③ 参观重点机房或中心机房必须经过审查。

④ 专人负责启动、关闭计算机系统。

⑤ 对系统运行状况进行监视，跟踪并详细记录运行信息。

⑥ 对系统进行定期保养和维护。

⑦ 操作人员在指定的计算机或终端上操作，对操作内容按规定进行登记。

⑧ 不作与工作无关的操作，不运行来历不明的软件。

⑨ 不越权运行程序，不查阅无关参数。

⑩ 操作异常，立即报告。

信息系统的运行管理制度，还有对软件、数据、信息等进行管理的制度，要求这些要素必须处于监控之中。主要包括如下内容：

① 必须有重要的系统软件、应用软件管理制度，如系统软件的更新维护，应用软件的源程序与目标程序分离等。

② 必须有数据管理制度。例如重要输入数据、输出数据的管理。

③ 必须有密码口令管理制度，做到口令专管专用，定期更改并在失密后立即报告。

④ 必须有网络通信安全管理制度，实行网络电子公告系统的用户登记和对外信息交流的管理制度。

⑤ 必须有病毒的防治管理制度。及时检测、清除计算机病毒，并备有检测、清除的记录。

⑥ 必须有人员调离的安全管理制度。例如，人员调离的同时马上收回钥匙、移交工作、更换口令、取消账号，并向被调离的工作人员申明其保密义务，人员的录用调入必须经人事组织技术部门的考核和接受相应的安全教育。

⑦ 建立安全培训制度，进行计算机安全法律教育、职业道德教育和计算机安全技术教育。对关键岗位的人员进行定期考核。

⑧ 建立合作制度。加强与相关单位的合作，及时获得必要的信息和技术支持。

除此之外，所有人都必须遵守国家的有关法律和法规，特别是关于计算机信息系统安全的法律法规。近十年来，我国国家和地方相继出台了许多这方面的法律和法规，如《中华人民共和国计算机信息系统安全保护条例》、《中华人民共和国计算机信息网络国际联网管理暂行规定》、《关于加强计算机信息系统国际联网备案管理的通告》、《计算机信息网络国际联网安全保护管理办法》、《电子出版物管理暂行规定》等。

3.3.2 信息系统日常运行管理

信息系统的日常运行管理是为了保证系统能长期有效地正常运转而进行的活动，具体有系统运行情况的记录、审计踪迹、审查应急措施的落实、系统硬件及耗材等资源的管理、系统升级与退化等内容。

对系统运行情况的记录应事先制定登记格式和登记要点，具体工作主要由使用人员完成。人工记录的系统运行情况和系统自动记录的运行信息，都应作为基本的系统文档按照规定的期限保管。这些文档既可以在系统出现问题时查清原因和责任，还能作系统维护的依据和参考。

（1）系统运行情况的记录

原则上讲，从每天计算机的打开、应用系统的进入、功能项的选择与执行，到下班前的数据备份、存档、关机等，都要就系统软硬件及数据等的运作情况作记录。运行情况有正常、不正常与无法运行三种情况，由于该项工作较繁琐，为了避免在实际工作中流于形式，因此，一方面，尽量在系统中设置自动记录功能，另一方面，可对正常情况不予记录，对于不正常情况和无法运行情况则应将所见的现象、发生的时间及可能的原因做尽量详细的记录。因为这些信息对系统问题的分析与解决有重要的参考价值。

（2）审计踪迹

审计踪迹就是指系统中设置了自动记录功能，能通过自动记录的信息发现来判明系统的问题和原因。这里的审计有两个特点，一是每日都进行，二是主要是技术方面的审查。

在审计踪迹系统中，建立审计日志是一种基本的方法。通过日志，系统管理员可以了解到有哪些用户在什么时间、以什么样的身份登录到系统，也可以查到对特定文件和数据所进行的改动。

现在大多数的操作系统和数据库都提供了跟踪并自动记录的功能。例如系统管理员可以观察到一天中对某个文件进行访问的所有用户，并分析在他们访问的前后该文件发生了什么变化。在一些数据库系统中还提供审计踪迹数据字典，使用者可以用预先定义的审计踪迹数据字典视图来观察审计踪迹数据。对于审计内容可以在三个层次上设定：

① 语句审计　语句审计是对于特定的数据库语句所进行的审计。例如在一个系统文件中记录所有使用了 Create 命令的信息。

② 特权审计　指对于特定的权限使用所进行的审计。

③ 对象审计　规定对特定的对象审计特定的语句。例如可以审计在某个文件上进行了修改其内容的语句。

（3）审查应急措施的落实

为了减少意外事件引起的对信息系统的损害，首先要制定应付突发性事件的应急计划，然后每日要审查应急措施的落实情况。

应急计划主要针对一些突发性的、灾害性的事件，例如火灾、水害等制定的一些措施。因此，机房值班员每日都应仔细审查相应器材和设备是否良好，相应资源是否做好了备份。资源备份包括两个方面的工作，即数据备份和设备备份。数据备份是必须要做的，在关键的领域还必须进行设备备份。

数据备份的方法有：全盘备份，全文件进行复制；增量备份，对新增部分每次进行复制；基本备份，对大量的不易实现的数据进行重点备份，同时也可以分类进行文件备份；离开主机备份，即将备份文件复制到远离主机或文件中心的其他主机或者存储库中。无论是采用何种备份方法，都要保证备份文件放在一次灾害和事件影响不到的地方，这样，才能确保事件之后可以依靠备份恢复原系统。

（4）信息系统硬件和耗材等资源的管理

在维持信息系统正常运行过程中还有一个常见的问题，那就是如何管理系统硬件及耗材资源。例如对计算机的使用及打印纸、墨粉的消耗等，都要制定合理的管理方法。对不能充分满足用户需求的资源一般可采用收费的方法来控制。收费既要能使系统的效能发挥到最大，使得信息系统部门的利益和管理措施得到保证，又要做到业务部门愿意接受，不能妨碍业务部门的正常使用，因此，具体的收费模式可以采取先向业务部门调查，再采取类似听证会的形式决定。

（5）系统升级与退化

系统升级是指信息系统有新版本时根据相关升级合同进行系统更新。信息系统退化是指信息系统的维护成本高于其带来的收益时，信息系统的生命周期将要结束。老的信息系统退化后，又要进行新的信息系统规划、分析、设计、实施与运行，信息系统新的生命周期将开始。

3.3.3 信息系统数据管理

数据是信息系统的基础。从信息系统运行和维护管理的角度来看，由于现代信息系统运行阶段的数据都是以电子形式存在的多媒体数据库。因此，对数据的管理，实质就落实到对这些多媒体数据库的管理。数据库是信息系统运行阶段非常重要的多媒体数据介质，是信息系统原料（数据）和产品（信息）的集散地。因此，数据库安全可靠的管理是信息系统运行管理的重要内容之一。数据库管理是由数据库管理员（简称 DBA——Data Base Administrator）来完成。数据库管理主要有以下五方面内容。

（1）决定数据库中的信息内容和结构

数据库中要存放哪些信息，DBA 要参与决策。因此 DBA 必须参加数据库设计的全过程，并与用户、应用程序员、系统分析员密切合作共同协商，搞好数据库设计。

（2）决定数据库的存储结构和存取策略

DBA 要综合各用户的应用要求，和数据库设计人员共同决定数据的存储结构和存取策略以求获得较高的存取效率和存储空间利用率。

（3）定义数据的安全性要求和完整性约束条件

DBA 的重要职责是保证数据库的安全性和完整性。因此 DBA 负责确定各个用户对数据库的存取权限、数据的保密级别和完整性约束条件。

（4）监控数据库的使用和运行

DBA 还有一个重要的职责就是监视数据库系统的运行情况，及时处理运行过程中出现的问题。比如系统发生各种故障时，数据库会因此遭到不同程度的破坏，DBA 必须在最短时间内将数据库恢复到正确状态，并尽可能不影响或少影响计算机系统其他部分的正常运行。因此，DBA 要定义和实施适当的后备和恢复策略。如周期性的转储数据、维护日志文件等。

(5) 数据库的改进和重组重构

DBA 还负责在系统运行期间监视系统的空间利用率、处理效率等性能指标，对运行情况进行记录、统计分析，依靠工作实践并根据实际应用环境，不断改进数据库设计。不少数据库产品都提供了对数据库运行状况进行监视和分析的实用程序，DBA 可以使用这些实用程序完成这项工作。另外，在数据库运行过程中，大量数据不断插入、删除、修改，随着时间的增长，必然会影响系统的性能。因此，DBA 要定期对数据库进行重组织，以提高系统的性能。当用户的需求增加和改变时，DBA 还要对数据库进行较大的改造，包括修改部分设计，即数据库的重构造。

DBA 的主要操作具体有：

① 安装和升级数据库及应用程序工具。

② 确定数据库设计系统存储方案，并制订未来的存储需求计划。

③ 开发人员设计了一个应用，就需要 DBA 来创建数据库存储结构。

④ 开发人员设计了一个应用，就需要 DBA 来创建数据库对象。

⑤ 根据开发人员反馈的信息，必要的时候，修改数据库的结构。

⑥ 登记数据库的用户，维护数据库的安全性。

⑦ 保证数据库的使用符合知识产权的相关法规。

⑧ 控制和监控用户对数据库的存取访问。

⑨ 监控和优化数据库的性能。

⑩ 制订数据库备份计划，出现灾难时对数据库信息进行恢复。

⑪ 维护适当介质上的存档或备份数据。

⑫ 备份和恢复数据库、联系数据库系统的生产厂商、跟踪技术信息。

3.3.4 信息系统维护管理

信息系统的维护是为了使信息系统处于合用状态而采取的一系列措施，目的是纠正错误和改进功能，保证信息系统正常工作。导致信息系统维护的内外部因素有：

① 外部环境的改变：包括国家有关的法律政策的改变、企业制定的规章制度的改变。

② 组织管理方式和业务过程的改变。

③ 用户需求的增减改变。

④ 运行硬软件平台的变化与升级。

⑤ 设计中存在的问题。

⑥ 其他的一些突发事故或者自然灾害的影响。

根据系统需要维护的原因，系统维护有以下四种类型。

① 改正性维护　当信息系统交付使用后，由于软件开发和测试不全面，会有一些意想不到的错误发生，这些错误是在某种特殊的使用条件下才能发生。因此要改正软件中的瑕疵，以保证系统在所有可能的条件下都能正常工作。为了改正这些错误而进行的诊断和修改称为改正性维护。

② 适应性维护　在软件使用过程中，由于新的硬软件配置、数据环境、数据格式、输入输出方式、存储介质等的改变，要求软件能够适应这种变化而做出的调整和修改叫做适应

性维护。

③ 完善性维护　在信息系统使用过程中由于用户需求增加而产生的软件的修改或者再开发称为完善性维护。完善性维护可以扩充软件的功能、改善系统的性能、提高系统的运行效率、改善软件的可维护性。

④ 预防性维护　预防性维护是为了避免一些不必要的错误产生、提高软件的可维护性和稳定性而预先采取的一些措施。包括系统结构局部的重新设计、部分软件代码的重新编写和测试等。

在这些维护活动中，完善性维护所占的比例最大，大约占整个维护工作的一半以上。实践表明，维护工作主要是改善系统的性能、增强系统的功能，而不是过多地去纠正错误。

系统维护的主要内容有：

① 程序的维护　为满足用户对程序功能的扩充而修改或重新编写程序。

② 数据的维护　数据项的增减(最为复杂)、数据的改正。

③ 代码的维护　代码项的增减、代码值的修正。

④ 设备的维护　设备的修理、更新、升级。因突发事故或自然灾害造成设备的更换等。

在信息系统运行过程中。维护的工作量会占到系统运行生命期的70%以上，工作量非常之大。因此必须要对维护工作进行科学的安排，按照科学的流程进行维护，同时要做好记录和反馈的工作。系统维护的流程如下：

① 确定维护目标：进行维护问题的分类，确定不同类型维护的目标并进行记录。

② 建立维护计划方案：根据维护类型和目标制定不同的维护计划和方案，并通知相关的工作人员。

③ 维护的实施：例如修改程序及调试、更换设备，并将维护的结果进行上报记录。

④ 系统维护档案建立。系统维护还要完成因维护工作而引起变化的文档的修改任务，以备维护验收。

⑤ 维护的验收、总结和评价。

3.3.5　信息系统运行中的 IT 服务管理

例 3-4　IT服务管理案例——海南航空

海南航空股份有限公司是中国民航第一家 A 股和 B 股同时上市的航空公司。随着海航集团 IT 系统不断地投入使用，集团 IT 环境已成为一个地域分散、多厂商、多平台、多系统的复杂 IT 环境，IT 系统运营变得越来越复杂，原有的运营架构及运营流程已经无法满足集团业务对服务效率和成本的要求。信息部门主管王先生每周都要参加公司例会，目的是通报过去一周以来业务系统的运行情况，解释业务系统的故障原因，而几乎每次例会上都有一线生产部门因业务系统故障而投诉信息部门，王先生的工作很难得到其他一线部门的认同。虽然王先生一接到一线生产的报障电话就安排人手处理，但报障电话仍然此起彼伏，手下员工也因为每天疲于奔命而士气低落。被动，阻碍着大家的思维和积极性，大伙都觉得管好自己的一亩三分地就行了，别的就不用操心。原来被动地等着用户打电话、技术工程师到处救火的被动工作方式已经难以适应 IT 服务的需要。IT 服务应该向更高层次的主动服务发展，甚至能够做到先知先觉，预测到可能会出现的问题，从而能提前将问题消灭，而实现这一目标不仅需要 IT 服务管理工具的支持，同时更需要一个完善的 IT 服务管理体系的支撑。为此，海航信息公司在2003年参照ITIL框架自主进行了IT服务管理体系的建设，目的是建立统一的服务台以及事件管理、问题管理、配置管理和变更管理等流程，并对IT服务支持模式做了尝试性的调整。但经过两年多的运行，仍然有一些根本性的问题没能得到解决。

首先，IT服务流程的执行缺乏有效的监督机制。尽管已经有了标准化的服务流程，但缺乏相应的监督机制及技术平台，许多事件的处理即使超出时限，管理人员也无法进行及时监控和干预，导致用户投诉增加。其次，客户满意度调查机制不够完善。海航信息原来的客户满意度调查主要通过一年一次的网上调查进行，由于缺少相应的工具支持，不能对员工的单次服务进行有效跟踪，难以及时了解用户对IT服务的切身感受。此外，原有的组织架构及服务支持模式无法给员工提供足够的发展空间，人才梯队没有形成，这些都制约了海航信息运行和维护工作的进一步发展。

海航信息公司借鉴世界先进的ITIL服务管理理念、结合海航集团自身的实际情况，调整和优化了IT服务部门的组织结构、工作流程，设计并采用了三层服务支持的模式：其中一线为统一特服号的IT服务热线和现场工程师，负责受理并处理终端用户的软硬件故障和服务请求、机房设备巡检、监控等任务；二线为运行和维护管理人员，除日常负责维护海航信息应用系统、网络等系统外，还分别针对各类不同的集团用户，设计并对系统架构进行统一的规划、部署，同时还解决一线的突发事件；三线为技术专家组成员，负责IT服务项目的管理工作，并负责解决二线的问题。

为了保证体系流程正常运行，海航引入了IT服务管理平台软件(HP Openview Service Desk)。此管理软件可实现服务台管理、事件管理、问题管理、变更管理、配置管理等多个功能。此集成方式采用统一的支持模式及流程工作流，实现了面向业务和服务的高效管理，并使得IT服务各岗位之间能够共同工作、分享信息，最终帮助企业实现服务级别管理。

变更管理的流程如图3-3所示。

变更管理流程正式运行以来，规定系统开发项目组在申请通过变更审批新系统上线前，必须依照项目交接流程为运行和维护部门提供系统维护培训和翔实的维护文档，上线后，运行和维护部门立即收回开发人员的系统管理权限，杜绝了开发人员未经授权擅自修改业务系统的可能性，保证了重要信息系统稳定可靠运行。变更管理明确了新系统上线前后开发部门与运行和维护部门的权责，项目交接后的运行和维护问题也随之迎刃而解了。一位开发人员开玩笑说："过去大家都不愿交接系统维护工作，现在大家都争着申请变更审批上线，因为只要能通过变更审批上线，系统维护的包袱就甩掉了"。

海航集团IT服务管理体系的成功实施符合海航集团倡导的从外延式发展向内涵式发展转型，向精细化、科学化管理要效益的工作思路，是一次管理的创新，不仅提高了集团IT服务质量和服务水平，降低集团IT长期服务成本，而且也为集团外部客户提供了标准化、专业化的服务体系，最终形成了内外部客户双赢的大好局面。IT服务管理体系的成功实施不仅对集团IT系统运营产生深远的影响，同时也为集团业务的高速发展提供了强有力的保障。

通过体系中组织架构的重整和岗位职责的标准化以及技能要求的明确，建立了人员绩效的量化管理以及员工职业升级的通道，改善了组织的工作效率和员工的满意度。比如，热线工程师的年度考评分数将依据系统中该工程师的客户满意度、年客户有效投诉数量、一线解决率及呼叫量等指标，这些指标依据权重不同设置了不同的评分标准。考评分数直接影响到

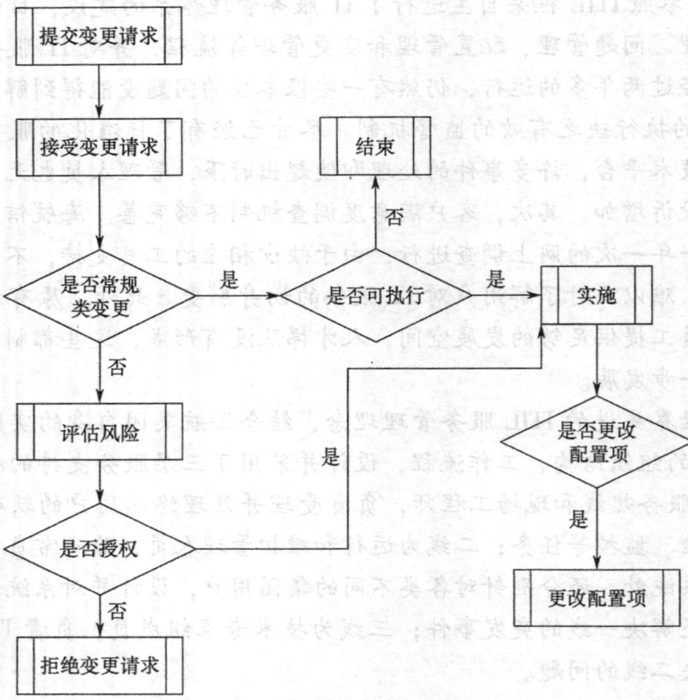

图 3-3　变更管理的流程

员工的薪酬汇报与职级的升迁。员工对岗位的要求以及日常工作目标更加明确，从而极大改善了员工的工作绩效与管理效率。

IT 服务管理的理论与方法最早起源于英国，但由于基于不同的角度，人们的定义也各不相同，因此目前没有统一的定义。根据 IT 服务管理的国际权威组织——ITSMF（IT Service Manager Forum——国际 IT 服务管理论坛）的定义，IT 服务管理是一种以流程为导向、以客户为中心的方法，它通过整合 IT 服务与业务来提高组织 IT 服务支持和服务交付的能力及水平。

信息系统是组织重要的 IT 资源。利用 IT 服务管理的理念和方法对信息系统的运行进行管理，是规范信息系统服务、提高信息系统质量、充分发挥信息系统资源优势的重要措施。IT 服务管理的理念就是“以流程为导向、以客户为中心”。其流程相当多，ITIL 标准中归纳了两大类的核心流程：

① 服务支持类：包括事件管理、问题管理、配置管理、变更管理和发布管理。

② 服务提供类：包括服务级别管理、IT 服务财务管理、IT 服务持续性管理、可用性管理和能力管理。

ITIL 管理体系中 IT 服务十大主要流程间的关系如图 3-4 所示。

服务支持包括的管理流程，可以看做是 ITIL 日常操作（运营）层面的部署，其流程如图 3-5 所示。

服务台是 IT 服务提供者和用户之间日常工作的单一联系点，负责处理服务请求和报告突发事件。服务台处于第一线，负责解答用户提出的问题和服务请求。如果该问题属于正常服务级别能够解决的，服务台将快速响应，负责恢复处理。如果问题不属于正常的服务请求

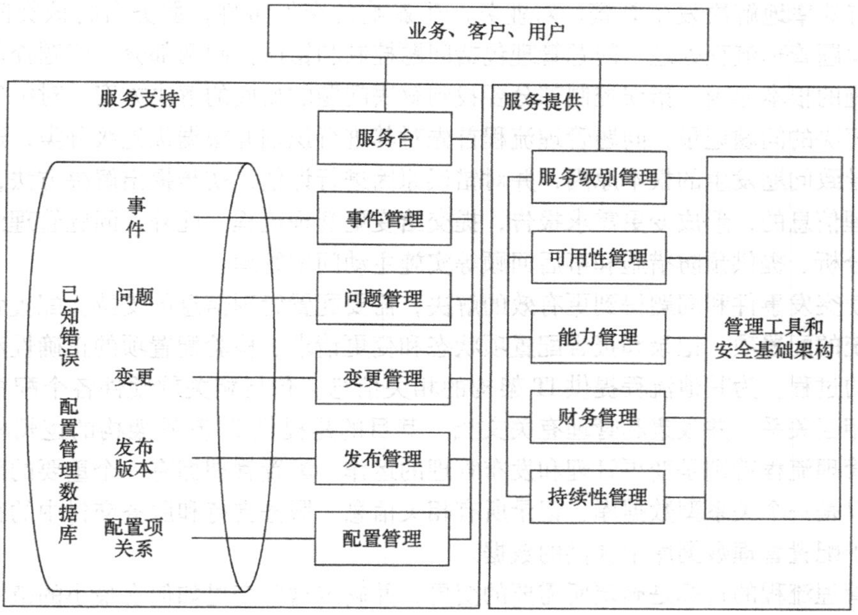

图 3-4　基于 ITIL 的管理体系流程模型

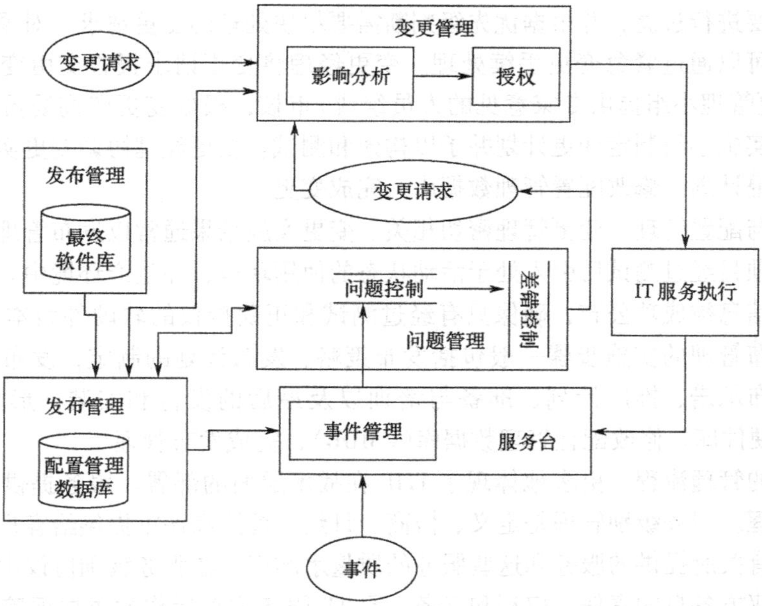

图 3-5　服务支持类的五大运营流程

或超出了正常的解决时限，则将问题作为突发事件，由服务台记录和跟踪，转入突发事件管理流程处理。

事件管理流程首先对问题进行分类，对该问题是否为已知错误原因的问题做出判断，并根据影响和紧急度判断该问题的优先级。通过调查和诊断，将服务台不能处理的问题迅速转至二线、三线技术支持，最后将处理结果反馈回服务台，由服务台告知用户解决方案并关闭本次事件处理流程。

为更有效率地解决发生频繁、对业务产生影响的突发事件，服务台将该类问题进行归并，转入问题管理流程处理。问题管理包括问题控制和错误控制两部分。问题控制部分要找到造成问题的根本原因，错误控制部分要找到解决问题的彻底的解决方案。对突发事件中以变通方式解决的问题记录，问题管理流程首先对其进行识别并根据优先级分类，通过调查和诊断找出导致问题发生的根本原因，并对错误原因进行评估，初步提出解决方法，对需要修改配置管理信息的，形成变更需求报告，提交给变更管理流程。此外，问题管理流程还可以通过趋势分析、提供预防措施和事后回顾等实施主动问题管理。

为了使突发事件和问题得到更有效的解决，需要配置管理信息的支持。配置管理是识别和确认系统的配置项，记录和报告配置项状态和变更请求、检验配置项的正确性和完整性等活动构成的过程，为其他流程提供 IT 架构的相关信息，包括相关软硬件各个配置项的详细信息及其相互关系，并收集和管理有关文档，其目的是提供 IT 基础架构的逻辑模型，支持其他服务管理流程特别是变更管理和发布管理的运作。配置管理拥有一个重要的配置管理数据库，可以是一个关系型数据库，记录所有相关信息。服务支持和服务交付中的很多管理流程都依赖于配置管理数据库中提供的数据。

变更管理流程的目标是确定所需要的变更，并确定这些变更如何在最小的范围内得到实施。变更的结果是修改配置管理数据库中的配置项。变更请求报告可以来自突发事件管理、问题管理、服务等级管理、可用性管理、能力管理及客户等。对于所有的变更请求报告，变更管理者首先要进行过滤，并根据优先级判断需要尽快处理的变更请求，对紧急的影响范围大的变更请求可以通过紧急变更手续处理。变更经理将变更请求报告交由变更咨询委员会（由可以向变更管理小组提供专家意见的人员组成）审核，根据变更咨询委员会批准的变更请求，由变更实施小组制定变更计划并予以构建和测试。变更经理协调变更实施及评估，并制定相应的回退计划，修改配置管理数据库，完成变更。

发布管理与配置管理、变更管理密切相关。变更实施结果通常以发布管理形式执行。发布管理将配置项目经过测试后引入处于活动状态的使用环境，即生产环境中。发布管理的目标是确保发布信息被成功公布，确保只有经过测试和正确授权的软硬件版本才能提供给 IT 运行环境。发布管理的实施步骤一般包括发布策略、发布计划的制定，发布设计及构建配置、测试、发布承诺、推广计划、准备与培训以及最后的发行和安装，形成最终软件库（DSL）和最终硬件库，修改配置管理数据库（CMDB），完成发布管理。

服务提供的管理流程，更多地体现了 ITIL 在战术层面的部署。服务提供中较为基础的是服务级别管理。服务级别管理是定义、协商、订约、检测和评审提供给客户的服务的质量水准的流程。有关所提供的服务和这些服务的质量水准记录在服务级别协议中。服务级别协议规定了服务双方各自的责任、权利和义务，是 IT 服务成功运作的重要保障，目的是提高用户满意度。服务级别管理通过服务级别协议定义面向客户的服务条款，通过运行级别协议保证 IT 服务组织之间的协调工作关系，通过支持合同确保客户和第三方供应商之间的技术支持。服务级别管理力争将所有对用户的服务质量的影响减到最小。服务级别管理是服务支持和服务交付的关键。

财务管理是指负责预算和核算 IT 服务提供方提供 IT 服务所需的成本，并向客户收取相应服务费用的管理流程。IT 服务财务管理流程包括 IT 投资预算、IT 服务成本核算和服务计费三个子流程，其目标是通过量化服务成本减少成本超支的风险、减少不必要的浪费、合理引导客户的行为，从而最终保证所提供的IT服务符合成本效益的原则。财务管理与能力管理、配置管理和服务级别管理等密切相关。

能力管理是指在成本和业务需求的双重约束下，通过配置合理的服务能力使组织的IT资源发挥最大效能的服务管理流程，它是确保IT服务具有足够的可用能力，以满足业务需求，包括业务需求能力管理、服务能力管理和资源能力管理。能力管理是优化成本，强调用计划确保所签订的服务级别是可以被履行的和扩展的。

持续性管理是面向IT服务遇到灾难恢复时的应急措施和计划，包括业务持续性管理和IT服务持续性管理。IT服务持续性管理关注的焦点是在发生服务故障后仍然能够提供预定级别的IT服务从而支持组织的业务持续运作的能力。有效的IT服务持续性管理需要一个平衡的风险措施，例如远程容灾系统和备份恢复措施等，配置管理流程中的数据被用来辅助对风险的预防。

可用性管理是确保资源、方法和技术得以适当拓展的流程管理，以支持与客户签订的IT服务级别协议。可用性管理为服务级别管理提供支持，最大限度地减少意外突发事件的数量。可用性管理是一个前瞻性的管理流程，它通过对业务和用户可用性需求的定位，使得IT服务的设计建立在真实需求的基础上，从而避免IT服务运作中采用了过度的可用性级别，节约了IT服务的运作成本。可用性管理包括关键业务功能、安全性、可靠性、容错性、可维护性和服务可用性等管理内容。

总之，通过实施IT服务管理，可以使信息系统服务与业务需求更好地整合，从而提供主动的、高质量、低成本的信息系统服务。

3.3.6 信息系统文档管理

信息系统的文档，记录了信息系统项目的建设过程，是以书面形式记录人们的思维活动及其工作结果的文字资料。主要包括系统手册、用户手册、管理员手册、操作规程及其相应的管理制度。它作为系统建设中的重要文件，是系统维护人员的指南，同时也是系统开发人员与用户进行交流的重要工具。完整、规范的文档，能有力保障系统的运行维护工作。如果系统的文档欠缺，不规范，将给系统的维护工作带来许多麻烦，特别是在系统的原班开发人员发生变化后，将会使系统维护与升级工作更难，甚至造成系统生命力提前丧失。有专家认为：系统文档是信息系统的生命线，没有文档就没有信息系统。因此，在信息系统项目的开发与使用过程中，要做好文档的整理、管理工作。

（1）信息系统文档的地位

信息系统文档作为系统建设与使用中的重要技术文件，记录了信息系统项目建设过程中，各类人员的思维活动，以文字资料的形式描述出了系统开发过程的轨迹。在软件工程学科领域，把程序和文档合并在一起称为软件。程序的必要解释、说明，称为文档。程序与文档的作用不同，程序是交给计算机来执行的，文档是交给人们阅读的。由于人脑的思维活动具有不可见、不稳定等特点，用文档来描述人脑的思维活动，使之成为信息系统建设过程的可见物，以此来统一人们的思想、认识，同时也可以方便系统开发中各类人员能够进行交流、沟通，更好地搞好系统的建设开发工作。文档在系统的开发和使用中具有重要地位，体现在系统生命周期的各个阶段。在系统总体规划阶段，在进行系统概要调查的基础上，要形成良好的用户需求文档，否则系统分析、设计工作就失去了可靠的基础。在系统的分析设计阶段，在系统总体规划指导下，在进行详细调查的基础上，要形成良好的系统分析、设计文档，否则，将造成信息系统项目开发过程的混乱、无序状态，影响系统开发的效率，甚至导致失败。在系统的试运行、运行维护阶段，也应建立良好的文档，防止对系统运行、维护带来不必要的麻烦和困难。因此说，文档是信息系统的重要组成部分，没有文档的信息系统，不能算是好的信息系统。

（2）信息系统文档的作用

文档在信息系统项目的开发建设和运行维护过程中，最重要的作用是进行沟通，它在用户和系统开发的各类人员之间起着桥梁和纽带的作用。

① 在系统规划和分析阶段，有利于系统分析员与用户进行沟通，交换意见。系统分析员可以通过项目的可行性分析报告、总体规划报告、项目开发合同书、系统分析说明书等文档资料与用户进行交流，以保证系统的需求分析正确。

② 在项目开发过程中，有利于系统的开发人员与项目负责人进行沟通。系统开发人员通过阅读系统开发计划（如任务分解表、甘特图、网络图、经费预算表等）、系统开发月报、系统开发总结报告等项目管理文件，可以明确自己的工作任务和努力方向。项目负责人也可以依据此文档对开发人员的工作进度、质量进行监督。

③ 有利于开发人员之间进行交流和合作。在系统开发的各个阶段，形成相应的文档资料（如系统分析说明书、系统设计说明等），可以为不同阶段的开发人员进行工作衔接和开发人员的合作创造有利条件。同时，能够大大降低人员流动给系统开发带来的风险。

④ 在系统的测试阶段，有利于系统测试人员与开发人员进行沟通。系统测试人员可以根据系统分析说明书、系统开发合同书、系统设计说明书、测试计划等文档，对由开发人员开发出来的系统进行测试工作。

⑤ 在系统的运行过程中，有利于用户与系统开发人员进行沟通。系统的最终使用者是用户，他们可以通过阅读由系统开发人员编写的用户手册和操作说明书、操作手册等文档资料，熟悉系统的使用方法与操作过程。

⑥ 在系统的运行维护阶段，有利于系统维护人员与系统开发人员进行沟通。系统维护人员可以依据系统设计说明书、系统开发总结报告（研制报告、技术报告、技术手册等），对系统进行维护和升级。有利于用户和系统维护人员进行沟通。在系统的运行过程中，很可能出现这样或那样的问题，随着时间的流逝，系统的应用环境或企业的总体目标变化等因素，均会导致系统的功能不适应变化的需要。系统维护人员可以依据用户在运行中形成的问题记录、运行报告、修改建议等文档，以及系统开发人员留下的技术手册等文档，对系统进行维护、升级等工作。

信息系统的文档，除了以上在沟通、交流方面的作用外，还具有监理和审计的作用。每份文档都是项目建设过程中有关人员的一种书面承诺，绝大多数文档都有签名（表明其对所签署部分文档内容的认可），如果出现合同纠纷，文档可以作为重要的证据使用。

（3）信息系统的文档管理内容

信息系统文档不是事先一次性形成的，它是在系统开发、运行与维护过程中不断地按阶段逐步编写、修改、完善与积累而形成。信息系统文档管理内容包括文档制定、修订和存档等。

信息系统文档管理是有序地、规范地开发与运行信息系统所必须做好的工作。目前我国对于信息系统的文档内容与要求基本上有了统一规定。主要分为技术文档、管理文档及记录文档等类型。当系统变化较大时，系统文档将以新的版本提出。系统文档管理工作主要有：

① 制定文档标准与规范。

② 指导文档编写。

③ 收存、保管文档与办理借用手续等。

所有文档都要收集齐全、统一保管、专人负责、形成制度。

3.3.7 信息系统的评价和审计

1. 信息系统评价

例 3-5 江铃国际管理信息系统效果评析

江铃国际管理信息系统运行后，很好地支持了企业的管理。

(1) 统一设置基础科目实现了集团信息的可比性

在原来的分散账务信息系统下，由于信息传递速度低、不准确，经常出现集团公司上下科目设置不一致的情况，给集团财务管理和各营业部之间业务的对比分析和管理带来很大困难。适应集团应用特点和财务信息可比性需要，江铃国际集团利用系统中统一科目的功能，这样就解决了总部对下属单位的财务核算、预算、资金的实时监控和对比分析等问题，以便整合集团内外部资源，发挥总部的计划与控制作用。

(2) 数据的集中管理，保证了集中式管理模式的实现

江铃国际集团管理信息系统以总部为中心，各下属单位集中建账，两个区域之间采用互联网传递数据，总部对整个集团的财务信息可以一目了然，方便地实现了账、证、表数据的高度集成，保证了集团公司集中式管理的实现。

(3) 实现异地实时查询与统计分析，充分发挥领导的监控职能

基于 WEB 功能的管理信息系统提供了远程查账功能，集团可以根据报表反映出来的结果追溯到业务发生的最原始单据，系统使财务报表上报制度大为简化，财务报表传递周期明显缩短；还具备了财务预算、异地实时查询、统计、分析和监督管理等在传统桌面型财务软件中无法有效完成的功能。领导能对各单位的财务状况进行实时监控；在不影响单位工作的前提下，领导能够及时获取有效信息，及时发现各单位在财务管理中存在的问题并及时解决，充分发挥领导财务监控的职能。

(4) 强化资金的集中管理

利用系统中的资金管理子系统，江铃国际集团能够很好地处理各类筹资、投资、担保、内部资金拨付、资金计息等资金业务，并能够对企业内外部各种资金进行预测、控制、分析，管理各种资金合同，动态准确地反映各项资金的来源与去向，保证资金的运作效率。并且，集团实现了资金的统一调配，控制资金的流出，降低风险，提高资金运作效益。

(5) 辅助核算评析

在实际业务中，有许多辅助核算，如：个人、部门、对外投资、利润中心、在建工程等，这些项目核算量大而且统计要求频繁。如果使用传统的科目核算方法，按项目开设账页，并在账页中按辅助项，设专栏进行明细核算，即所谓多栏账，会导致科目数量成倍增加，造成科目体系庞大、错账率高、难以进行纵向横向分析比较、统计核算汇总不便等许多弊端。采取这种科目结构，即使在计算机上也不会得到理想的管理效率和效果。另外，将成

本、费用进行项目核算，可以及时准确地了解各业务利润。如：内贸业务每一商品的利润、旅游业务每次出团的利润、工业每一产品的利润、外贸业务每一单的利润等。

(6) 丰富的报表查询为管理提供支持

在完成日常业务的基础上，该系统提供灵活多样的查询方式、组合式查询条件，这些报表的提供满足了财务部门账表的数据要求，以及业务部门和分管总经理的查询和汇总要求，同时为统计部门提供必要的统计数据。

(7) 实现预算管理

① 预算编制　财务部门发布预算表格时，同时提供与预算期相等时间(期)的各预算单位的历史实际数据，给编制者参考；各预算单位编好送至财务部门，预算管理系统据此自动生成预算汇总表；经过董事会决议发布的预算方案，在系统中不能随意修改，如需变更，需在系统中履行签批程序；预算实现滚动编制。

② 预算执行　财务人员能够实时掌握各预算的执行情况(发生进度)；向各预算单位提供预算执行进度等预算提示报告；预算期内，各预算单位可就预算的部分内容通过规定的程序要求作预算变更，财务系统应当揭示部分预算变更对全面预算的影响(变更前后之分析)；对费用和现金实行严格控制，突破预算的支出提供提示、警告以及不得录入等多种选项，并提供单项报告。

③ 预算评价　提供按月度、季度和年度的预算指标与实际数的对照分析，反映预算执行差额和差率，提供预算执行差异和趋势报告。

(8) 解决开发中心存货管理

在汽车专用技术开发中心用来研究试用的存货进行项目管理，试用时按项目分别进入长期待摊费用具体项目，摊销时直接从一个虚拟的项目(摊销)出去。这样就可以保存每一试用存货的原始价值，又可以达到平衡摊销目的。

信息系统评价是指对信息系统的运行状态和质量进行各种衡量，以判断其是否优质、高效、安全地运行的活动。

(1) 信息系统评价目的

信息系统建成并运行一段时间后，就要对其作技术性能及经济效益等方面进行评价。评价的目的是检查系统是否达到预期的目标，技术性能是否达到设计要求，系统的各种资源是否得到充分利用，经济效益是否理想，指出系统的长处与不足，为以后的改进与扩展提出意见。

信息系统的有利与不利之处体现在定性与定量两个方面，因此评价工作难度较大。目前一般都采用多指标评价体系的方法，这种方法先提出信息系统的若干评价指标，然后对各指标评出表示系统优劣程度的值，最后用加权等方法将各指标组合成一个综合指标。

(2) 信息系统评价内容

① 在管理方面，评价内容主要考虑提高企业管理水平、优化管理流程、完善规章制度、提高人员素质等。

② 在技术方面，评价内容主要是管理信息系统的性能，主要包括以下五个方面。

a. 系统的总体水平，包括系统的总体结构、地域与网络的规模、所采用技术的先进性等。

b. 系统功能与层次，例如功能的数量与难易程度或对应管理层次的高低等。

c. 信息资源利用的深度，例如企业内部与外部信息的比例、外部信息的利用率等。

d. 系统的质量，例如正确性、可扩展性、可维护性、通用性、效率等。

e. 系统文档的完备性与系统的安全与保密性。

③ 在经济方面，评价内容主要是信息系统的成本与效益。

信息系统的成本主要有开发成本、设备成本和运行成本。开发成本包括在系统分析、系统设计、编码和测试、人员培训、记录文件等方面的成本。设备成本有购买新设备和软件包、设备安装调试、计算机房的设施等。运行成本有人力成本、设备维护，程序维护、管理费用、文档资料维护等。

信息系统的效益主要有直接效益和间接效益两个方面。直接效益可以用货币来衡量，可以对企业产生有形的影响。例如减少库存数量、加快流动资金周转速度、增加销售利润、减少人工费用、减少处理时间和错误等。间接效益包括辅助决策、提高工作满意度、增加用户亲切感、改进企业形象等，主要对企业产生无形的影响。因此，信息系统具有价值，包括有形价值与无形价值。

2. 信息系统审计

例 3-6 开化法院信息系统审计

开化法院院长在经济责任审计项目中，通过对法院信息系统有关数据的对比分析，发现法院业务信息系统部分数据明显存在逻辑错误，以此为切入点，开展信息系统网络安全控制、服务器操作系统安全控制、数据库系统安全控制等一般控制以及数据输入输出控制等应用控制的审计，并对业务信息系统使用绩效审计进行了尝试，发挥了审计的“免疫系统”功能。

信息系统审计是一个通过收集和评价审计证据，对信息系统是否能够保护资产的安全、维持数据的完整、使被审计单位的目标得以有效地实现、使组织的资源得到高效使用等方面做出判断的过程。

（1）信息系统审计的方法

信息系统审计过程与一般审计过程一样，分为准备阶段、实施阶段和报告阶段。其中，准备阶段和报告阶段所涉及的技术方法与财务审计所运用的技术方法区别不大，而实施阶段所涉及的技术方法则具有信息技术的特色。在实施阶段，针对被审计的信息系统，审计人员所开展的工作可以分为三个层次，即了解、描述和测试。

计算机信息系统环境下审计技术方法与手工环境下传统的审计技术方法相比，相应增加了计算机技术的内容。对信息系统审计的方法既包括一般方法即手工方法，也包括应用计算机审计的方法。信息系统审计的一般方法主要用于对信息系统的了解和描述，包括：面谈法、系统文档审阅法、观察法、计算机系统文字描述法、表格描述法、图形描述法等。应用计算机的方法一般用于对信息系统的控制测试，包括：测试数据法、平行模拟法、在线连续审计技术（通过嵌入审计模块实现）、综合测试法、受控处理法和受控再处理法等。应用计算机技术的审计方法主要是指计算机辅助审计技术与工具的运用。但不能把计算机辅助审计技术与工具的使用过程与信息系统审计等同起来。在信息系统审计的过程中，仍然需要运用大量的手工审计技术。

（2）信息系统审计应关注的重点环节

① 数据环节　在审计中，必须使用一种方法能够向前、向后追踪单个交易和资产记录，

以便使审计人员选择一些交易对其进行详细检查，确认交易记录是否符合一般的审计目标。如对会计事项信息的检查，要检查它的完整性、时效性、合规性和信息披露等方面，检查内容包括与本会计年度有关的交易是否全部记录在册；所有记录的交易是否都是合理发生的并与本会计年度有关；记录的交易是否数据准确，计算无误：记录的交易是否符合基本的和辅助的法律规定，符合特定权威机构的要求；对记录的交易是否进行正确的分类，并符合信息对外披露的要求等。对财务报表信息的检查，要检查完整性、存在性、会计计量、所有权以及信息披露等方面，检查内容包括是否记录了所有的资产和负债：所有记录的资产和负债是否都是存在的；对资产和负债的计量是否精确，计算方法是否符合按合理性、一致的标准制定的会计政策的要求：确认资产是被审主体所有的、负债是被审主体应该承担的，并且资产和负债是否由合法的经济活动产生的；资产、负债、资本和存货是否都得到正确的披露。同时对信息系统提供的业务信息也要进行分析，例如每月的工资总数、某阶段的付款清单和订货信息等，要弄清基本的交易情况，并一直追踪到信息源。对上述信息的分析可以采用计算机辅助审计技术，按照特定的标准对数据进行汇总、分类、排序、比较和选择，并进行各种运算。

② 内部控制环节　内部控制一般而言是指组织经营管理者为了维护财产物资的安全、完整，保证会计信息的真实、可靠，保证经营管理活动的经济性、效率性和效果性以及各项法律和规范的遵守，而对经营管理活动进行调整、检查和制约所形成的内部管理机制，是组织为实现管理目标而形成的自律系统。计算机系统的内部控制主要分为应用控制、一般控制和管理控制等三个方面，在审计过程中要对被审计单位内控制度进行评价，包括电算化系统的内控制度。为了对系统的内控制度进行评价，审计人员必须验证内部控制系统是否存在，并能提供令人满意的证据，证明它正在有效地发挥作用。在计算机系统中，应检查以下方面来证明内控制度的有效性：

a. 控制系统资源的存取。包括物理资源，例如终端、服务器、连接盒、相关文档等；还包括逻辑资源，如软件、系统文件和表、数据等。

b. 控制系统资源的使用。用户应该只能对授权给他们的那些资源进行操作。

c. 建立按用户职能分配资源的制度。把重要的任务功能按用户或用户组进行分离，以减少无意的误操作、滥用系统资源和对数据的非授权修改。

d. 记录系统的使用情况。按时间顺序建立一个使用记录，记录内容应包括例外事例和与安全有关的事件是由谁触发的，财务信息的创建、修改和删除是由谁完成的。

e. 确认处理过程的准确性。用产生的财务控制信息，确认处理过程的准确完成。

f. 管理人员对财务信息系统的修改。应该保证财务信息系统的所有修改都是经过授权、有文档记录、经过彻底(独立地)测试的，确认最后以一种有控制的方式投入使用。

g. 保护财务信息系统免遭计算机病毒的袭击。必须建立一套控制措施，检测病毒，防止病毒感染财务信息系统。

③ 数据传输转移环节　在信息系统中，有些数据需要在两个财务信息系统或财务信息系统与业务信息系统之间相互转移，在此过程中可能会出现一些问题，尤其是在需要手工重新录入时。因此在审计时要重点关注以下方面：在转移过程中数据可能会发生变化；新的科目代码表与老的可能不一样，需要在两个财务信息系统之间建立复杂的对应关系：中心数据库可能被一些地理上分散的服务器取代；当前财务信息系统中的数据质量不佳；当用一个总

的信息系统取代一个预定财务信息系统时，需要补充许多新的数据。在检查这一环节时，一定要保证输出的消息是经过批准、完整和精确的，保证输出的消息在约定时间内准确地发送给指定的接收者，保证流入的消息是完整、准确和真实可靠的。

信息系统审计，使得信息系统资源对企业资产的安全得到保证。

◎关键词

信息系统、信息系统资源、信息系统资源管理、信息系统开发管理、信息系统运行维护管理、信息系统维护、数据管理、IT 服务管理、文档管理、信息系统评价、信息系统审计。

◎本章小结

本章在描述了信息系统概念的基础上，重点阐述了信息系统资源观、信息资源管理的基本概念，信息系统资源开发管理与利用管理的主要内容。

首先，描述了信息系统的概念、组成和生命周期，从资源系统观、资源层次观、资源辩证观和开放资源观等几个方面阐述了信息系统资源观的内涵。从信息系统的五个组成部分和开发、运行与维护两个生命阶段区分了信息系统资源管理的对象和内容。

其次，简述了信息系统开发管理的内涵和主要内容，明确了信息系统开发管理的目的和意义，讲述了信息系统开发项目人员组织模式；项目实施的三个阶段：项目授权与需求分析、项目实施管理阶段的基本内容；信息系统开发项目管理的质量控制。

最后，详细介绍了信息系统运行和维护管理的主要内容：人员管理、日常运行管理、IT 服务管理、文档管理、信息系统评价与审计。

◎练习题

1. 信息系统的主要功能是什么？
2. 信息系统由哪几类要素组成？
3. 信息系统的生命周期是什么？
4. 信息系统的资源观有哪几方面的内容？
5. 什么是信息系统资源管理？其目的和意义是什么？
6. 信息系统资源管理的主要内容是什么？
7. 什么是信息系统项目开发管理，其意义和内容是什么？
8. 信息系统运行和维护管理主要包括什么内容？
9. 信息系统运行和维护人员管理的主要内容是什么？
10. 信息系统日常运行管理的内容是什么？
11. 信息系统维护包括哪几方面？
12. 信息系统数据库管理员的职责是什么？
13. 请解释系统文档是信息系统的生命线的说法。
14. IT 服务管理的十大流程是什么？
15. 信息系统评价分为几个方面？
16. 信息系统审计的目的意义是什么？信息系统审计和信息系统日常运行和维护管理的审计踪迹有什么区别？

◎网络学习题

1. 搜索网上信息系统开发或者运行不成功的案例，请从信息系统资源管理的角度，分析其原因是什么？并给出建议。

2. 搜索网上信息系统成功的案例，请从信息系统资源管理的角度，总结其成功的原因和具体实施的管理措施有哪些？

◎思考题

1. 如何理解信息系统资源系统观？

2. 如何理解信息系统资源管理对信息系统为组织提供优质、安全、高效服务的重要意义和作用？

第 4 章　信息资源内容管理

◎学习目标与要求

本章从狭义信息资源角度，对信息的采集、存储、检索、加工、分析、传递和共享等各个环节的概念、方法及其相应管理问题进行了阐述。

通过本章学习，要求同学们：

① 了解信息采集、信息存储与检索、信息加工与分析、信息传递与共享等信息资源开发利用全过程的管理。

② 掌握信息采集方法，信息检索方法，信息分析与数据挖掘的概念。

③ 了解决策与信息需求的关系，信息采集的途径，信息分析的方法和数据挖掘技术。

④ 了解知识管理的概念与思想。

信息是信息资源管理的核心，人们通过开展对信息的采集、存储、加工、分析、传递、共享或使用等活动，完成信息资源的开发和利用任务，最终实现提高管理效率和效益的目的。信息在其运动的过程中，不断地变换、升值，从原始数据，到最终加工为方便人们利用、支持人们决策的有用的信息，经历了采集、存储与检索、加工与分析、传递与共享等众多环节。每个环节的活动都对信息资源的有效开发和利用产生影响，本章从狭义信息资源管理的角度，对这些环节涉及的活动和主要方法进行了探讨。

4.1　信息需求

狭义信息资源是指人类社会经济活动中经过加工处理、有序化并大量积累的有用信息的集合。明确用户的需求，根据需求寻找收集相关信息是保证信息有效的重要前提。本节重点阐述组织信息资源管理中的信息需求概念、类型，并对组织中不同成员的信息需求进行分析。

4.1.1　什么是信息需求

例 4-1　小慧的创业计划书

小慧要参加学校的“大学生创业计划大赛”，她和几个朋友商量后决定要写一个开花店的创业计划书，她们上网下载了很多关于鲜花的资料，她们的创意点是普及鲜花的美学和营养学知识，不仅卖鲜花，还教人插花，并且兼营鲜花茶、花粥等。有了初步想法后她找到了指导老师，老师看了她的计划书后给她提了几个问题：开花店的目的是什么？客户群如何定位？商品如何定价？货源如何组织？投资预算及成本效益分析的依据是什么？老师建议小慧她们做相应的调研，然后用实际数据充实计划书，使她们的参赛题目从一个点子变成一份完整的商业计划书。小慧忽闪着一双水灵灵的大眼睛望着老师，您说的很对，那我们需要怎样做才能完成这样的计划书呢？老师建议她把所有的问题列出来，然后一一回答，回答不上来的，就去查资料或做调查，直到找到全部答案。

在例4-1中，老师让小慧列出并回答的问题就是帮小慧分析“写一份开花店的商业企划书需要哪些信息”，也就是在做信息需求分析。

所谓信息需求，是指人们在从事各种社会活动的过程中，为解决不同的问题所产生的对信息的需要。就像例4-1中的大学生小慧，想创办一个特色花店，需要关于鲜花销售的相关信息，如品种、价格、消费人群、货源、成本收益等多种信息。信息需求是引发信息行为的原动力。我们将既具备信息需求又具有信息行为的人，称之为信息用户。信息用户包括个人用户和团体用户。作为信息用户的人类个体或群体具有三方面的特征：

① 拥有信息需求，即需要接收信息以解决未知问题。

② 具备利用信息的能力（包括观察能力、理解能力、概括能力、抽象能力、分析与综合能力、判断与推理能力等），即有能力接收、处理和利用信息。

③ 具有接受信息服务的行动，即事实上接收和利用信息。

只有具备这三方面的特征才能称为真正的信息用户。信息需求是信息用户最为本质的特征。如果只具备信息需求和信息能力而未形成实际的行动，则为潜在信息用户。

4.1.2 信息需求的类型

不同的信息用户有不同的信息需求，根据信息用户的类型，我们可以将信息需求分为个人信息需求和组织信息需求。当然，也可以依据其他条件来划分。

1. 个人信息需求

个人的信息需求多种多样，源于生活中的，称之为生活信息需求。除了生活中的信息需求之外，个人的信息需求还包括工作中产生的信息需求，即职业信息需求。

（1）生活信息需求

生活中的信息需求主要反映在以下几个方面：①物质生活的信息需求；②精神、文化生活的信息需求；③个人安全的信息需求；④劳动和其他社会工作的信息需求；⑤社会交往与互助的信息需求；⑥适应社会的信息需求；⑦增长知识的信息需求；⑧创造活动的信息需求；⑨实现某种生活目标的信息需求；⑩产生某种兴趣的信息需求。

（2）职业信息需求

由于职业分工及个人知识背景等的千差万别，职业信息需求也因人而异。如教师和公司经理的职业信息需求就大相径庭。而同是服装公司经理，一位具有硕士学历而另一位只有中专学历，他们的文化修养、审美情趣等方面的差异是显而易见的，因而为实现各自的组织目标所产生的信息需求也将有所不同。尽管如此，我们仍可以将职业信息需求分为两类。一类是为完成工作而产生的信息需求，主要包括：①为熟悉各工作环节而产生的信息需求；②为了解同行业及同仁的工作情况而产生的信息需求；③为熟悉客户情况而产生的信息需求；④为提高职业技能而产生的信息需求。另一类是为应付工作中的异常情况而产生的信息需求，主要包括：为解决工作中发生的意外事件而产生的信息需求，如了解事件的性质，明确是否发生过类似事件，有无详细记录，如果有，是如何解决的，等等。

2. 组织信息需求

由团体用户所产生的组织信息需求，主要是指社会组织为实现各自的目标和宗旨所形成的一系列信息需求。在完成组织各项活动的过程中所形成的信息需求的总和构成了组织的信息需求。由于组织的各项工作是由不同的组织成员来完成的，因此，我们可以认为组织中不同成员为完成各自工作而产生的信息需求的总和构成了组织的信息需求。即组织成员的职业信息需求构成了组织的信息需求。

除了根据产生需求的主体，即信息用户的不同，划分为个人信息需求和组织信息需求之外，还可根据信息的表现形式的不同，分为对知识型信息的需求、对档案型信息的需求、对消息型信息的需求、对数据型信息的需求及对图像型信息的需求等。由于个人的工作性质、知识背景以及组织的宗旨和目的的不同，导致了人们对不同表现形式的信息需求也不同，如高校教师对知识型和事实型信息需求较大，而公司经理则对与自身业务相关的事实型、数据型信息有较大需求。此外，还可以依据组织边界将信息需求划分为内部信息需求和外部信息需求等。

4.1.3 组织中不同层次的信息需求

组织内不同层次员工工作性质不同，其信息需求也不尽相同。对一般组织机构而言，可以根据管理层次的不同，分为高层管理人员、中层管理人员及技术或专业人员、基层管理人员及操作层工作人员。相应地，组织活动可以分为高层、中层和基层以及操作层的活动。我们将前三个层次统称为管理和专业层，如图 4-1 所示。

1. 操作人员

图 4-1 中最底层的操作人员包括两类：一类是负责生产产品和提供服务的工人；另一类是普通职员，负责事务性的工作。操作层的工作人员包括仓库保管员、销售员、修理工、秘书、打字员、数据输入与输出员等，他们很少或根本不承担监督和管理的职责。许多操作层工作人员为信息系统提供输入信息或处理分析的工作，自己却很少利用输出结果。

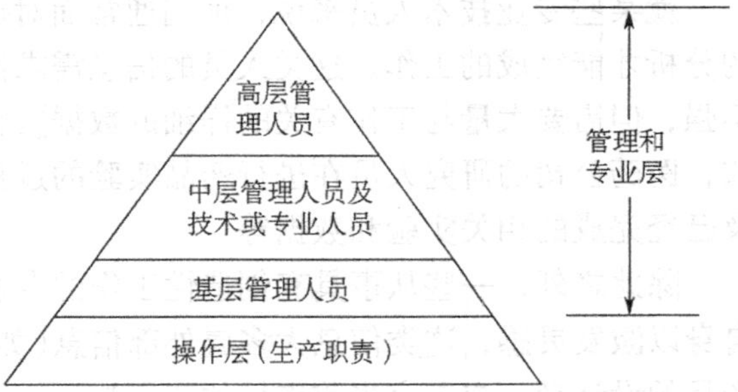

图 4-1 组织管理层次结构图

2. 基层管理人员

基层管理人员的主要职责是监督操作层人员的工作，这要求他们熟悉操作层各项任务，以便能与操作层人员共同解决生产和人事问题。他们通常利用信息完成工作，因而是组织内的信息用户之一。

3. 中层管理人员及技术或专业人员

中层组织活动分为两类，一类是由专业技术人员从事的活动，他们或单独工作，或组成专家小组。这类人员包括工程师、会计师、系统分析员、律师、市场分析员、产品设计师以及广告人员等。由于组织内许多重要任务需由他们来完成，因而，其信息需求必须得到满足。另一类则是从事各部门管理工作的人员，我们称之为中层管理人员。

4. 高层管理人员

高层和中层管理人员是组织各项活动得以正常运行的核心，他们在不同组织里有不同称谓，如在公司里，我们称之为总经理（高层管理人员）、部门经理（中层管理人员）；而在大学里，我们则称其为校长（高层管理人员）、院长（中层管理人员）等。由于他们在组织中的地位及工作性质，决定了这些管理人员需要大量的内部和外部信息才能完成他们的各项工作。

总之，在组织内部，不同层次的工作人员有不同的信息需求且与其工作内容、性质和目的有密切关系。由于操作层工作人员的工作性质，决定了他们的信息需求种类相对单一，需求量也较少。专业技术人员和管理人员的信息需求种类多，数量大，但又各有不同侧重。

5. 专业技术人员

专业技术人员的信息需求种类依其工作性质而定，例如，有的研究人员开展工作只需本专业的书籍、期刊所提供的知识型信息，而有的不仅依赖于书籍、期刊，还有赖于信息系统储存的大量内外部信息、数据处理模型等，以完成其研究工作。这类人员信息需求的特点是：

① 通常需要原始的、未经加工处理的数据。原因在于他们的工作性质要求他们分析其中的细节。

② 其信息需求取决于工作性质。例如，股票经纪人及期货公司的专业技术人员经常面临这种状况：为完成工作，需要提供一些准确、及时、切中问题实质的信息，帮助他们迅速明确当前的问题，及时做出正确分析和决策。他们所需信息的时间性是关键。

就某些专业技术人员来说，他们通常面对那些需要认真仔细、有条不紊和经过深思熟虑的分析才能完成的工作，这类人员的信息需求恰好与前者相反，他们要求的信息通常时效性不强，但需要大量与工作有关的详细的数据资料，以及曾经发生的类似事件的详细记录。例如，医药公司的研究人员在进行药品实验的过程中，要求认真和有序地分析大量的详细数据及已经完成的相关实验和数据等。

除此之外，一些从事具有创造性工作的专业技术人员需要相关信息和专业技术知识充实自身以激发灵感，这类信息大多属外部信息（如市场信息、竞争对手的信息等）。例如，作为产品的设计者，应考察当前市场的流行趋势，研究竞争对手的产品设计，调查顾客意向，以多方面获取相关信息，从而创造出更具市场竞争力的设计方案。

4.1.4　决策与信息需求

决策是一种管理活动，大多数管理活动中均包含了决策活动。下面将说明组织成员面对不同问题进行决策所表现出的信息需求特点。

1. 决策过程

决策是决策者为解决问题而进行的判断、选择行动方案的过程。决策与管理过程中出现的问题和困难密不可分。决策过程可分为三个阶段：发现问题；设计和分析可能的解决方案；选择执行其中的一个方案以解决问题。由此可见，发现问题是促使决策行为产生的动机。

2. 决策问题和决策方式

决策问题大致有结构化、半结构化和非结构化三类。不同类型的决策问题由于其自身特点和决策方式的区别，所需求的信息类型和数量有很大差别。

（1）结构化问题

结构化问题是指在组织活动的过程中，经常重复发生的问题。对这类问题，通常有固定的处理方法。例如，组织已经根据不同工作、学历、完成工作量等指标制定员工的工资发放标准，于是，对新招聘员工发放多少工资的问题便是一个结构化问题。面对结构化问题进行的决策，我们称之为程式化决策。程式化决策大多由基层管理人员完成，而高层管理人员较少涉及这类决策活动。由于结构化问题大量重复地出现在组织活动过程中，因而决策者对解决这些问题往往需要利用以前发生此类事件的完整记录，并依此做出决策。一般来说，程式化决策所需的信息可以完全得到满足。这类信息可由信息系统提供，或查阅档案资料，也可来源于决策者过去处理此类事件的经验积累。当然，如果环境已经发生变化，决策者则应根据处理这类问题的规定以及结合当时的情况加以决策。

(2) 半结构化问题

半结构化问题并无固定的、重复使用多次的解决方案可遵循。决策者通常了解解决半结构化问题的大致程序，在解决的过程中或多或少要加入个人的主观判断，且关于该问题的部分信息无法提供或缺乏精确性，这给半结构化问题的决策带来了一定的难度。对应于半结构化问题的决策活动为半程式化决策。半程式化决策大多由中层或高层管理人员完成。解决半结构化问题需要大量内部业务信息，也需要相关的外部信息，如当前的市场行情、对此类产品走势的预测信息、广告受欢迎程度等，这些来自企业外部的信息有助于增加决策的确定性。

(3) 非结构化问题

非结构化问题是指独一无二、非重复性决策的问题。如有些不常发生的问题，一旦发生，又属例外；有些问题关系到组织的生存和发展，非常重要；还有一些问题解决起来很复杂。面对非结构化问题，要更多地依靠决策者的直觉。当然，这种直觉是建立在决策者的学识、胆识、知己知彼的程度，以及对市场趋势的熟悉和把握等因素之上的。这类决策称为非程式化决策。非程式化的决策，主要由高层管理人员完成。非程式化决策所需的信息往往不完全、不精确，甚至会导致决策失误，这就要求信息工作人员尽量提供精确、可靠的信息。同时，高层决策者应注重提高经营管理方面的知识修养，培养自身的远见和洞察力，发挥集体决策的优势，从而尽可能保证决策的正确性和可靠性。

由于决策者在组织中的地位不同，其面对的问题也不同，因而表现出不同的信息需求特性。因此，分析组织内部的信息需求是一项复杂的工作，它要求我们对组织内部成员的分工情况及各项管理活动的具体内容要有深入细致的了解，由此，也决定了信息需求分析的难度较大。同时，要坚持发展的观点，认识到信息需求也会随着组织内外环境的变化而发生改变。只有这样，才能尽可能准确、全面地分析组织的信息需求。

4.2 信息采集

信息采集是信息资源管理的第一个环节。所谓信息采集，是指根据用户的需要，寻找、选择相关信息并加以聚合和集中的过程。

4.2.1 信息源

信息采集前要分析去哪里采集，也就是要进行信息源分析。分析信息源的目的在于明确信息采集的方向，信息的准确度和可靠度直接影响决策的准确性。在明确信息需求之后，到哪里能采集到符合需求的信息的问题就要靠对信息源的分析评价来回答。

1. 什么是信息源

信息源即信息的来源。从信息的定义“事物运动的状态及其变化方式”可知，事物及其运动即是信息的源泉。因此观察事物的运动和变化过程，是人类获取原始信息的最佳途径。同时，人类长期积累的观察和研究成果(各类文献)也是获取信息的重要来源。也有人认为信息的载体形式就是信息源，如遥感影像就被称为取得自然和环境信息的重要信息源。在信息传播领域，人们把信息传播链路上发出信息的一端称为信息源，即通信领域的信源。因此，可以概括地说，信息源是人们获取信息的来源，它是自然界和人类一切活动和思维的反映，是人类知识和记忆的物质载体，是信息传播过程中的第一要素，信息源数量巨大形式多样。

2. 信息源的类型

根据不同的分类标准，可以将信息源区分为不同的类型。如果以组织边界为界线，可以将信息源分为内部信息源和外部信息源。内部信息源包括组织中的各部门，如生产部、人事部等，这些部门在工作中形成大量有用的内部信息，供管理人员分析组织当前状况，以用于决策。同时，不同层次的管理人员依赖于其他层次的管理人员提供信息，因而，他们也是内部信息源的组成部分，如中层管理者要为高层管理者提供信息，而基层管理人员有为中层管理人员提供信息的责任和义务；中层管理人员还起到上传下达的作用，将基层的情况通报给高层管理人员，同时，还应向基层管理人员传达上级的指示。由此可见，组织成员本身是一种重要的信息源。此外，内部信息源还包括组织经过多年发展积累下来的图书、期刊、报纸等资料及各种档案信息。外部信息源是指在组织外部为组织活动提供信息的信息源。组织的外部信息源大致包括：政府部门、司法部门和与其有关的其他社会组织。

根据信息是否被记录，可分为记录型信息源和非记录型信息源，如图书、声像等属于记录型信息源，而样品、标本和掌握信息的人等则属于非记录型信息源。对于记录型信息源，可根据信息被加工的层次，划分成一次信息源、二次信息源、三次信息源以及 N 次信息源。文献信息源是一类重要的记录型信息源。根据信息是否数字化，可以将信息源分为数字化信息源和非数字化信息源，数字化信息源包括组织内部的各种信息系统、专业数据库、互联网上的数字出版物等；根据信息的载体，可以将信息源分为印刷型信息源、缩微型信息源、电子型信息源、实物信息源、声像信息源等；根据信息的运动形式，还可以把信息源分为静态信息源和动态信息源等。

3. 文献信息源及其特点

文献是记录知识的一切载体，是知识型信息传承与共享的重要工具。在科学研究领域，文献是科技信息十分重要的来源。

（1）文献的分类

根据载体的形式，文献分为印刷型、缩微型、机读型和声像型四类。根据不同出版形式及内容，可以分为：图书、连续性出版物、特种文献。凡篇幅达到 48 页以上并构成一个书目单元的文献称为图书。连续性出版物，顾名思义，在时间上是有一定连续性的，包括期刊、报纸和年度出版物。而专刊文献、标准文献、学位论文、科技报告、会议文献、政府出版物、档案资料、产品资料等则是特种文献，也叫特种出版物。根据文献内容、性质和加工情况可将文献区分为：一次文献、二次文献、三次文献。一次文献指以作者本人的研究成果为依据而创作的原始文献，如期刊论文、研究报告、专利说明书、会议论文等。二次文献是对一次文献进行加工整理后产生的一类方面，如书目、题录、简介、文摘等检索工具。三次文献是在一、二次文献的基础上，经过综合分析而编写出来的文献，人们常把这类文献称为“情报研究”的成果，如综述、专题述评、学科年度总结、进展报告、数据手册等。

（2）文献的特点

文献是我们在工作和学习中所要使用的一类重要信息源，因此有必要对其的特点进行了解。图书在内容上主题突出、成熟，论述完整，但出版周期长，不反映最新的知识信息。连续出版物中，报纸和期刊具有数量大、品种多、内容丰富、出版周期短、出版速度快、反映最新的知识和信息等特点。而期刊有学术期刊和非学术期刊之分，中文学术期刊中，核心期刊的使用价值更高。国际上把学术期刊根据其在相应领域的影响力分成 A、B、C 不同的等级，A 级最高，B 级次之，C 级更次。评价期刊影响力的指标就是影响因子，即某期刊前两年发表的论文在统计当年的被引用总次数除以该期刊在前两年内发表的论文总数。这是一个国际上通行的期刊评价指标。一般来说，影响因子越大，其学术影响力也越大。特种出版物是介于图书与期刊之间的文献类型。其中，科技报告具有内容专业、可靠、详尽，不受篇幅限制，可操作性强，报告迅速等特点。学位论文也是一种重要的文献信息源，其特点是：理论性、系统性较强，内容专一，阐述详细，具有一定的独创性。会议文献传播信息及时、论题集中、内容新颖、专业性强、质量较高，往往代表某一领域内在一定时间内的最新学术研究成果，基本上反映了该领域的研究动态和发展趋势。会议文献是科技查新中重要的信息源之一。标准文献能够提供许多其他文献不可能包含的特殊技术信息，具有严肃性、法律性、时效性和滞后性的特点。专利文献的特点是：数量庞大、报道快、学科领域广阔、内容新颖、具有实用性和可靠性。

（3）常见各种文献的外部特征

图书的外部特征包括书名、作者、出版公司、出版地、出版日期、版本信息、页数等。期刊一般著录有卷、期、页数和年号等。学位论文有著者、学位名称、论文篇名、颁发学位的单位名称及地址、授予学位的年月等。会议文献有会议特征的词，如会议、大会、研讨会、论坛等，有主办会议的机构特征，如团体、协会等，还有会议文献类型的特征，如论文、会议录等。科技报告一般有收集机构或编写单位的代号。

4.2.2 信息采集原则

为了能够快速、有效地采集到满足需求的信息，在采集过程中需要遵循以下七原则。

（1）目的性原则

信息采集必须有明确的目的性（又称针对性）。因为信息数据量庞大，内容繁杂，信息采集要根据本单位的方向、任务和服务对象的实际需求，有针对、有重点，有选择地采集利用价值较大并符合需求的信息。

（2）系统性原则

所谓系统性，是指时间上的连续性和空间上的广泛性。尽可能全面地采集符合需求的信息。注意重点需求信息的连续性和完整性。所采集信息的连续性和完整性，直接影响分析过程和分析结果，最终会影响决策质量。

(3) 及时性原则

及时性是指所采集到的信息能够反映出当前社会活动的现状，也包括别人未发现和未使用过的独具特色的信息，以及能及时准确地反映事物个性的信息。时效性是信息的一个重要属性。过时的信息不仅其价值会降低或丧失，而且会造成工作的损失，所以要力争在最短时间内向用户提供最新、最急需的信息。为此，信息采集人员必须有强烈的时间观念，尽早了解信息线索，熟悉用户的专业领域和当前形势，采集速度要快，内容要新，为信息的及时传播利用创造条件。

(4) 经济性原则

信息采集需要投入一定的人力和财力，采集的信息量不一定是越全越好，要考虑投入产出比。抽样理论告诉我们，当样本数量达到一定规模后，继续增大样本数量的费用并不和精度提高的幅度成正比。因此，要根据设计的精度要求采集相应数量的信息。同时，同样的信息如果有多种不同的载体形式，还应该注意优先选用较经济的载体形式。

(5) 计划性原则

采集信息时，既要满足当前需要，又要照顾未来的发展；既要广辟信息来源，又要做到持之以恒，日积月累。要根据任务、经费等情况制订比较周密详细的采集计划和规章制度，详细列明有关信息采集的目的、范围、方式以及人员配备、时间限定、经费数额以及来源等情况。

(6) 可靠性原则

信息采集必须坚持调查研究。通过比较、鉴别，采集真实、可靠、准确的信息，切忌将个别当做普遍，将局部视为全局，要善于去粗取精、去伪存真，由表及里，深入细致地了解各种信息资源的信息含量、实用价值以及可靠程度。

(7) 预见性原则

信息采集人员要掌握社会、经济和科学技术的发展动态，采集信息时既要着眼于现实需求，也要有一定的超前性，要善于发现新动向，随时了解未来趋势，采集那些对将来发展有指导作用的预测性信息。

4.2.3 信息采集方法

所谓信息采集方法，是指根据信息采集计划，广泛开辟信息来源，及时将信息采集到手的基本方法。信息采集方法很多，按使用的技术手段不同可分为人工采集和机器采集两大类。其中，人工采集指人通过感知器官（视觉、听觉、嗅觉、触觉等）或利用简单工具（如测量距离用的皮尺、测量温度用的温度计）等直接获得并记录信息的方式；而机器采集指机器依靠其感知信息的部件和识别记录信息的部件，即传感器或传感器系统，所进行的半自动信息采集和全自动信息采集。它涉及各类摄像、录音、遥感、红外、超声波、激光扫描、射频标识（RFID）等设备及其相应技术。而对网络上的信息资源的自动采集要依靠搜索引擎技术和链接分析技术的结合。

通常，人们习惯按信息采集方式划分信息采集的方法，具体划分如下九种方法。

(1) 定向采集法

定向采集法是指在采集计划范围内，对某一学科、某一国别、某一特定信息尽可能全面、系统地进行采集。例如，很多地方设置的监视电视信号、监听电台信号都属于定向采集。

(2) 定题采集法

定题采集法是根据用户指定的范围或需求有针对性地采集信息。这种方法能使用户及时掌握有关信息，针对性强，但较为被动，而且由于题目具体，涉及面既深又专，难度较大。科研活动中大多采用这种方法。如互联网发展状况调查、生物多样性专题调查等。

(3) 定点采集法

定点采集法是指聘请专门的信息采集人员定点采集相关信息资源。该方法具有节省费用、采集全面等优点。如电视台收视率调查中的定点户每天记录收看电视的情况、交通路口或旅游景点设置的摄像头等。

(4) 主动采集法

主动采集法是指针对特定需求或根据采集人员的预测，事先发挥主观能动性，赶在用户提出要求之前即着手采集工作。

(5) 跟踪采集法

跟踪采集法是指根据需要对有关信息资源(某一课题、某一产品或某一机构的有关信息)在一段时间内进行动态监视和跟踪，及时采集出现的一切新情况、新信息。用这种方法采集的信息连续而且及时，有利于掌握发生发展的过程，及时了解关心的问题。这对于深入研究跟踪对象很有用处。

(6) 社交采集法

该方法形式多种多样，如参加各种会议、旅游、舞会、聚会、走亲访友、娱乐、网络交流等。通过社交活动获取的信息一般都是最新的，是其他途径得不到的。

(7) 现场采集法

参加展览会、展销会、订货会、科技成果展示会、交易会、现场会、参观访问等，都会接触到一些实际的东西，而且往往有详细的介绍或资料，所以是采集信息的好方法。

(8) 委托采集法

由于时间、精力有限，或不熟悉信息来源，可以委托某一信息机构或信息人员采集，根据采集的质量支付一定费用。目前很多的信息服务机构都提供信息采集的服务，如帮助需要采集信息的一方设计、发放和回收调查问卷等。

(9) 间谍采集法

间谍采集法是指利用间谍窃取所需信息的方法。目前，该方法广泛用于采集政治、经济、军事等方面的信息。

4.2.4 信息采集途径

对任何部门或系统来说，都应该在尽可能广泛的范围内采集信息。但就某个具体部门而言，它本身就产生大量信息，并对其他部门产生影响，这些信息可以叫做内部信息，与内部信息相对的就是外部信息。与此相对应，信息资源采集的途径也可分为内部途径和外部途径。

1. 内部途径

内部途径一般是指政府机关、科研机构、工厂企业内部形成的各种信息通道。它主要用于采集部门的内部信息，有时也能获取外部信息。

内部途径还可以进一步细分为：

（1）管理部门

组织内部的管理部门是获取内部信息的主要途径。一般情况，管理部门包括经营业务管理、行政管理、人事管理、物质管理、财务管理和生产管理等。其信息来源主要是统计资料、财务报告和各种文件，这些信息不但是决策、指挥、组织、控制、监督的前提，而且要用适当的方式向上级机关报告，为上级计划部门和管理部门编制计划提供充分的依据。因此，通过这个途径获得的信息不仅实用而且可信。另外，管理部门的工作人员熟悉政策、法规、部门规章和领导意向，熟悉生产、经营、管理等环节的情况以及这些环节的发展变化，所以和他们接触也能获得内部信息。

（2）咨询与政策研究部门

这类机构主要为领导决策服务，是制定战略方案的参谋，是内外信息流通的枢纽和焦点。他们既采集、存储信息，又加工、生产信息，为部门预测、决策和计划提供可靠的科学依据。

（3）内部信息部门

内部信息部门包括档案、资料、图书、商业情报、信息等部门。这些部门掌握着大量的内部资料，承担着采集、整理、管理各种信息（如会议录、内部刊物、部门创业史、设计图、调查报告、获奖记录等）的任务，所以也是人们获得内部信息的重要通道。

（4）研究开发部门

研究开发部门也能够提供有关的内部信息，如部门目前的技术水平、开发项目以及投入的人力、物力、财力、专利、技术诀窍、新开发产品的市场、销售量估测、效益等。

2. 外部途径

外部途径是指部门以外的各种信息来源，用于采集部门以外各种信息。外部途径主要包括：

（1）文献部门

文献部门是传统的外部途径，通过它可以进一步获得公开出版物（如专业杂志、图书、年鉴、综述、文摘、目录、索引、政府出版物、统计资料、专利说明书等）、限制性公开资料（如企事业机构名录、产品目录、设计图、地区刊物、企业人才招聘广告等）、公司企业内部资料（内部刊物、内部统计资料、市场调查报告、研究报告、国外考察报告、产品宣传册等）、政府法规文件等。

（2）大众传播媒介

大众传播媒介包括广播、电视、报纸、杂志等，从中可以及时采集到多种信息。

（3）学会与协会等团体

通过它可以采集到科技经营方面的信息。例如，学会论文集、行业协会简报、行业通讯是获得最新技术和了解同行情况的重要途径。

（4）各种会议

主要包括科技研讨会、学术讨论会、商品推销会、展览会、交易会、现场会、参观访问、发布会等，是获得外部信息的重要途径，各种会议资料通常很难通过其他途径获得。

（5）政府部门

主要是指工商、税务、外贸、银行及其对应的主管部门，从中可以了解国家各方面的法规和政策信息，以指导部门行动。

（6）个人交往与观察

主要是指与专家、教授、顾问等的交流。与同行业其他公司人员的交谈，与科学研究机构或者高等院校的交往等，通过观察和交谈可以获得各种有用的信息。

（7）用户与消费者

从用户与消费者那里不仅可以获得产品的需求信息（如产品的性能、形状、颜色、可以接受的价格等），而且可以得到反馈信息，这对改进产品、提高质量意义重大。因此，用户与消费者是一个不可忽视的外部信息来源。

4.3 信息存储与检索

4.3.1 信息存储

信息存储是指将经过加工处理后的信息（包括文件、图像、数据、报表、档案等），按照一定的规定记录在相应的信息载体上，并将这些载体按照一定特征和内容性质组织成系统化的检索体系。

1. 信息存储的作用

① 方便检索　将加工处理后的信息资源存储起来，形成信息资源库，为用户从中检索所需信息提供了极大的方便。

② 延长寿命　信息存储还可以有效地延长信息的使用寿命，提高信息资源的使用效益。信息存储可以理解为信息在时间上的传递。

③ 利于共享　将信息集中存储到信息资源库中，为用户共享使用其中的信息内容提供了便利，人们还可以反复使用，提高了信息资源的利用率。

④ 方便管理　将信息集中存储到信息资源库中，就可以采用先进的数据库管理技术定期对其中的信息内容进行更新和删除，剔除其中已经失效老化的信息内容。

2. 信息存储的基本原则

① 统一性　统一性原则是指信息的存储形式应该在全国甚至全世界范围内保持一致，这就要求信息存储时需要遵守相关的国家标准或者国际标准。

② 便利性　便利性原则是指信息的存储形式要以方便用户检索为前提，否则会影响用户使用该信息资源。

③ 有序性　有序性原则是指信息存储时要按一定规律进行排列，以方便用户检索。

④ 先进性　先进性原则是指信息资源的存储形式应该尽量采用计算机以及其他新兴材料作为信息资源存储的载体。

3. 信息存储的主要类型

信息存储的类型可根据不同的分类标准进行划分。

（1）存储载体的分类

如果按载体形式划分，则可将信息存储分为以下七种类型：人脑载体存储；语言载体存储；文字载体存储；书刊载体存储；电信载体存储；计算机载体存储；新材料载体存储。随着科学技术的发展，人类发明了许多可以用作信息资源载体的新兴材料载体，包括磁性形体

（如磁带、磁盘、磁泡等）、晶体载体（如硅片、集成电路等）、光性载体（如光盘等）、生物载体（如蛋白质、细菌等）。这些新兴材料载体的共同特点是：容量大，效率高，可以更有效地用来存储各种信息资源。

（2）信息库的分类

信息库是指按照一定目的和要求，将各种载体形式的信息组织成有序的信息集合体，所以它又被称为“数据库”。按照不同的划分标准可以对信息库进一步细分。

① 如按信息库的存储手段划分可将其分为人工信息库和机器信息库。其中，人工信息库是指按特定要求手工建立的各种信息库；机器信息库是指利用计算机对信息进行加工、存储和检索的信息库。

② 若按信息库的存储内容划分，则可将其分为文献信息库、数值信息库、事实信息库和综合信息库。其中，文献信息库是指由报刊书籍等文献资料组成的信息库；数值信息库是指专门存储各种数值信息并为特定信息需求者提供数值信息咨询服务的数据库；事实信息库是指专门存储各种事实信息并向信息需求者提供事实信息咨询服务的信息库；综合信息库是指含有文献信息、数值信息、事实信息的综合性信息库。

③ 如果按信息库的存储规模划分，则可将其分为大型信息库、中型信息库和小型信息库等。

4. 信息存储的主要技术

传统的信息存储技术主要是指纸张印刷存储技术，现代信息存储技术主要包括缩微存储技术、声像存储技术、计算机存储技术以及光盘存储技术，它们具有存储容量大、密度高、成本低、存取迅速等优点，所以获得了广泛应用。

（1）缩微存储技术

缩微存储技术主要是利用摄影机将印刷品的内容缩微拍摄到胶片上，冲洗成缩微胶片后予以存储。缩微摄影机有旋转式、平台式、步进式等三种；有银盐、重氮、微泡三种材料的胶片；有卷式、片式等规格的缩微胶片。

缩微存储技术的主要优点是存储信息密度高、存储方法简单、成本低、保存期长。缩微品忠实于原件，不易出错。采用缩微技术能将非统一规格的原始文件规范化、标准化，便于管理。缩微技术还可以与计算机技术、通信技术结合使用，实现自动化检索。

其缺点是必须借助缩微阅读机或缩微阅读复印机才能阅读，并且不能对照阅读。保存条件要求非常严格。

目前，缩微存储技术主要有计算机输出缩微胶片、计算机辅助缩微检索系统、计算机输入缩微胶片、激光全息缩微片、缩微传真等类型。

（2）声像存储技术

声像存储技术是指将信息通过录音或者录像等方式记录存储的一种信息存储技术，它包括录音存储技术、录像存储技术和电影存储技术。

（3）计算机存储技术

计算机存储技术是指利用计算机的内外存储器来存储信息的一种技术。目前，外存储器主要为磁表面存储器。计算机中使用的磁表面存储器主要有磁盘和磁带。其中，磁盘又可进一步细分为硬磁盘（简称硬盘）和软磁盘（简称软盘）两种。磁带具有密度高、容量大、成本低、可自动存取数据等特点，但它是一种顺序存取数据的设备，存取速度慢，在存取数据时，电子磁头与磁表面接触，因而磁性薄膜易被损坏。

（4）光盘存储技术

光盘存储技术是20世纪70年代以来发展起来的利用激光和计算机存储信息资源的新型存储技术。它主要是利用1μm以下的激光束在光盘表面的低熔点金属膜上逐点打孔，以实现信息的高密度存储。目前流行的光盘可以分为只读光盘(CD-ROM,CD,DVI,DVD-ROM)、一写多读光盘(CD-R,DVD-R)、可重复擦写光盘三种类型(CD-RW,DVD-RW)。光盘具有以下主要特点：存储密度高，容量大；价格低廉，便于复制；坚固耐用，存储寿命较长。光盘的主要缺点是：误码率比较高，相对误码需占20%~30%的光盘空间。

（5）网络存储技术

网络存储技术是指网络上的数据存储中心的实现技术。常用的网络存储结构分为三种：直连式存储(简称DAS——Direct Attached Storage)、附网存储(简称NAS——Network Attached Storage)和存储区域网(简称SAN——Storage Area Network)。顾名思义，直连式存储是将存储设备直接连接到服务器上，作为服务器的一部分，由服务器提供存储管理与对外服务。附网存储是一种以数据为中心的存储结构，存储子系统是通过专门系统的定制，将通用服务器上无关的功能去掉，只保留存储相关功能，可以看成是一台专门负责存储的“瘦”服务器，具有比DAS更高的读写性能。NAS提供文件级数据访问，支持NFS与CIFS网络文件协议，实现异构平台之间的数据级共享，在文件级别上建立安全机制也很容易。存储区域网是一种以网络为中心的存储结构，两种典型的SAN结构分别是基于光纤通道的FC-SAN和基于IP网络的IP-SAN。在SAN结构中，客户通过高速专用网与存储设备连接在一起，通过虚拟化软件进行存储系统的集中管理，具有较好的扩展性。

目前，信息存储技术不断向体积小、存储密度高、容量大、功能多的方向发展。由于多方面因素的影响，各种存储技术将并存相当长的一段时期，发挥各自的优势服务于全社会。

4.3.2 信息检索

检索是存储的逆过程。所谓信息检索，是指对信息的寻找和调取工作。信息检索与信息存储是同一事物的两个方面，如果说信息存储是信息资源库的“输入”和“存放”，那么信息检索就是信息资源库的“输出”和“使用”。信息检索要遵循目的性、时间性、全面性、准确性、规范性等基本原则。

1. 信息检索的类型

根据不同的划分标准，可将信息资源检索进一步划分成不同类型。若按检索内容划分，则可将信息资源检索分为：①文献检索，即根据检索的要求，利用检索工具查找出符合需要的文献或论文；②事实检索，即查找有关某一事物的发生与发展情况及相关资料；③数据检索，即查找某种数据、公式、图表或化学式等。若按检索方式划分，则可将信息资源检索分为：手工检索和机器检索。若按系统连接情况划分，则可将信息检索分为：成批检索服务和联机检索服务。

随着互联网信息的增加，基于电子文档的全文检索和多媒体信息检索占的比重越来越大。全文检索是以全文本信息为主要检索对象，允许用户以布尔逻辑和自然语言，根据资料内容而不是外在特征来实现检索的先进的检索技术。全文检索系统标引方式有词典法标引、单汉字标引、特殊标引等。检索技术包括后控检索、原文检索(含位置检索)、期望值与加权检索等。其中，以全文检索为核心技术的搜索引擎已成为因特网时代的主流技术之一。多媒体信息检索主要是基于内容的检索，是直接对图像、视频、音频等多媒体信息进行分析，抽取特征和语义，利用这些内容特征建立索引，然后进行检索。

2. 信息检索的基本程序

信息检索的基本程序如图 4-2 所示。

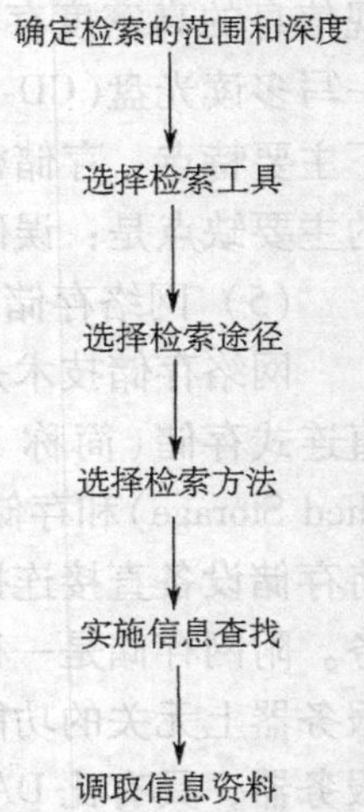

图 4-2　信息检索的基本程序

（1）确定检索的范围和深度

信息检索的范围是指检索信息内容的宽度。例如，某电子企业所需要的信息不仅包括计算机价格信息，还包括计算机价格形成信息、计算机价格体系信息等。只有明确了信息检索内容的宽度，才能在信息资源检索过程中做到有的放矢，以最短的检索时间达到最好的信息资源检索效果。

信息资源检索的深度有两个含义：一是指信息资源检索的长度。例如，如果已确定检索硬盘价格信息，但硬盘价格信息又包括很多年份，需要哪些年份的价格信息呢？过去的所有硬盘价格信息是否都需要？未来的硬盘价格预测信息是否也需要？所有这些就是信息的深度问题；二是指是否需要索取信息的根源。在上例中，如果已检索到所需要的硬盘价格信息，还要不要索取信息原件呢？这也属于信息的深度问题。确定了信息资源检索的深度，才能使信息资源检索一步到位，避免重复劳动。

（2）选择检索工具

信息资源检索的工具很多，主要有目录、索引、文摘、搜索引擎等。在检索过程中应根据需要科学地选择合适的信息检索工具。

（3）选择检索途径

信息检索总是根据信息的某种外表特征和内容特征来查找并索取信息资料的，这些特征被称为信息资源的检索途径，包括分类途径、主题途径、信息名称途径、信息提供者途径、序号途径等，检索时可以根据需要加以选择。如果检索途径选择不当，就可能会造成漏检和误检，影响信息资源检索的效果。

（4）选择检索方法

选择检索方法的目的在于寻求花费时间少、查获信息资料全的有效方法。检索方法很多，在检索过程中应根据检索系统的功能和检索者的实际需求，灵活运用各种检索方法，以达到满意的检索效果。常用的检索方法有顺查、倒查、抽查、追溯、分段、浏览等。顺查法就是按照时间由远而近的顺序检索；倒查法与之相反，是按照时间由近而远的顺序检索的；抽查是抽取某一个时间段的信息进行检索，就像我们在计算机资源管理器中采用查找文件功能时限定查找某一时间范围内的目标一样；追溯法也叫追踪法或引文追溯法，是根据已掌握的文献或资料中的引文和参考文献追踪相关信息的方法。

（5）实施信息查找

（6）调取信息资料

调取信息资料既可能是指将信息资料调取出来，也可能是指为信息需求者提供复印、打印服务，还可能是指将信息资料直接提供给需求者使用。

4.4 信息加工与分析

信息加工和分析是信息处理和再生的过程。采集来的信息，经过处理才能更好地被利用，经过分析才能再生出新的信息和知识。

4.4.1 信息加工

信息加工就是指将采集来的大量原始信息进行筛选和判别、分类和排序、计算和研究、著录和标引、编目和组织从而使之成为二次信息的活动。信息加工的主要作用是去除糟粕、信息整序和综合创新。在大量的原始信息中，不可避免会存在着一些假信息和伪信息，只有经过认真筛选和判别，才能防止和避免鱼目混珠、真假难辨，并防止在信息传递和使用中误人害己，造成事业和经济上的重大损失。原始信息大多数呈现出零乱、孤立的状态，根本无法存储、传递和使用，只有对其进行有效地分类和排序，才有可能使之成为规则、有序、系统的二次信息，并方便存储、检索、传递和使用。对采集得来的信息进行分析比较、计算研究之后，可能会创造出新的信息。

1. 信息筛选和判别

信息的筛选和判别是指对原始信息有无作用的筛检和挑选，或是对原始信息真伪的判断和鉴别。

（1）信息筛选和判别的基本程序

① 信息整理　信息整理是信息筛选和判别的前提，信息整理要求将杂乱的信息进行有规则的放置，以方便今后进一步开展工作。

② 浏览审阅　浏览审阅的目的是将错误明显或者无用的信息清除掉，而保留真正有用的信息，对一时无法确定其去留的信息则暂时放置一边留待进一步处理。

③ 再次审核　对一时拿不准的信息必须采取会诊或者其他科学方法，再次对其分析研究，以确定其取舍，提高信息筛选和判别的准确性。

（2）信息筛选和判别过程中应关注的内容

在信息筛选和判别过程中，应该重点关注的内容包括：虚构信息、添剥信息、拼凑信息、夸张信息、偏颇信息、残缺信息、模糊信息、走样信息。

（3）信息筛选和判别的基本方法

信息筛选和判别的基本方法包括：感官判断法、分析比较法、集体讨论法、专家裁决法、数学核算法和现场核实法等。

2. 信息分类和排序

信息的分类是指根据选定的分类表，对杂乱无章的原始信息进行分门别类。信息的排序是指在信息分类的基础上，按照一定规律前后排列成序。

（1）确定分类方法

确定信息分类方法是实施信息分拣的基础或者前提。信息分类的具体方法包括地区分类法、时间分类法、内容分类法、主题分类法以及综合分类法。其中综合分类法是指以时间、地区、内容、主题为依据综合划分信息资源的一种方法，综合分类法还可以进一步细分为时间地区分类法、内容地区分类法等。

(2) 实施信息分拣

根据确定信息分类方法的要求对信息资料进行分拣、归类，以方便各环节对信息进行排序。

(3) 进行信息排序

通过信息排序可以使之成为井然有序的信息体系。如按分类编号顺序排序、按题目的字母或拼音顺序排序、按笔画顺序排序、按时间顺序排序等。排序的目的是方便检索。

3. 信息著录标引

信息的著录是指按照一定的标准和格式，对原始信息的外表特征（如名称、来源、加工者等）和物质特征（如载体形式等）进行描述并记载下来的活动。著录是指在编制文献目录时，对文献内容和形式特征进行分析、选择和记录的过程。著录的结果是条目，它是反映文献内容和形式特征的著录项目的组合。将一批条目按照一定的次序编排就形成了目录，目录是信息检索的一种工具。信息的标引是指对著录后的信息载体按照一定规律加注标识符号的活动过程。它通过分析信息的内容属性（特征）及相关外表属性，并用特定语言表达分析出的属性或特征，从而赋予信息以检索标识。标引有两种主要类型，即采用分类语言的分类标引和采用主题语言的主题标引。信息的著录和标引主要依据元数据。元数据是关于数据的数据，是专门用来描述数据的特征和属性，描述和组织信息资源，发现信息资源的语言和工具。

信息著录包括如下步骤：

① 做好前期准备工作。

② 确定信息著录格式。

③ 加注标识符号。

信息标引包括如下步骤：

① 选择和熟悉分类表。

② 进行主题分析。

③ 归入最恰当的类。

④ 审校。

4. 信息编目和组织

信息的编目和组织，是指按照一定的规则将著录和标引的结果另外编制成简明的目录，提供给信息需求者作为查找信息工具的活动。

信息编目的基本程序包括：

① 注意选择编目形式。

② 实施目录编制。

③ 实施目录组织。

目录组织是指将编制好的目录形式组织成一个目录体系，以方便用户使用。信息目录组织的具体方法包括：

① 内容目录的组织方法　将内容目录组织成目录体系的方法，通常是按分类号的顺序进行排列。

② 其他目录的组织方法　主题目录、题名目录、著者目录这三种目录的组织可采用笔顺法、笔画法、拼音法等组织方法。

4.4.2 信息分析

信息分析是对各种相关信息的深度加工，是一种深层次或高层次的信息服务，是一项具有研究性质的智能活动。通过信息分析，能够形成有价值的新信息，使信息增值。

1. 什么是信息分析

信息分析是指以社会用户的特定需求为依托，以定性和定量研究方法为手段，通过对信息的整理、鉴别、评价、分析、综合等系列化加工过程，形成新的、增值的信息产品，最终为不同层次的科学决策服务的一项具有科研性质的智能活动。

2. 信息分析的方法

信息分析是一项综合性很强的思维活动，需要运用各种方法、手段将获得的经过整理加工后的信息进行定性或定量分析，得出结论。信息分析方法可以分为定性分析方法、定量分析方法以及定性和定量相结合的分析方法三大类。

定性分析方法是指关于研究对象的质的方面的分析，包括定性的比较、分类、类比、分析和综合、归纳和演绎等方法。主要是分析与综合、相关与对比、归纳与演绎等各种逻辑学方法。定性分析方法适用于那些不需要或不可能用定量方法进行分析的问题。信息分析工作中较常用的定性分析方法有：

① 综合法　对与某一研究对象相关的各种来源、各种内容的信息，按特定的目的进行归纳汇集而成的完整的、系统的信息集合的方法。

② 对比法　根据两种以上同类事物各自相关的信息来辨别它们的异同或优劣的方法。

③ 相关法　利用事物之间内在的或现象上的联系，从一种或几种已知事物的有关信息判断未知事物的方法。

④ 因果法　根据事物之间固有的因果关系，利用已占有的情报，由原因推导出结果或由结果探究其原因的方法。

信息的定量分析方法强调对数据的分析，通过建立数学模型等可重复检验的手段表达数据的内涵，从而保证信息分析活动成为建立在可靠基础上的科学研究活动，它是一种高度抽象的方法。信息分析工作中较常用的定量方法有：

① 文献计量分析法　它是基于文献量的变化与科学技术的发展之间存在着一定的内在联系，从而可以利用文献量的变化建立表征这一内在联系的方程式，据以了解科学技术的历史、现状和发展趋势。

② 插值法　包括内插法和外推法。这是一种研究由已知数据构成的特定函数的变化规律，在其变化过程的内涵上(内插)或变化过程的外延上(外推)，取某函数近似值以代替无法求得的实际数据的方法。

③ 回归分析法　通过处理已知数据来探寻这些数据的变化规律，并以此建立相应的回归方程式，再根据该方程式来预测未来发展的一种数理统计方法。可分为一元、二元和多元线性及非线性回归法等。

④ 决策分析法　以决策科学和运筹学为基础，主要有决策树、线性规划、动态规划等。

⑤ 预测分析法　以概率论为其主要理论基础，对客观世界大量的随机事件进行探索的一种方法。时间序列分析和马尔柯夫分析都是常用的预测分析方法。

定性分析与定量分析相结合的方法可以充分发挥各自的优点，相互补充两种方法的不足，这样既可以通过定性分析把握信息研究的重心和方向，侧重于物理模型的建立和数据意义，又可以通过定量研究为信息分析结果提供数量依据，侧重于数学模型的建立和求解。这两种方法的有机结合，使得信息分析得出的结论更加准确和可靠，更加符合实际需要。

3. 逻辑分析法

信息分析中的逻辑分析方法是建立在逻辑推理和辩证分析的基础上，根据已知信息，运用分析与综合、演绎与归纳、相关和比较等一系列逻辑思维手段来揭示研究对象的本质、发展规律和因果关系。常用逻辑分析方法包括比较法、分析与综合、推理等。比较也称对比，就是对照各个研究对象，以确定其间差异点和共同点的一种逻辑思维方法。比较实际上就是对研究对象的某些共同特性或属性进行对比，所以在对比时必须对反映事物本质的特征或属性进行分解和分析，并从中确定其主要特征、属性和次要特征、属性，做到抓住主要特征和属性，并尽可能多地分析次要特征和属性。例如，信息科学与香农信息论的区别就可以用比较法说明，如表 4-1 所示。

分析与综合是揭示个别与一般、现象与本质的内在联系的逻辑思维方法，是科学抽象的主要手段，它主要解决部分和整体的问题。由于信息分析活动中研究的客体往往不是独立、纯粹的，往往具有多样性、复杂性和层次性，而分析与综合的应用正好可以解决这个问题，因此是我们在信息分析和研究中应用较多的一种方法。分析常用的方法有因果分析、表象和本质分析、相关分析。

表 4-1 信息科学与 Shannon 信息论的区别（引自钟义信《信息科学原理》p22 表 1. 2. 1）

比较项目	信息科学	香农信息论
研究面向	智能系统	通信系统（智能系统的一个环节）
研究目标	扩展智力功能	扩展信息传递功能（智力功能的一部分）
研究对象	全信息	统计语法信息（全信息的一个特例）
研究内容	信息全过程	信息传递过程（全过程的一个子过程）
研究方法	信息科学方法论	统计方法（原有方法）

利用表象和本质分析，可达到由表及里、透过事物表象把握其本质的目的。

相关分析是利用事物发生和发展的相互关联，采取由此及彼的方法，由已知推测未知的。我国民间的很多谚语，如“瑞雪兆丰年”、“朝霞不出门，晚霞行千里”等就是很好的例证。

综合是分析的逆过程，是将与研究对象有关的片面、分散、众多的各个要素（情况、数据、素材等）进行归纳，从错综复杂的现象中探索它们之间的相互关系，从整体的角度把握事物的本质和规律，通观事物发展的全貌和全过程，获得新知识、新结论的一种逻辑思维方法。

4. 文献计量学方法

文献计量学这一术语最早是 1969 年由英国人 A · 普里查德（Alan Britchard）提出的。它是以文献体系和文献计量特征为研究对象，采用数学、统计学等计量方法，研究文献情报的分布结构、数量关系、变化规律和定量管理，并进而探讨科学技术的某些结构、特征和规律的一门学科。其计量对象主要是：文献量（各种出版物，尤以期刊论文和引文居多）、作者数（个人集体或团体）、词汇数（各种文献标识，其中以叙词居多）。与它密切相关的两个术语是科学计量学和情报计量学。

文献计量学中常用的三大定律有描述文献分散规律的布拉德福定律、描述科学工作者人数与其所著论文之间关系的洛特卡定律和描述词汇在科技文献中的使用和出现频率的齐普夫定律。文献数量随时间的变化不断增长，研究科学文献增长规律可以间接反映知识增长的速度，从一个侧面揭示科技发展的规律，而且还可以为情报的搜集和获取提供一种预测方法。文献学家普赖斯在《巴比伦以来的科学》一书中指出，从 1750 年起，科学杂志的数量大约每 50 年增长 10 倍。以科学文献累积量为纵轴，以历史年代为横轴，把各个年代的科学文献量在坐标图上逐点描绘出来，然后以一条光滑曲线连接各点，就十分近似地表征了科学文献随时间增长的规律，这就是著名的普赖斯曲线。通过分析，普赖斯发现科学文献增长与时间成指数函数关系。科技文献随时间的推移，使用频次逐渐减少的现象称为文献老化现象。1971 年，普赖斯提出一个衡量文献老化的数量指标——普赖斯指数。其定义为：在某一知识领域内，把对年限不超过五年的文献的引文数量与引文总量之比当做指数，用以量度文献的老化速度和程度。普赖斯指数计算公式如下：

普赖斯指数 = 被引文献数量（小于或等于 5 年）/被引文献总量 × 100%。

科学文献的引用与被引用，说明了科学知识和情报内容的继承和利用，标志着科学的发展。引用文献与被引用文献在学科上相互关联，这种相关性建立了科学文献在学科上的有机联系。文献的引文能够展示科学发展进程中各事件之间的联系和发展。因此，引文分析是文献计量学的重要方法。所谓引文，就是指在某一篇论文中，援引已知事实时，标记出来构成其来源或出处的那些文献。引文分析就是从引文入手，利用图书馆学、统计学等方法，对科技论文中的引证与被引证现象，进行不同角度的统计、分析与评价。前面提到的影响因子就是引文分析中衡量科技期刊发文被引率的一个常用指标。

随着互联网的发展，信息资源网络化的程度越来越高，网络上的信息交流日渐频繁，网络计量学也逐渐兴起。网络计量学应用文献计量学及信息技术，对网上信息的组织、存储、分布、传递、相互引证和开发利用等进行定量描述和统计分析，以揭示其数量特征和内在规律。网络计量学的主要研究对象是 Internet 提供的站点、主页、电子邮件、论坛、博客等媒介和内容，研究内容有信息网络的数量、范围和对象领域，按国家划分的网络分布，按规模和数量、类型划分的网络信息容量，各种媒介分布，网络反应时间、登录状况评估等。万维网的研究测度与计量，以及电子图书、期刊、图书馆和参考资源等也是在其研究范畴。

类似于文献计量学的引文分析，链接分析是网络计量学的一个主要内容，也是 Web 数据挖掘的重要方法。链接分析源于 Web 上的超链接分析，现在指利用信息技术借助文档间的相互关联，对文档自身的特征进行深入分析。主要包括 Web 结构研究、链接增长规律研究、链接分类研究、链接分析算法和分析工具研究。

5. 数据挖掘

例 4-2 啤酒和尿布的关系

可能很多人不相信啤酒和尿布会有关系，但是这却是数据挖掘的经典故事。这是个发生在美国最大的连锁超市沃尔玛的故事，某个夏季，沃尔玛的销售数据显示这段时间啤酒和纸尿布的销售量同时有大幅度提升。通过对销售记录的分析，发现的确是有很多顾客同时购买了这两样商品，于是他们又进一步派人在卖场观察，最后发现，同时购买这两种商品的顾客都是 25～35 岁的男性，也就是家里有婴儿的爸爸们。他们下班后经常会按照太太的吩咐去买纸尿布，同时顺带给自己买几瓶啤酒。于是沃尔玛重新调整了货架，把啤酒和纸尿布的货架摆在靠近的位置，又加上一些促销手段，使啤酒和纸尿布的销量又进一步提高了。

在诸多的信息分析方法中，数据挖掘是不能不提的。不仅因为有例 4-2 沃尔玛的经典案例，而且在如今信息爆炸的时代，如何从大量看似不相干的数据中找出有价值的信息是各行各业都非常关心的问题。数据挖掘是从大量的、不完全的、有噪声的、模糊的、随机的实际应用数据中，提取隐含在其中的、人们事先不知道的、但又是潜在有用的信息和知识的过程。正如例 4-2 中发现啤酒和尿布的关系一样，数据挖掘能够对商业数据库中的大量业务数据进行抽取、转换、分析和其他模型化处理，从中提取辅助商业决策的关键性数据。同样，数据挖掘在科学研究、社会问题研究以及公共福利和健康问题研究中都得到了广泛应用。数据挖掘的主要任务有数据抽取分类发现、聚类和关联规则发现。常用的数据挖掘方法和技术手段有：

① 关联分析，即利用关联规则进行数据挖掘。关联分析的目的是挖掘隐藏在数据间的相互关系。

② 决策树，以树型结构表示分类或决策集合，产生规则和发现规律，寻找数据库中具有最大信息量的字段，建立决策树的一个人工智能和识别技术。

③ 粗糙集，一种研究不完整、不确定知识和数据的表达、学习和归纳的理论方法。

④ 人工神经网络，仿照生理神经网络结构的非线形预测模型，通过学习进行模式识别。

⑤ 遗传算法，基于进化理论，并采用遗传结合、遗传变异以及自然选择等设计方法的优化技术。

⑥ 归纳学习，从大量的经验数据中归纳抽取出一般的规则和模式。

Web 挖掘是数据挖掘在 Web 上的应用，它利用数据挖掘技术从与 WWW 相关的资源和行为中抽取感兴趣的、有用的模式和隐含信息，涉及 Web 技术、数据挖掘、计算机语言学、信息学等多个领域，是一项综合技术。Web 挖掘主要包括 Web 内容挖掘和 Web 访问记录挖掘。Web 内容挖掘是指对 Web 页面内容及后台交易数据库进行挖掘，从 Web 文档内容及其描述中的内容信息中获取有用知识的过程。Web 访问记录挖掘是通过挖掘相应站点的日志文件和相关数据，发现该站点上的浏览者的行为模式，获取有价值的信息的过程。前面提到的链接分析就是 Web 挖掘的重要方法和技术手段。链接分析可以通过链接和内容、网站地图等发现 Web 结构，找到有价值的站点、页面和内容。

4.5 知识管理

4.5.1 知识管理的概念

例 4-3 小矮人的故事

传说曾经有七个小矮人因为受到了可怕咒语的诅咒，而被关到一座与世隔绝的城堡里。他们找不到任何人可以求助，没有粮食，没有水，七个小矮人越来越绝望。其实这是神灵对他们关于团结、智慧、知识、合作的一次考验。一个叫阿基米德的小矮人第一个收到守护神雅典娜的托梦。雅典娜告诉他，除了他们呆的那间阴湿的储藏室以外，在这个城堡里还有其他的 25 个房间。其中有 1 个房间里有一些蜂蜜和水，够他们维持一段时间，而在另外的 24

个房间里有石头，其中有240个玫瑰红的灵石，收集到这240块灵石，并把它们排成一个圈的形状，可怕的咒语就会解除，他们就能逃离厄运，重归自己的家园。阿基米德迫不及待地把这个梦告诉了其他的六个伙伴，可是只有爱丽丝和苏格拉底愿意和他一起去努力，其他四个人都不肯相信他。开始的几天，爱丽丝想先去找些木柴生火，以便既能取暖又能让房间里有些光线；苏格拉底想先去找那个有食物的房间；而阿基米德想快点把240块灵石找齐，好快点让咒语解除；三个人无法统一意见，于是决定各找各的，但几天下来，三个人都没有成果，倒是耗得筋疲力尽了，更遭到了其他四个人的嘲笑。但是三个人没有放弃，失败让他们意识到应该团结起来。他们决定，先找火种，再找吃的，最后大家一起找灵石。这是个灵验的方法，三个人很快在左边第二个房间里找到了大量的蜂蜜和水。当他们饱餐后带着食物回到了被困的房间分给其他四个人。温饱的希望改变了其他四个人的想法，他们后悔自己开始时的愚蠢，并主动要求要和阿基米德他们一同寻找灵石，解除那可恨的咒语。小矮人们从这件事中，发现了一个让它们终生受益的道理：知识不过是一种工具，只有通过人与人之间沟通、互补，才能发挥它的全部能量。

为了提高效率，阿基米德决定把七个人兵分两路：原来的三个人继续从左边找，而特洛伊等四人则从右边找。但问题很快就出来了，由于前三天一直都坐在原地，特洛伊等四人根本没有任何的方向感，城堡对于他们来说像个迷宫，他们几乎就是在原地打转。阿基米德果断地重新分配，爱丽丝和苏格拉底各带一人，用自己的诀窍和经验指导他们慢慢地熟悉城堡。然而，事情并不如想象中那么顺利，先是苏格拉底和特洛伊那组，他们总是嫌其他两个组员太慢；后来，当过花农的梅丽莎发现，大家找来的石头里大部分都不是玫瑰红的；最后由于地形不熟，大家经常日复一日地在同一个房间里找灵石。大家又开始慢慢丧失信心了。小矮人们都没有注意到一个问题：阻力来自于不信任和非正常干扰。性子急的苏格拉底先开口："你们怎么回事，一天只能找到两三个有石头的房间？"

爱丽丝答道："那么多房间，门上又没有写哪个是有石头的，哪个是没有的，当然会找很长时间了！"

苏格拉底反问到："难道你们没有注意到，门锁是上孔的都是没有的，门锁是十字形的都是有石头的吗？"

"干嘛不早说呢？害得我们做了那么多无用功。"其他人听到这儿，似乎有点生气……

经过交流，大家才发现，原来他们有些人可能找准房间很快，但可能在房间里找到的石头都是错的；而那些找得非常准的人，往往又速度太慢。于是，在爱丽丝的提议下，大家决定每天开一次会，交流经验和窍门，然后，把很有用的那些都抄在能照到亮光的墙上，提醒大家，省得再去走弯路。这面墙上的第一条经验就是：将我们宝贵的经验与更多的伙伴们分享，我们才有可能最快地走出困境。

在七个人的通力协作下，他们终于找齐了所有的灵石，但就在这时苏格拉底停止了呼吸。大家极度震惊和恐惧之余，火种突然又灭了。没有火种，就没有光线，没有光线，大家就根本没有办法把石头排成一个圈。大家都纷纷地来帮忙生火，哪知道，六个人费了半天的劲，还是无法生火，以前生火的事都是苏格拉底干的。寒冷、黑暗和恐惧再一次向小矮人们袭来，灰暗的情绪波及了每一个人，阿基米德非常后悔当初没有向苏格拉底学习生火，他又悟出了一个道理：在一个团队里，不能让核心技术只掌握在一个人手里。在神灵的眷顾下，最终，火还是被生起来了。小矮人们胜利了！

例 4-3 中小矮人的胜利说明了一个道理，知识通过有效的管理，最终将变成生产力。因此这个寓言故事也成了知识管理的经典故事。

1. 什么是知识管理?

说到知识管理，首先要明确知识管理的含义，有人认为知识管理是对知识的管理，也有人认为知识管理是利用知识进行管理。因此，从组织的角度出发定义的知识管理概念有：知识管理是指一个组织整体上对知识的获取、存储、学习、共享、创新的管理过程，目的是提高组织中知识工作者的生产力，提高组织的应变能力和反应速度，创新商业模式，增强核心竞争力。知识管理是企业实现显性知识和隐性知识共享的新途径，知识管理是利用集体的智慧提高企业的应变和创新能力。然而，随着知识管理的发展，人们已经普遍接受，知识管理不仅是企业或组织的特权，个人也需要知识管理。根据 2009 年我国出台的知识管理国家标准的《知识管理　第 1 部分：框架》(GB/T 23703. 1—2009)对知识管理概念的定义：知识管理就是对知识、知识创造过程和知识的应用进行规划和管理的活动。这一概念涵盖了组织知识管理和个人知识管理，是一个完整的知识管理概念范畴。

2. 组织知识管理

从知识管理的定义可以看到，通常人们说的知识管理就是一个组织的知识管理。经济全球化是当今世界经济发展的一个重要特征，知识爆炸时代，信息和知识已成为企业财富的核心。在农耕时代，土地和牲口的数量是衡量财富多少的标准，在工业时代，机器、厂房和资本的占有量是财富的代表，而在知识经济时代，知识的多寡与运用能力成为企业的财富。知识是人们在认识世界、改造世界中所获得的认知，包括积累经验的综合。知识管理可以看做组织(包括企业)运用知识资产达到组织目标的一个优化过程。组织的知识管理是基于一定的假设前提的，即知识值得管理、组织能从知识管理获益、知识能够被管理以及知识管理风险很小。如果知识不值得管理，知识管理就没有必要存在；如果组织不能从知识管理收益，那么组织就不会愿意支付时间和经济成本管理知识；如果知识不能够被管理，知识管理也无立足之地；如果知识管理存在很大风险，组织也不会愿意采纳知识管理。因此必须在这些假设前提成立的情况下，组织的知识管理才有生命力。

组织知识管理包括几个方面工作：建立知识库；促进员工的知识交流；建立尊重知识的内部环境；把知识作为资产来管理。它的目标从重复使用组织所拥有的知识，利用知识不断改善决策质量，留下员工和团队的知识，分享知识，最终达到可以运用客户的知识。

知识管理首先是对一个组织集体的知识与技能的捕获，这些知识和技能可能是存在于组织内部的数据库中、被印刷于纸上或者是存在于组织成员的大脑里，然后将这些知识与技能传递到能够帮助组织实现最大产出或提高工作效率的任何地方。组织知识管理的内容包括：知识创新管理；知识共享管理；知识应用管理；学习型组织；知识资产管理；知识管理的激励系统；知识管理的技术与工具；知识产品的定价与版本；知识员工的管理；学习与创新训练等十余个方面。

组织知识管理涉及的技术有：文档管理、知识门户、数据挖掘与知识发现、搜索引擎、智能检索技术、专家系统、电子会议、在线学习以及群件等。这些技术能够帮助组织获取、存储、检索、传递和共享知识。知识管理是企业现代化管理的目标。

知识管理国家标准框架中定义的组织知识管理概念模型指出，知识管理应根据组织的核心业务，鉴别组织的知识资产，开展管理活动：鉴别知识、创造知识、获取知识、存储知识、共享知识和使用知识；知识管理实施，应从三个维度建立组织内的知识管理设施：组织文化、技术设施、组织结构和制度。

3. 个人知识管理

个人知识管理是近几年发展起来的一个知识管理分支领域。个人知识管理一般指个人通过工具建立知识体系并不断完善，进行知识的收集、消化吸收和创新的过程。个人知识管理与组织知识管理并没有本质区别，但由于是针对个体，所以有它自身的特点。大概很多人都有这样的经历，每到要写报告的时候都要花时间上网查资料，有些时候明明知道自己应该有某些资料，但到了用的时候总是花很长时间也找不到，于是又重新花时间检索、下载，等到下载了以后，发现自己的资料原来就在某个文件夹里。这就是缺乏有效的个人知识管理的表现。

跟组织知识管理一样，个人知识管理也包括知识获取、存储、共享、创新的管理过程。个人知识获取，就是知识的收集，是每个人学习知识和积累经验的过程。个人知识存储是有效管理自身所拥有的各种知识和信息载体的过程。选择有效的工具和养成良好的习惯是提高个人知识存储能力的保证。个人知识管理软件是有效的工具，而个人知识存储良好的习惯包括采用有规则的命名方式、文档分类存放以及定期更新整理。知识型工作者唯一的资本就是“知识”，系统化的管理“个人知识”，可以提高个人竞争力。知识是需要共享的，尽管个人没有组织那样主动的愿意进行知识共享管理，但是在共享经验型知识和个人掌握的显性知识仍然是非常必要的，维基百科、百度知道、各种论坛、博客等都是个人知识共享的渠道。每个人都可以从这些地方获取自己需要的知识和信息，也可以通过这些地方与人分享自己拥有的知识和信息。知识只有被利用才有价值，在利用知识的同时，个人通过对已有知识的总结和加工，能够创造新的知识，这就是个人知识创新。

个人知识管理工具是帮助我们进行有效知识管理的武器，可以让我们养成良好的知识管理习惯，根据个人知识管理的内容，个人知识管理工具分为个人知识获取工具、个人知识存储工具、个人知识共享工具和个人知识创新工具。

4.5.2 知识管理工具

知识管理离不开技术工具的辅助和支持，从知识鉴别、知识获取、知识创造，到知识存储、知识共享和知识利用，各种知识管理系统和平台都起着重要的作用。

1. 知识地图

知识地图是一种图形方式的知识索引和向导，它描述组织内各种知识源的分布、联系及实践中的发展变化状态，使用者能够从中直观、清晰、快速地获取到需要的各种知识。可见，知识地图是一种知识获取工具。自从知识管理专家布鲁克斯(B. C. Brooks)提出知识地图概念以来，它就被当做知识定位和获取的有效工具而被广泛接受。许多组织的知识管理系统和知识门户都提供知识地图，供使用者快速定位查找需要的相关知识。一个典型的知识地图建设与应用案例来自软件领域的巨鳄微软公司。

例 4-4 微软的知识地图

1995 年 10 月，微软的资讯系统小组开始了一项名为“技能规划与开发”(SPD——Skills Planning and Development)的计划。他们把每个系统开发人员的工作能力和某特定工作所需要的知识制作成地图，以协助公司维持业界的领导地位，同时让员工与团队间的配合更加默契。微软的这一计划分为五个主要阶段：为知识能力的形态与程度建立起架构；明确某特定工作所需要的知识；为个别员工在特定工作中的知识能力表现评分；在线上系统执行知识能力的搜寻；将知识模型和教育训练计划结合起来。对于员工的知识能力，微软采用了基础水准能力、地区性或独特性的知识能力、全球水准能力和普遍性能力四种知识结构形态来评估。这四种基本能力各自拥有显性和隐性两种形态，共有137项隐性能力，200项显性能力。每一种能力又分为基本、工作、领导、专家四个能力水准，每一个能力水准用三到四个要点加以说明，既清晰又易于衡量，可以避免工作与员工评价时混淆不清。为了达到工作与员工能力契合的目的，微软IT部门的每一项工作都要以所需能力水准来说明。对员工的评估过程最初是由员工与其上司互动进行的，最后整个小组都参与，这就提供了一个彼此了解员工能力的机会，可以协助微软建立起运用于全公司的能力库存。因此，当管理者想为新专案建立团队时，只要向这个系统咨询就可以找到符合工作条件的员工。员工也可以通过这个系统找到所需的知识。

正是由于知识地图的这些好处，制作知识地图也成为组织建设知识管理系统的重要内容，因此，辅助制作知识地图的工具也应运而生，如由KnowlegeX公司推出的KnowledgeX Analyst，KnowledgeX Context Miner，KnowledgeX Site Harvester等系列知识工具可以帮助使用者建立一个包含相互联系的合同、文档、事件等元素所构成的知识地图。

2. 搜索引擎

搜索引擎也是快速获取知识的有效工具之一。常见的Internet搜索引擎，如雅虎、百度和搜狐等可以通过关键词和组合关键词实行模糊和精确的知识搜索，并可以根据相似度调整出现的顺序。此外，还有一些不断涌现和完善的行业垂直搜索引擎，专门提供某个行业或领域的相关搜索，如农业搜索引擎、音乐搜索引擎、地图搜索引擎、图片搜索引擎等。而目前的一些知识管理系统推出的知识搜索引擎，可以帮助使用者更加精准地找到所需的知识，这种搜索引擎支持对知识标题、正文、关键词、附件文件名的搜索，还支持对附件文档内容的搜索。在搜索策略上，支持全文与附件的组合关键字搜索，支持搜索结果的相关度排序和知识访问率排序，而且还可以支持搜索引擎与维度绑定，在维度范围内进行关键词搜索。如北京深蓝海域信息科技有限公司推出的知识搜索引擎CICADA。

3. 知识门户

知识门户是具有信息集成、知识分类、个性化展示和系统资源管理的集成环境，是组织员工日常工作所涉及相关主题内容的统一入口，员工可以通过它方便地了解当天的最新消息、当天的工作内容、完成这些工作所需的知识等。通过组织知识门户，任何员工都可以实时地与工作团队中的其他成员取得联系、寻找到能够提供帮助的专家或者快速连接到相关的知识。组织知识门户的使用对象是组织员工，它可以提高组织范围内的知识共享，并由此提高员工的工作效率。现在国内很多知识管理软件公司都推出各自的知识门户产品，如深圳市蓝凌软件股份有限公司的EKP。

4. 文档管理系统

文档管理系统是组织的知识资产管理工具，它用来存储和管理组织的各种文本文档和图片文档等知识资产。其所管理的文档可能是商务合同、会议记录、产品手册、客户资料、设计文档、推广文案、竞争对手资料、项目文档等。文档管理系统为知识门户和知识搜索引擎提供资源。使用者可以根据权限管理文档结构、管理文件、浏览和查询文件等。一个好的文档管理系统，可以留下员工的知识，不必因员工跳槽而使组织损失应有的知识资产。

5. 知识库

知识库是知识工程中结构化、易操作、易利用、全面有组织的知识集群，是针对某一(或某些)领域问题求解的需要，采用某种(或若干)知识表示方式在计算机存储器中存储、组织、管理和使用的互相联系的知识片集合。这些知识片包括与领域相关的理论知识、事实数据，由专家经验得到的启发式知识，如某领域内有关的定义、定理和运算法则以及常识性知识等。知识库是知识存储与共享的有效工具。组织的知识库为员工和客户提供了知识源。用户可以通过知识库找到问题的答案，技术支持人员也可以通过知识库为客户解答疑难问题。一些大型软件企业的网站都提供相关知识库，如统计分析软件 SAS 的知识库平台 http://support.SAS.com，为用户提供了问题解答，编程参考样例和帮助文档等，再如，微软的在线帮助系统就是一个巨大的知识库，其全部产品的不同版本的帮助和解决方案都可以从中找到相应的答案。这些知识库还具备知识整理和编辑功能，对于在知识库中没有恰当答案的典型提问，系统会进行记录，并在库中增加相应的问题及答案。

6. 群件和工作流系统

知识管理的重要内容之一就是知识共享，群件和协同软件是知识共享工具的主角。此外，论坛、博客、视频会议软件和工作流软件等也是知识共享的有利工具。所谓群件是帮助群组协同工作的软件。在一个工作群体中，各工作者因为时间及所处地点的不一致，造成交流及协调的不便。群件就是针对群体工作而发展出来的技术产品，目的在于促进群体成员的交流合作及资源分享，充分提高群体的工作效率和质量。群件是以计算机网络技术为基础，以交流、协调、合作及信息共享为目标，支持群体工作需要的应用软件。它允许个人和小组成员间进行有效的协同工作而不管他们的地理位置如何。著名的群件有 Lotus Notes 和 Microsoft Exchange 等。

7. 在线学习系统

在线学习系统，也叫 E-learning，能够降低学习成本和促进知识创造。很多大企业如摩托罗拉、思科等，都将自己企业的培训课程放到网上，让员工能够在线学习各种需要的培训课程。在线学习系统主要通过 Internet 进行学习与教学活动，它是充分利用现代信息技术所提供的、具有全新沟通机制与丰富资源的学习环境实现的一种全新学习方式。Web2.0 时代，强调社会性网络和社区的培养，上网者自己进行创造而不是消费，以及信息的分权和自治。这些价值观推动了 E-learning 的进一步发展，学习平台再也不仅仅是个存放课程的空间，而是一扇通向各式服务和知识的大门，学习者有了创造、管理学习内容的权力，并可以定做自己的个人学习空间。这种个人学习环境是以往任何模式所没有的：学习者即使不进入学习平台，也可以通过 RSS 订阅掌握其最新动态，利用 Podcasting 等进行影音留言或讨论，用 HomeMeeting、线上对话等作为考试的媒介，通过专家博客获得相关领域的最新资讯，甚至可以在 3D 虚拟实验室进行虚拟实验等。有的企业还通过推送技术，把员工需要的培训课程和资料直接推送给相关员工。

4.5.3 知识管理软件简介

1. 蓝凌 EKP

深圳蓝凌软件公司是国内知识管理软件的主要厂商之一。蓝凌将企业目标定位为知识管理专家。其推出的知识管理系统融管理思想与 IT 技术，集知识库管理、知识发现与沉淀、知识发布、网上学习与考试、组织文化管理于一体，为企业提供完善的知识管理支撑平台。蓝凌 EKP(Enterprise Knowledge Portal)，是蓝凌推出的以知识管理为理念、以提升组织产能为目标的管理支撑系统。它采用平台化技术架构，涵盖信息门户、协同办公、知识管理、人力资源、商业智能、流程管理、IT 管控等管理领域，为各类型组织提供适合中国式管理特质的个性化企业管理支撑解决方案。该系统由统一数据服务层、核心服务层、知识地图应用层及门户接入组成，其中，数据服务负责文档等非结构化数据、业务等结构化数据，内外部信息的存储、访问与控制，向上提供统一的服务接口；核心服务层提供系统底层服务构件，如流程引擎、内容管理等，提供可重用性；知识地图应用层实现知识地图各应用功能，并以统一的知识门户形式展现。

EKP 的主要功能包括：

① 知识库管理　实现知识分类管理与维护，支持各类知识文档(如规范制度、工作总结、经验案例、技术论文等)的获取、存储、搜索、学习、版本控制、点评、推荐等，促进企业知识的沉淀、共享、学习、应用和创新。

② 人才库管理　构建企业的人才信息库，一方面激发员工实现个人知识管理，另一方面通过提供的专家地图，使员工可以快速找到各类专家并实时向专家提交问题，专家将对问题做出相应答复，各类问题及专家答复均保存在系统中作为企业的知识沉淀下来，使专家的经验得以传播与复制。

③ 业务蓝图库　蓝凌在多年的知识管理研究与实践中，总结、提炼了许多有价值的业务蓝图，企业在实施 EKP 时，可在参考或借鉴业务蓝图库基础上，快速构建自己的门户，降低系统实施风险。

④ 知识管理支持工具　实现对企业知识库中知识的统计、展示和发布，帮助企业推进知识管理应用，包括知识规划、知识跟踪与推进、知识评测、知识审计四大功能。

2. 用友致远的协同管理软件

用友致远是用友软件集团下的协同软件开发商，针对不同规模的企业协同工作的需要，用友致远先后推出了 A3，A6，A8 三款不同量级的协同管理软件。提供协同流程、文档管理、日程事件管理等多种功能。其中，A3 是面向微小型组织的，A6 是面向大、中、小型企业的协同管理需求的产品，A8 是面向集团企业的协同管理平台。其协同办公模块是个人、团队、组织之间传递信息和执行组织管理规则的事务处理工具，完成事务的发起、处理和管理，并记录事务的发展过程和结果，由人通过流程规则来完成事项的办理，并支持规则的成型和管理。在知识管理方面实现了一体化的文档管理，包括组织资讯与知识创造、分享、整合、记录、存取、更新等过程，有效为组织内个人、部门、团队提供知识信息服务。

3. 泛微协同管理应用平台

泛微软件推出的泛微协同管理应用平台(e-cology)基于先进的协同管理理念和设计思想，涵盖信息门户、知识管理、工作流管理、人力资源管理、客户关系管理、项目管理、财务管理、资产管理、数据中心等功能，有效解决信息孤岛、应用孤岛和资源孤岛问题，打破企业管理的各种屏障，让企业的人、财、物、信息、流程等资源集中在统一的平台上进行管理，并实现它们之间的紧密链接和高效协作，从而为企业建立一个全面协同的数字化管理和运营环境。泛微的 E-cology 是完整的知识管理平台，为知识的积累、管理和创新打下良好的基础，适应知识经济的要求。同时提供各种智能的分析工具，为企业考察运营情况、业绩表现、制订商业策略提供决策支持。

4. SynchroFLOW 协同工作流管理系统

西安协同时光软件的协同工作流管理系统 SynchroFLOW 是一个中间件产品，它为企业工作流自动化和企业流程再造提供了一个基础平台，目前的版本是 6.0。SynchroFLOW 拥有工作流引擎、可视化流程建模、流程监控、表单定制、流程迁移、群集、分布式等完善的体系架构。企业可以利用它搭建自己的应用系统。该系统提供了几种开发工具，共同组成一个有机的整体。其中，过程建模工具(ProcessDesigner)使用图形化的方法，让开发者用最少的时间设计或修改企业工作流程；辅助开发工具(FormDesigner)是一个类似于页面设计的图形化应用开发工具，用户可以使用图形化设计方法，开发出动态页面应用，其结果可保存为 html 或 jsp，并具有数据库访问能力；客户端管理工具(ClientManager)为用户提供了包括客户端流程调试框架和客户端监控流程管理，为用户提供了包括组织机构定义、安全管理，应用程序管理、流程监控管理等功能；企业应用开发框架(SynchroFrame)为用户提供了一个全新的应用发布框架，可以方便地将开发的各个业务点挂接起来，迅速搭建企业应用；企业消息平台(SynchroIQ)是针对企业内部的信息即时沟通推出的智能即时消息系统；迁移工具(Import-Export Tool)为用户提供了一个模型的导出、导入功能，可以将一个模型、组织机构、相关的表单等一次性导出，当需要导入时以向导的方式导入，方便灵活。支持跨平台导入导出，可以将 Oracle、Sybase、SqlServer、Db2 任何一个数据系统上的工作流任意组合导入导出，为远程维护和版本升级提供一个简单易用的途径。

5. 源天软件的 Velcro 系统

源天软件的 Velcro 系统是全新的知识管理解决方案，它包括：Velcro Portal，可以使股东、员工、客户、供应商和消费者建立起联系；Velcro Workflow 工作流引擎，可以自定义任意类型的表单和工作流程；Velcro Document，提供了全面知识管理的框架，允许使用者在任何地点和时间发布、存放和创建文档并共享信息。所有的文档都可以经由 Web 浏览器找到并获得；Velcro CRM 将客户信息集成到服务、销售、产品和财务组织中，真正获得对客户 360°的观察，帮助打造以客户为中心的企业；Velcro PM，管理与项目相关的活动、预算、资源和计划，并从矩阵视图观察组织的效能；Velcro HRM，实现全方位人力资源管理，是知识管理流程管理的基础；Velcro Financial，通过 Intranet 和 Internet 进行财务数据的收集和处理，在线分析组织的绩效；Velcro GM 通过支撑任意复杂的组织结构、流程和权限管控要求，实现集团总部对下属企业不同程度的管控。

6. IBM Lotus 知识管理系统

IBM Lotus 知识管理系统的宣传口号是“只有知识管理才是解决之道”。该产品解决方案以互联网和信息技术为基础，帮助企业对与其相关的知识资源进行明晰化、系统化管理，定位拥有专门技能的人，建立团队协作的专家网络，让所有人都能快速、方便地访问或学习所需要的信息和知识。无论是数据库、文档、政策、业务流程还是内部员工头脑中的知识和经验，都能借助该方案得到高效的共享利用，使恰当的知识在恰当的时间通过恰当的场合和载体传递给恰当的人，以实现最佳的企业决策，从而运用集体的智慧来提高整体的应变和创新能力。

该系统包括的模块有知识门户、企业社区、业务流程、内容管理、专家网络和电子协作。通过清晰有序的门户，员工可以方便地了解每日的行政公告、会议、培训通知、新闻事件、内部论坛上的最新话题以及每日的工作内容、完成这些工作所需的知识等。通过企业知识门户，任何员工都可以实时地与工作团队中的其他成员取得联系、寻找到能够提供帮助的专家或是快速地连接到相关门户，从而在浩如烟海的信息资源中永不迷失方向。按照部门和业务类型划分的企业社区可以随时或定期召开网络会议，大家自由发表意见，从而改进员工之间的团队协作，促进知识交流和创新。内部业务流程的处理自动化，能够减少繁琐的批复管理人工流程，实现对业务流程中知识和信息的有效管理。公司活动消息、业务发展通报、相关政策情报、社会市场动态、会议会务通知等信息的自动化发布和流转，能保证企业员工在授权范围内快速、便捷地查找所需要的知识信息。同时，实现对企业信息和知识的有效利用，避免重复劳动。根据员工技能和在某领域的贡献，建立起全公司范围的专家网络。任何人在遇到该领域的问题时，都能及时通过专家网络获取支持和建议。通过建立部门内部、部门间和企业间的高效配合和协作系统，高效、及时地沟通交流，实现跨地区、跨部门的有效协作，提高工作效率，为工作创新提供广阔空间。

4.6 信息传递与共享

4.6.1 信息传递

从古代的烽火台、飞鸽传书，到后来的旗语、信号灯，又到近代的电报、电话、电视以及依托互联网发展的电子邮件和 QQ 一类的网络即时通信工具，人类传递信息的速度和数量已经产生了飞跃，也给我们的生活带来了巨大改变。

1. 什么是信息传递

信息传递是信息价值得以实现的重要条件，它是指以信息提供者为起点，通过传输媒介或者载体，将信息传递给信息接收者的过程。信息传递在信息资源管理的整个过程中具有非常重要的地位。从古至今，有关信息传递的故事不胜枚举：中国古代为了传递敌人来犯的信息，发明了烽火狼烟；著名的马拉松起源于雅典人为了纪年跑步传递胜利的消息；在海上航行的船只间为了传递信息发明了信号旗、信号灯等。

信息本身所具有的使用价值是通过被利用来体现的，在未被使用前，这种价值是潜在的价值，信息在利用过程中实际发挥出来的作用叫做实用价值。信息传递是将信息的潜在价值向实用价值转移的重要环节，离开信息传递，信息的使用价值就会丧失。只有经过传递，信息才能实现其价值，发挥其作用。如果信息长期存储在信息库中，将会逐渐变得毫无用处。只有经过传递，信息才能成为领导决策的依据、组织指挥的前提以及控制的基础。各类组织的主管领导在进行决策、计划、组织、控制、指挥等管理过程中，都离不开信息的传递。

信息传递是指人们为了特定目的而进行的传递行为，它具有强烈的目的性。例如，企业做广告宣传自己的产品，是为了让消费者了解自己产品的优越性。信息传递要求以最快的速度将信息从信源传递到信宿，这是由信息的时效性决定的。信息传递的选择性较强，要求信息的传递者根据实际需要从现有的信息传递工具中选择合适的一种或者几种。信息传递的保密性较强，要求信息的传递者注意信息的传递范围，不得随意扩大信息的接收域，否则会损害使用者的利益。

2. 信息传递的程序

信息传递的过程包括很多环节，对信息传递速度的要求、对信息安全的要求都包含在这些环节中，很难一一列举，但这个过程中可以概括出一套基本的程序，包括完成信息采集或检索、选择传递工具和接收使用信息三个基本程序步骤。

（1）完成信息采集检索

信息采集或检索是信息传递的前提，在需要把信息从发送者传递给接收者或从发送地传递到接收地时，才有传递信息的必要。换句话说就是，只有获取或检索到所需的信息以后才产生传递的需求，才能够有效地传递信息。

（2）选择信息传递工具

信息传递的时效性要求信息的传递者根据实际需要选择合适的信息传递工具，一般要求选择速度快、安全系数高的传递工具。信息传递的常用工具有：语言、报刊杂志、图书、广播电视、电报电话、计算机网络、通信卫星、激光通信、光线通信、电传等。目前，互联网和移动技术为信息传递提供了方便和快捷的途径。电子邮件、即时通信软件成为常用的信息传递工具。

（3）接收使用信息

接收使用信息是信息传递的最后一环。信息的使用者接收到正确的信息以后，就可以直接使用这些信息了。

3. 信息传递技术

信息在时间和空间上都需要进行传递，时间上的传递技术就是前面提到的存储技术，而通常说的信息传递，就是指信息在空间上传递。空间上的信息传递技术也就是通信技术。现代通信技术可以分为有线通信技术和无线通信技术两大类。信息传递过程中涉及很多具体的实用通信技术，其中包括信息的编码/解码、信号传输、信息安全等方面的技术。信息传递的任务一般包括信息发送处理、传输处理和接收处理等环节。发送处理是要把待发送的信息转换为适合于传送的物理信号形式，因此涉及信息编码和信息压缩技术；传输处理涉及对传输信道特性进行均衡补偿的技术，建立物理信号（携带信息）与传输信道特性的匹配，以及改善物理信号抵抗信道干扰影响的能力，因此需要调制解调和信息加密等方面的技术；接收处理则包括在噪声背景中发现和识别携带有用信息的信号，利用在发送处理中建立的约束关系来发现和纠正传输过程中发生的差错，并从密文序列中恢复明文信息，最终完成把信息从空间中的一点传送到另一点的任务。这一过程涉及信息还原和解密等技术。

4.6.2 信息共享

1. 为什么要共享信息

不知你是否还记得知识管理一节的例4-3中小矮人们写在墙上的第一条经验：“将我们宝贵的经验与更多的伙伴们分享，我们才有可能最快地走出困境。”信息共享可以有效地发挥信息的作用。信息共享的目的就是为了充分利用信息，发挥信息的潜在价值。共享性是信息的一个重要特征。信息和信息产品的交流与共用，可以更加合理地达到资源配置，节约社会成本，创造更多的财富。信息共享是提高信息资源利用率，避免在信息采集、存储和管理上重复浪费的一个重要手段。在知识管理一节我们了解到，组织或个人知识管理中知识共享都是重要组成环节。信息共享的作用和价值体现在：信息共享可以使企业准确地查明用户需求并能快速有效地满足这些要求；使用户可以快速得到感兴趣的产品信息和优惠的价格；促进竞争，降低垄断，鼓励商业创新，以满足特定用户的特殊需求；拓展了用户获取能够负担得起的服务和产品的范围；提高效率并有效降低大部分产品和服务成本；促进区域间的交流与合作；有益于发现和阻止欺诈等犯罪行为。正因如此，无论企业和政府还是其他组织都积极推动信息共享。很多政府制定了信息共享的相关法律和规定，并投资进行共享数据资源和共享平台建设。一些国际组织和研究机构也致力于建设共享信息的渠道和资源。

2. 信息共享途径

信息共享可以让共享双方或多方都受益。互联网的普及为信息共享提供了丰富的平台和资源。2005 年 MIT 开放了网络课件，使不同国家和地区的人们通过网络跟世界著名学府的教授学习，享用那里的学习资料；维基百科以及其他各种信息共享资源的建设，拓宽了我们获取信息和知识的能力和范围。如今，政府、科研机构、文献信息服务机构、大学以及其他组织和个人都从各个方面建设共享资源和渠道。按信息提供者划分，信息共享的途径有：政府机构，主要提供政府拥有的信息；大学，提供教育信息资源共享；科研机构，提供科研信息及成果；商业机构，提供与其产品相关的信息资源共享服务；非政府组织，提供其相关领域的共享信息；综合信息服务提供商，如百度等；以及其他团体和个人，如网上的专业论坛、个人空间、博客等。按信息提供方式划分，信息共享的途径可以分为共享平台、共享数据库、信息资源目录、文献和数据传递等。信息共享平台是政府或非政府机构搭建的信息共享的重要途径，例如，中国知网，就是一个大型的文献信息资源共享平台。共享数据库一般是权威机构提供专业数据的途径，比如各国的基础地理空间数据库，可以提供数字化地图和地形图的下载，供科研、生产和生活使用。信息资源目录能提供共享信息的元数据，人们可以通过信息资源目录找到相关信息的提供者、地点及存取方式等。按信息传递的技术划分，信息共享的途径可以有 Web 服务方式、点对点方式、文件服务方式、电子邮件方式、光盘或印刷复制方式等。

3. 信息共享技术

信息共享涉及的技术有信息传递技术、信息存储技术、信息安全技术、信息标准化、信息定位和描述技术、信息转换技术、信息融合技术等。其中，信息标准化是信息共享的前提，信息定位和描述技术是查找和获取信息的依据，信息资源目录就是用来描述和定位共享信息的技术。而存放在不同地理空间位置、以不同数据格式存储的信息要实现共享，就需要信息转换和融合技术。

数据、系统和环境的异构是影响信息共享的主要技术问题之一。产生异构问题的原因有计算机操作系统类型的差异，网络协议标准的差异，数据格式和标准的差异，语言文化的差异等。解决异构的技术有数据库转换技术和数据访问透明技术，如统一资源入口、统一检索平台等。采用标准化的数据存储和转换格式是解决数据格式异构的途径，如采用 PDF、RTF 等标准格式存放文档，采用 JPG、TIF 等格式存储图像文件，采用 RM、Flash、MPEG 等格式存放视频文件等。信息共享和信息安全始终是一对矛盾，因此，信息安全访问、信息加密以及版权保护等技术也是信息共享中的关键技术。

◎关键词

信息采集　信息源　信息需求　信息存储　信息检索　信息加工　信息分析　数据挖掘

知识管理　信息传递　信息共享

◎本章小结

本章围绕狭义信息资源管理过程，重点阐述了信息采集、存储、检索、加工、传递等各个主要环节的概念、主要内容、方法和技术等。

首先，介绍了信息需求分析和信息源的选择对信息采集的重要性和不同类型的信息用户对信息需求的差异，决策和信息需求，以及信息采集的原则、方法和途径等。

其次，介绍了信息存储和信息检索两个环节的概念、原则、类型以及信息存储技术和信息检索程序。

然后，阐述了信息加工的内容和步骤，重点介绍了利用信息分析实现信息再生的技术和方法，介绍了常用的逻辑分析法、文献计量学方法和数据挖掘等主要信息分析方法。还介绍了知识管理的相关概念，知识管理的主要工具以及国内主流知识管理系统。

最后，介绍了信息传递的概念、程序和技术，以及信息共享的途径和技术。

◎练习题

1. 什么是信息需求？信息需求和信息用户有什么关系？组织信息需求的特征？
2. 什么是信息采集？
3. 分析信息源的目的是什么？文献信息源有何特点？
4. 信息采集的基本原则是什么？
5. 信息采集的主要方法有哪些？
6. 信息存储的基本原则有哪些？
7. 信息存储的主要技术包括什么？
8. 在信息筛选和判别过程中，应该重点关注哪些内容？
9. 信息分类的主要方法有哪些？
10. 信息著录和标引的目的是什么？什么是元数据？
11. 信息分析常用的定性分析方法有哪些？
12. 信息分析常用的定量分析方法有哪些？
13. 逻辑分析方法是什么？常用逻辑分析方法有哪些？
14. 文献计量学计量什么？文献计量学三大定律是什么？
15. 普赖斯指数是指什么？有什么作用？
16. 引文分析法有什么用？什么是引文？
17. 链接分析的概念是什么？
18. 什么是数据挖掘？常用的数据挖掘方法和技术包括什么？
19. 什么是知识管理？组织知识管理有哪些内容？组织知识管理涉及哪些技术？
20. 什么是个人知识管理？为什么要进行个人知识管理？
21. 常用的知识管理工具有哪些？
22. 什么是知识地图？什么是知识门户？
23. 信息传递的常用工具有哪些？
24. 信息共享的途径有哪些？信息共享涉及的关键技术是什么？

◎网络学习题

1. 专用信息库的应用，访问中国知网、万方数据库网站，查询信息资源管理相关信息；比较它们提供的检索策略和信息分类以及检索结果的排序方式有何差异。

2. 云计算是未来的计算服务模式，云计算和云存储都是IT界的高频词，请利用网络学习和了解云存储的概念、相关技术和发展趋势。

3. 访问中国知识管理中心(http://www.kmcenter.org)学习和了解知识管理的发展趋势以及知识管理成功案例。

◎思考题

1. 随着互联网信息量的飞速增长，Web信息挖掘越来越被人们所关注。Web挖掘的技术产品也层出不穷，和普通的数据挖掘相比，请思考Web挖掘有哪些独特的地方。

2. 地图信息搜索是网络信息搜索的一个主要应用领域，随着网络电子地图的广泛使用，基于地图的信息检索应用日渐广泛，如百度地图等都可以提供线路查询，请从信息需求的角度分析这些服务功能是怎样发展起来的。

3. 信息共享和信息安全是看似矛盾的两个方面，试从信息资源管理的角度讨论信息共享与信息安全之间的联系，以及如何平衡共享和安全两方面的需求。

4. 你的知识需要管理吗？如何选择适合自己的个人知识管理方案，自觉培养自己成为智慧型员工。

第5章　信息资源管理的标准与法规

◎学习目标与要求

本章主要对信息资源管理标准化和ISO 9000质量标准体系进行阐述；并介绍了信息资源管理涉及的法规。

通过本章学习，要求同学们：

① 了解标准与标准化的基础知识。

② 了解信息资源管理的标准与法规在信息资源管理过程中的作用与意义。

③ 理解信息资源管理标准化的内容，掌握信息资源管理标准的制定与实施的过程和基本方法。

④ 了解ISO 9000质量标准体系的构成。

⑤ 了解信息资源管理法规的基本概念和相关内容。

例5-1　某大学人员编码

某大学原有的人员编码是20世纪80年代制定的，学号为6位数字码，教工号为5位数字码。随着办学规模的扩大，原有的编码不能满足学校管理的需要，学号、教工号就不得不增加拉丁字母来扩充使用，凸显出编码的不规范，造成使用上的混乱。

2003年，该大学研究和制定了新的学号和教工号，并于2004年2月完成全校各单位、各系统的人员新老编号的切换。

新的学号、教工号均统一为10位编码，其格式为：NNNNLLSSSS

其中NNNN——4位进校年号，学生为入学年份，教工为进校工作年份(可避免百年虫、千年虫)；

LL——2位类别码(容量100,00~59分配给学号,60~99分配给教工号)；

SSSS——顺序号(容量10000)，对于现有人员编号(在校人员)取用原编码的后三位，并在其前加数码“0”(对于今后新增人员的编码不存在此规则)。

在我们周围充满着标准化的工业产品(如通用的干电池、USB接口等)，标准化是大工业生产的产物，它使基于机械化、电气化的工业走向自动化和规模化，不仅提高生产的效率和质量，也方便人们工作与生活。标准与规范是人类长期生产实践经验和智慧的总结，它不仅规范事，同时也规范人的行为。就信息资源管理而言，为了提高管理的效率、使信息化进程步入规范化、法制化和科学化的轨道，人们制定了大量的关于信息、信息技术和信息产品(包括硬软件、信息系统等)的标准，对信息资源管理的要素和过程进行了规范；同时逐步建立了相应的法律规范，对人们行为加以规范。人们在信息化实践中共同遵守的标准与规范，是信息化活动有序进行与持续发展的保证。标准与规范是重要的信息资源，信息化的推进、信息资源的开发、利用与创新活动的发展，对标准和规范的建立与完善不断提出新的要求。

5.1 信息资源管理标准化

5.1.1 标准的基本概念

1. 标准的定义

目前，我国对标准概念的定义和解释，以2002年发布的《标准化工作指南第1部分：标准化和相关活动的通用词汇》(GB/T 20000.1—2002)为准，即：为了在一定的范围内获得最佳秩序，经协商一致制定并由公认机构批准，共同使用的和重复使用的一种规范性文件。同时，给出了一条注释，即：标准宜以科学、技术和经验的综合成果为基础，以促进最佳的共同效益为目的。

2. 制定标准的出发点

“建立最佳秩序、取得最佳效益”是建立标准系统的基本目标。这里所说的最佳效益，就是要标准系统发挥出最好的系统效应，产生理想的效果；最佳秩序，指的是通过实施标准，使标准化对象的有序化程度得到提高，发挥出最好的功能。其中的“最佳”有两重含义：努力方向、奋斗目标，如果标准所树立的目标很低，就不会有积极的意义；要有全局观念，即从全局出发。企业可以是全局、部门可以是全局、国家更是全局。局部服从全局、小局服从大局，是标准化活动的一条基本原则。“建立最佳秩序、取得最佳效益”集中地概括了标准的作用和制定标准的目的，同时它又是衡量标准化活动和评价标准的重要依据。

3. 标准产生的基础

每制定一项标准，都必须扎扎实实地做好两方面的基础工作。

① 将科学研究的成就、技术进步的成果同实践中积累的经验加以结合，纳入标准，奠定标准科学性的基础。这些成果和经验，不是不加分析地纳入标准，而是要经过分析、比较、选择以后再加以综合。它是对科学、技术和经验加以消化、融会贯通、提炼和概括的过程。标准的社会功能，总的来说就是将截止时间定在某一点为止，社会所积累的科学技术和实践经验成果予以规范化，以促成对资源更有效的利用和为生产的进一步发展树立目标并创造稳固的基础。

② 标准中所反映的不应是局部的片面的经验，也不能仅仅反映局部的利益。不能只服从少数人的主观意志，而应当同有关人员、有关方面(如研究、情报、用户、生产方、供应方、销售方)认真地讨论，充分地协商，最后从全局利益出发做出规定。这样制定的标准才能既体现出它的科学性，又体现出普遍的民主性。标准的这两个特性越突出，在执行中越有权威。

4. 制定标准的对象的属性

制定标准的对象，已经从技术领域延伸到经济领域和人类生活的其他领域，其外延已经扩展到了相当的程度。因此，对象的内涵便缩小为有限的特征，即“重复性事物”。

重复性事物中的“重复”，指的是同一事物反复多次出现的性质。例如，成批大量生产的产品在生产过程中的重复投入、重复加工、重复检验、重复出产；同一类技术活动(如某零件的设计)在不同地点、不同对象上同时或相继发生；某一种概念、方法、符号被许多人反复应用等。

标准是实践经验的总结。具有重复性特征的事物，才能把以往的经验加以积累。标准就是这种积累的一种方式。一个新标准的产生是这种积累的开始（当然在此之前也有积累，那是通过其他方式），标准的修订是积累的深化，是新经验取代旧经验。标准化过程就是人类实践经验不断积累和不断深化的过程。

事物具有重复出现的特征，才有制定标准的必要。对重复事物制定标准的目的是总结以往的经验，选择最佳方案，作为今后实践的目标和依据。这样既可以最大限度地减少不必要的重复劳动，又能扩大“最佳方案”的重复利用范围。标准化的技术经济效果有相当一部分就是从这里得到的。

5. 标准的本质特征

统一是标准的本质特征，不同级别的标准是在不同范围内进行统一的；不同类型的标准是从不同角度、不同侧面进行统一的。“统一”并不意味着全部统死、全都统到只有一种。有时只限定一个范围，有时规定几种情况，当然也有绝对统一的情况。有了这个“统一规定”，便可为工作或工作成果确立一个被各方所公认的“衡量准则”，标准的作用归根结底来源于统一，来源于必要的合理的统一规定。

6. 标准文件的格式和颁发的程序

标准的编写、印刷、幅面格式和编号方法等有一套统一的规定，这样既可以保证标准的编写质量，又便于资料管理，同时也体现了标准文件的严肃性。至于标准从制定到批准发布的一整套工作程序和审批制度，是标准产生的科学规律的体现，也是标准本身所具有的法规特性的表现。

7. 标准的级别

根据《中华人民共和国标准化法》（1988 年 12 月 29 日公布，以下简称《标准化法》）的规定，我国标准分为国家标准、行业标准、地方标准和企业标准四级。

（1）国家标准

国家标准是对全国技术经济发展有重大意义而必须在全国范围内统一的标准。《标准化法》规定：“对需要在全国范围内统一的技术要求，应当制定国家标准。”

国家标准是我国标准体系中的主体。国家标准一经批准发布实施，与国家标准重复的行业标准、地方标准即行作废。

国家标准由国务院标准化行政主管部门编制计划、组织草拟、统一审批、编号和发布，以保证国家标准的科学性、权威性和统一性。

国家标准的编号由国家标准代号、标准发布顺序号和发布的年代号组成。根据《国家标准管理办法》的规定，国家标准代号由大写的汉语拼音字母构成，强制性国家标准代号为“GB”，推荐性国家标准代号为“GB/T”，如图 5-1 所示。

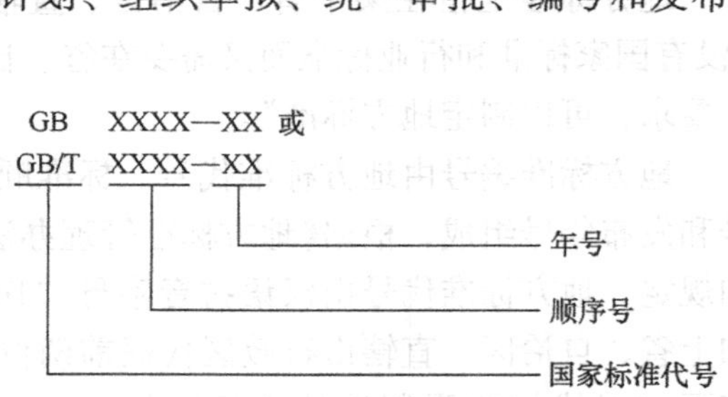

图 5-1 国家标准编号示例

国家标准是需要在全国范围内统一的技术要求，是四级标准中最基本的一级，一般为基础性、通用性较强的标准。

（2）行业标准

行业标准是指全国性的各行业范围内统一规定的标准。《标准化法》规定：“对没有国家标准而又需要在全国某个行业范围内统一的技术要求，可以制定行业标准。行业标准由国务院有关行政主管部门制定，并报国务院标准化行政主管部门备案，在公布相应的国家标准之后，该行业标准即行废止”。

根据 GB/T 4754—2002《国民经济行业分类》的定义，一个行业（或产业）是指从事相同性质的经济活动的所有单位的集合。随着改革的深化和市场经济的发展，部门对企业的控制逐渐减弱，而行业管理会逐渐加强，设立行业标准是符合现实和发展需要的。有许多国外的行业协会也制定行业或团体标准。例如，美国电气和电子工程师学会（IEEE）、美国材料与试验协会（ASTM）、英国劳氏船级社（LR）等都制定了大量行业标准，而且在国际上都享有很高的信誉。

行业标准是标准化发展过程中的一个重要阶段。随着市场经济的发展，为适应行业管理的需要，行业标准应继续有所发展。同时，国家标准也需要行业标准进行补充。因为国家标准只能针对经济技术中最基本的方面、最重要的产品以及必须在全国范围内统一的要求来制定。

行业标准和国家标准都是全国适用的标准。行业标准是在国内某个行业内需要统一的技术要求，是专业性较强的标准，在相应的国家标准实施后即行废止。

行业标准编号由行业标准代号、行业标准顺序号和发布年号组成，见表 5-1，由国务院有关行政主管部门统一制定、审批、编号和发布，并报国务院标准化行政主管部门备案。

表 5-1　我国软件服务业的一些行业标准

标 准 编 号	标 准 名 称
SJ 11295—2003（2009）	信息技术　通用多八编码字符集（基本多文种平面）汉字 12 点阵字型
SJ/T 10224—1991（2009）	CAD 绘制电子产品图样用图形和符号库　标准结构件图形
SJ/T 10367—1993（2009）	计算机过程控制软件开发规程
SJ/T 10629. 4—1995（2009）	计算机辅助设计文件管理制度　设计文件的签署
SJ/T 11156—1998（2009）	计算机辅助设计 设计文件档案管理制度

（3）地方标准

地方标准是指在某个省、自治区、直辖市范围内需要统一的标准。《标准化法》规定：“没有国家标准和行业标准而又需要在省、自治区、直辖市范围内统一的工业产品的安全卫生要求，可以制定地方标准”。

地方标准编号由地方标准代号、标准顺序号和发布年号组成。根据《地方标准管理办法》的规定，地方标准代号由汉语拼音字母“DB”加上省、自治区、直辖市行政区代码前两位数字再加斜线构成强制性地方标准代号，再加“T”则构成推荐性地方标准代号，如图 5-2 所示。

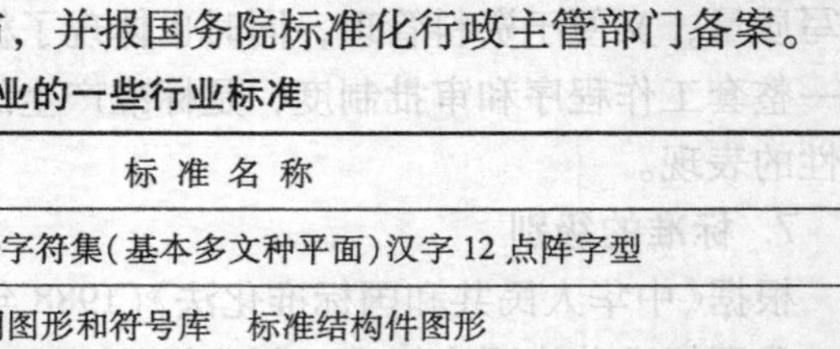

图 5-2　地方标准编号示例

地方标准由省、自治区、直辖市标准化行政主管部门制定，并报国务院标准化行政主管部门和有关部门备案。在公布了相应的国家标准或行业标准之后，该地方标准即行废止。

（4）企业标准

企业标准是指由企业的产品标准和为企业内部需要协调统一的技术要求和管理、工作要求所制定的标准。企业标准是企业组织生产经营活动的依据。

《标准化法》规定：“企业生产的产品没有国家标准和行业标准的，应当制定企业标准作为组织生产的依据。企业制定的产品标准需报当地政府标准化行政主管部门和有关行政主管部门备案。已有国家标准或行业标准的，国家鼓励企业制定严于国家标准或行业标准的企业标准，在企业内部适用”。企业标准编号示例如图 5-3 所示。

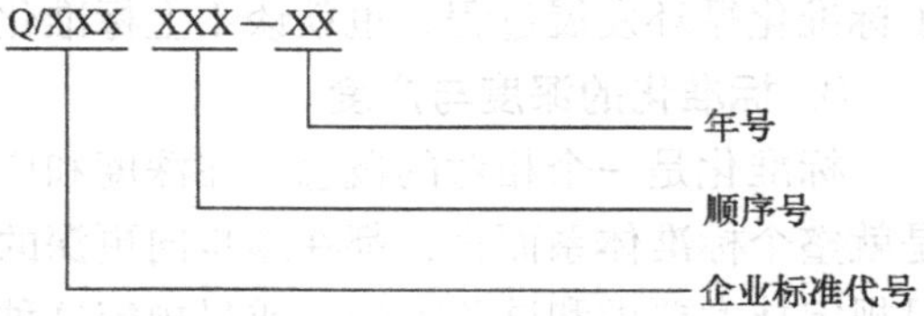

图 5-3　企业标准编号示例

《标准化法》适用于在中国境内的一切企业、事业单位、机关、科研机构和学术团体。因此，凡是取得企业法人资格的，无论是国有企业、还是民营企业，或是外商投资企业，都有权利和义务按照《标准化法》的规定制定企业标准，作为组织生产的依据。

5.1.2　标准化的基本概念

标准化是一项综合性很强的理论和实践活动，内容十分广泛。随着科学技术的发展和国民经济监督管理的需要，作为整个技术监督部分的标准化工作，已经渗透到科研、管理以及应用的各个领域。社会实践证明，按照统一、简化、优选、协调的原则做好标准化工作，对于加快国民经济建设、提高产品和工程质量，促进技术进步，合理利用资源，实现以信息技术为基础的现代化管理，具有非常重要的作用。标准化程度的高低，已经成为衡量一个国家生产技术水平和科学管理水平的重要尺度。而且，作为现代化程度的标志，随着国际经济技术交流的不断扩大，标准化也早已跨越国界，日趋国际化。

1. 标准化的定义

2002 年发布的《标准化工作指南第 1 部分：标准化和相关活动的通用词汇》（GB/T 20000.1—2002），将标准化定义为：“为了在一定的范围内获得最佳秩序，对现实问题或潜在问题制定共同的和重复使用的条款的活动”。同时，给出了该定义的两个注释，即：一是上述活动主要是包括编制、发布及实施标准的过程；二是标准化的主要作用在于为了其预期目的改进产品、过程和服务的适用性，防止贸易壁垒，并促进技术合作。

2. 标准化的主要作用、过程与效果

标准化的主要作用是改善产品、生产过程和服务对于预定目标的适应性，消除贸易壁垒，便利技术协作。

标准化不是一个孤立的事物，而是一个活动过程，主要是制定标准、贯彻标准、进而修订标准的过程。此过程也不是一次就可以完结，而是一个不断循环、螺旋式上升的运动过程。每完成一个循环，标准的水平就提高一步。标准化作为一门科学就是研究标准化过程中的规律和方法。标准化作为一项工作，就是根据客观情况的变化，不断地促进这种循环过程的进行和发展。

标准是标准化活动的产物。标准化的目的和作用，都是要通过制定和贯彻具体的标准来体现的。因此，标准化活动不能脱离制定、修订和贯彻标准，这是标准化的基本任务和主要内容。

标准化的效果只有当标准在社会实践中实施以后才能表现出来，绝不是制定一个标准就可以了事。有了再多、再好的标准，没有被运用、贯彻执行，也不会收到任何效果。因此，标准化的“全部活动”中，贯彻标准是一个不容忽视的环节，中断了这一环节，也就中断了标准化循环发展过程，也就谈不上标准化。

3. 标准化的深度与广度

标准化是一个相对的概念，在深度和广度上都有程度的差别。无论就一项标准而言，还是就整个标准体系而言，都在逐步向更深的层次发展。例如，对某一种产品的标准化，可以只规定技术要求和试验方法，或只规定这种产品的基本参数，也可以只规定某些尺寸或精度等。随着实践经验的积累和客观的需要，再制定这种产品的完整标准。此标准还需要不断修改、不断完善、不断提高。标准系统也是如此，随着客观情况的变化要不断地调整，每经过一次调整，其结构就更趋于合理，功能水平就会相应地提高一步。标准化在深度上是没有止境的，在一定条件下，有一个最佳程度。

从广度上看，制定一种产品的完整标准后，不能认为就达到了标准化的目的，也不能认为标准化的程度就已经很高。因为只有一项孤立的产品标准，标准化的目的是不容易实现的。有了产品标准以后，还必须把与其相关的一系列标准都建立起来。例如，与该产品密切相关的原材料标准、零配件标准、工艺设备标准、配套产品标准、生产过程中的工艺标准以及大量的基础标准等。没有这一系列标准的配合，产品标准制定得再好，也不可能生产出好的产品。每一项标准都不可能孤立地存在，都要向深度和广度扩展。于是标准之间便形成了纵横交错的网络，这是一个非常复杂的大型系统。标准化的过程就是此系统建立和发展的过程，这是标准化更深一层的含义。

4. 标准化工作的特性

① 统一性　标准化是一定范围内的统一规定。大至世界、国家，小至企业、集团，标准程序、标准格式等都应趋于统一。

② 政策性　标准化本身是国家技术政策的一种体现。确定一个重大标准涉及技术的先进性和经济的合理性、安全性和可靠性等，要考虑当前利益和长远利益，生产者与用户各方面的利益，是一项政策性很强的工作。

③ 横向综合性　标准化横向深入到各个专业的技术领域以及每一专业技术领域的各个环节。

标准化工作以标准化的整体为对象，从总体上研究标准化本身发展的普遍规律，即在各专业领域标准化的基础上研究标准化总体发展的综合属性、特征和普遍规律。从这个意义上讲，标准化工作是一门以标准化整体为对象，研究整个标准化领域的普遍规律的科学。

5. 标准化与其他学科的关系

标准化工作与其他学科是相互联系、相互渗透的，它们之间既有联系，又有区别。因为各专业技术的标准化共同组成了标准化的整体，而各专业技术的标准化又是与各行业技术及其学科紧密联系在一起的。因此，尽管标准化工作与其他学科（如自然科学、工程技术、经济学、管理学等）有着不可分割的联系，但其仍是一门独立的学科。它既不能全部融于其他学科之中，也不能把其他的学科全部容纳进来。它仅在确立自身的理论体系中，涉及相关的学科，而且通过制定统一的技术标准这种特殊的技术形式表现出来。

6. 标准化工作研究的对象

标准化工作研究的对象可分为两类：一是具体对象，即各专业、各方面需要制定标准的对象；二是总体对象，即在各类具体对象基础上进行综合，概括起来的总体对象。二者之间的关系是：前者是制定标准的对象，后者是标准化要研究的任务和对象。从这个意义上来讲，标准化工作的研究对象，也可以仅看做一类，即它的总体对象。因此，人们认为标准化工作就是以标准化的整体为对象，来研究整个标准化领域的普遍规律的科学。

标准化概念的相对性，还包括标准与非标准的互相转化。已经实现了标准化的事物，经过一段时间会突破原先的规定，变成非标准的事物，于是有可能再对其制定标准。处于系统中的各个环节，往往由于系统的运动和变化使某些环节的标准失去了意义。这种由标准到非标准、然后再到标准的转化过程，是肯定、否定规律在标准化过程中的表现，也是标准体系不断发展与完善的过程。

标准化涉及的范围很广，在不同的应用对象和应用领域之间，标准化的内容往往多种多样，各不相同。对于信息资源管理来说，标准化是要在信息资源的生产和使用等一系列管理活动中，制定、发布和实施有关的标准和规范，合理、高效地利用和开发信息资源，以达到最佳经济和社会效益。

5.1.3 信息资源管理标准化的意义与作用

1. 信息资源管理标准化的意义

标准的制定和执行是工程技术和管理的基础和尺度，是企业和组织进行生产技术活动和经营管理工作的依据，并以获得最佳经济效益和社会效益以及最佳社会秩序为主要目标。

信息资源管理是为了确保信息资源的有效作用，以现代信息技术为手段，对信息资源实施计划、预算、组织、指标、协调和控制的一种人类管理活动，是由多种人类信息活动所整合而成的特殊形式的管理活动。美国学者霍顿（F. W. Jr. Horton）指出："信息资源管理融合了诸如管理信息系统、记录管理、自动数据管理、电子通信网络等不同的信息技术和学科"。可见，信息资源管理是一个覆盖面相当广的集成概念，随着信息资源在社会各个领域的逐步渗透以及对人类日常工作、学习和生活的深入影响，管理活动越来越频繁，技术水平越来越高，信息资源商品化、社会化、国际化的进程越来越快。为了发挥信息资源的巨大能量，使之充分地为社会生产和生活服务，并进行科学有效的管理，必须开展信息资源管理的标准化工作。

2. 信息资源管理标准化的作用

标准化是一项综合性很强的基础工作，是国家的一项重要技术经济政策。信息资源管理的标准化涉及社会生产、人民生活的很多领域和方面。它不仅是信息技术监督工作的科学技术基础，而且也是经济和社会发展的技术基础，对促进信息产业技术进步，加强信息产业现代化管理，提高企业素质，提高信息产品质量，提高劳动生产率，充分开发和利用信息资源，都具有十分重要的作用。

（1）保证信息产品开发与使用各个环节的技术衔接和协调

随着科学技术的迅速发展，信息产业的现代化程度越来越高，生产规模越来越大，技术要求越来越严，分工越来越细。由于信息产品的日益复杂和多样化，生产协作也越来越广泛，一种资源产品的形成往往需要在几十个甚至上百个厂家和部门的采集和加工，即使在同一个企业内部，也涉及不同部门和生产环节。这种复杂的纵横关系，单靠行政命令和相互协调是不行的，必须从技术上使它们保持衔接。这就要通过制定和贯彻执行各种技术标准和规范，才能保证各种信息资源的开发和利用有条不紊地进行。例如，作为一种重要信息资源——软件产品的开发包括多个不同的阶段，每个阶段的工作都以前一阶段的成果为基础，且涉及不同的人员组成。为了保证最终交付使用的软件产品充分达到用户的需求，并避免不必要的返工和浪费，在软件开发的各个阶段都必须按软件工程的思想制定并执行严格的标准和规范。

(2) 改进、保证和提高信息资源产品的质量

标准是衡量产品质量的重要尺度，标准化工作的基础主要在产品开发和应用的基层部门。一个好的标准，是在正确地总结科学技术成果以及生产和使用实践经验的基础上制定出来的。它应能充分地反映生产者和使用者之间各方面的客观要求，最大限度地合理利用各类资源，并能直接指导生产实践。标准制定得合理，就能促进技术进步，提高产品质量，促进生产发展；反之，若缺乏科学、合理的标准，则妨碍技术进步，降低产品质量，影响生产发展。

信息资源是一种附加了人类劳动的信息产品，它的生产不同于物质资源的生产，是一个异常复杂的智力劳动过程，也是一个相当个体化的过程。由于信息资源生产的主要工具是人的大脑，因此信息资源的生产任务主要是由个人来承担的。职业研究人员、职业作家、决策者、记者、教师、医生等都是社会中主要的信息资源生产者。他们可以选择或采用集团研究的形式，但最终的信息资源生产却是由每个个体的大脑分别完成的。正是这种特殊的生产环境，在大型信息产品的开发过程中，各个环节、各类人员之间必须密切合作，相互联系，严格按标准进行交接和继承。否则，若在一个环节上不按标准和规范执行，就会直接影响下一个环节的正常进行，从而导致整个产品的失败。

因此，标准化在一定意义上讲，也是改进、保证和提高产品质量的一项重要措施。很多人把技术标准也称作“质量标准”，这说明了标准与产品质量是密切相关的。

(3) 合理发展产品品种

这里所说的合理发展产品品种，包含两层意思，其一是简化品种，其二是发展需要的新品种。

众所周知，随着科学技术水平和生产技术水平的不断提高以及社会需求的日益多样化，社会需要和生产的产品品种规格往往会越来越多，发展到一定阶段，就会出现繁杂混乱的不合理情况，以至影响生产的发展。此时，人们就需要通过产品标准化，品种规格系列化的方法，淘汰一些重复的、近似的、落后的品种规格，重新合理地安排产品及其零件、部件、原材料的品种规格，以求以较少的品种规格去尽可能好地满足社会各方面的需要，提高产品组合化、模块化、系列化的程度，提高产品零部件的互换性。从而在基本满足使用需要的前提下，增大生产批量，提高生产能力，降低生产成本，获得好的经济效果和技术效果。例如，美国 Intel 公司生产的微处理器系列产品，在经过多年技术上的标准化和规范之后，现在已成为世界各国个人计算机生产厂商普遍采用的主流微处理芯片。

标准化一方面需要及时地、果断地淘汰那些重复的、近似的、落后的品种规格；另一方面，又应该为那些急需的、短缺的、关联的、合理的新品种规格的发展提供一定的环境条件，促使其快速发展。在编制标准科研计划和标准修订计划时，应予以优先考虑和安排。在

标准研究、标准制定、标准修订和标准实施阶段，根据需要和可能，在人力、物力、财力上给予一定的、必要的支持，将需要优先发展的资源品种纳入标准，能起到引导、方便各有关单位开发和使用的积极作用。

（4）促进科研成果和新技术的推广应用

标准化与科学技术的发展有着极其密切的关系，标准是建立在生产实践经验和科学研究成果基础上的，反过来又促进科研成果和新技术的发展。国际标准化组织（ISO）的秘书长曾谈过："技术是国际性的，国际标准代表了许多先进技术，采用和推广国际标准是世界上一项重要的技术转让"。许多发展中国家为了使他们的产品进入国际市场，都积极地采用国际标准和国外先进标准，就是这个原因。标准是科技成果转化为生产力的桥梁，是维系科研、生产和使用三者的纽带。一项科研成果，一项新产品、新工艺或新技术开始只能在小范围内推广使用，但经过技术鉴定并纳入相应的标准之后，就可以在大范围内迅速推广。我国现阶段科研成果转化为生产力的比例不高，究其原因是多方面的，其中一个重要的因素就是没有把那些经过鉴定后的科技成果及时纳入标准，并严格地实施标准。

（5）便于信息资源的使用和维护

随着信息技术的迅速发展，对信息资源的开发和利用已逐步渗透到社会各个领域，信息资源的积累正呈现出一种爆炸趋势。这些产生于社会各个行业的大量的信息资源，最终将形成一个统一的信息资源网并服务于全社会。在这种情况下，没有一个统一的形成标准和规范是根本行不通的。信息资源应该是人类共有的资源，为了提高它的利用价值，必须打破过去那种部门割据的思想，采用统一的标准，进行规范的开发、管理和维护，提高信息资源产品的重用性和可维护性，降低维护和使用成本。

（6）缩短信息资源的开发周期，提高劳动生产率

通过标准化，简化产品品种，扩大其通用化程度，可以实现专业化、规模化生产，有利于采用新方法、新技术实现自动化，以提高劳动生产率。例如，在软件开发过程中，采用结构化、模块化设计标准，可有效地提高软件成分的可重用性，减少大量的重复劳动，从而缩短软件开发周期。另外，标准化也促进了软件开发工具自动化程度的提高。据统计，采用计算机辅助软件工程（CASE）方法和工具，可提高软件开发效率20%~50%。

（7）保护用户和消费者利益

几乎所有的标准都是为用户的最终利益而制定的。可以说，保护用户和消费者的权益，也是标准化的主要目的之一和主要作用之一。要使标准化能够较好地实现这一目的，就我国目前的情况来说，需要进一步搞好包括标准制定、标准修订和标准贯彻执行在内的各项工作。长期以来，我国的国家标准和行业（部、专业）标准，基本都是由各生产部门来具体组织制定、修订的，且主要由生产企业来负责起草，一般情况下能够较好地切合我国开发和使用的实际情况，其实用性和可操作性一般都比较好。但是，生产企业及其主管部门在标准的制定、修订工作中，如果对用户的需要和服务这两方面的关系处理不当，缺乏足够的为用户服务的思想，就容易较多地从怎样方便生产，怎样使标准容易贯彻执行这个角度来考虑。这样，就难以去认真分析和采纳用户的意见和建议，难以去充分地考虑和满足用户的实际需要。这样制定出来的标准，自然难以起到保护用户和消费者权益的作用。这种情况应引起重视。

为了防止、减少以至杜绝这类情况的出现，国家有关方面已经采取了一些相应的措施。

1990 年 8 月 14 日发布的《国家技术监督局行业标准管理办法》，对行业标准的制定、修订工作也做了类似的规定。信息资源管理的主要目的是便于大量信息资源得到合理、有效的利用。因此，提高服务质量是关键，而标准则是质量的保证，其中就包括产品标准和服务标准。只要相关部门能进一步树立起为用户服务的思想，在实际工作中能认真贯彻执行国家在标准化工作方面的有关方针、政策、规章和制度，能够始终坚持按标准化的原则、方法和工作程序办事，就能够处理好上述问题。此时，标准化就能很好地发挥其保护用户和消费者利益的作用。

ISO（国际标准化组织）和 IEC（国际电工委员会）在 1987 年联合成立了国际标准化组织/国际电工委员会信息技术委员会（ISO/IEC JTCI）。该委员会以信息处理为中心的信息技术标准化是 ISO 和 IEC 的工作重点，制定的标准逐年递增，已颁布的国际标准约 500 多项，而我国将其转化为国家标准的不超过 1/3。当前，我国有关部门对此问题已开始高度重视，正采取积极措施加强我国信息资源标准化工作。

5.1.4 信息资源管理标准化的内容

信息资源管理是一个跨学科、结构复杂、覆盖面广的多元化学科领域。因此，信息资源管理标准化的内容十分丰富，大体上可分为：标准化技术、标准化设施、标准化术语以及标准化管理等四部分内容。其中，标准化技术是最重要的部分，国际国内都在花大力气致力于信息技术的标准化工作。

1. 标准化技术

由于信息技术具有技术密集、高增值和高渗透性，正成为科技发展和工业化社会向信息化社会过渡的先导技术。因此，信息技术的标准化显得尤为重要。信息技术标准化是信息资源开发和利用的基础和保证，也是信息资源管理的重点。

信息技术的标准化，是围绕着信息技术开发、研制和信息系统的建设与管理等一系列活动而进行的标准化工作，主要包括信息资源的生产、识别与提取、检测和分类编码、交换或传输、处理、存储、显示与打印、控制以及信息资源的利用等技术的标准化。

2. 标准化设施

信息资源管理设施是信息资源活动的物质基础。搞好设施的标准化工作，对保持设施性能、延长设施寿命、提高设施效率、保证信息资源产品与服务的质量具有重要的意义。因此，信息资源管理设施标准化是信息资源管理活动中不容忽视的环节。其内容包括：学习和执行有关国际标准、国家标准、行业标准和地方标准，制定和贯彻执行企业标准以及与各级标准有关的各项规章制度等。

3. 标准化术语

术语标准化是指对信息资源活动中某一事物或过程的称谓或代号的标准化，其目的是为了使国际和国内标准统一，同一术语表达同一概念，避免二义性，保持一致性。

术语标准化应遵循以下四条原则：

① 优先原则　术语标准化先于技术标准化。

② 简化原则　进行术语标准化应使用简练的语言。

③ 灵活性原则　在术语标准化过程中，应采用灵活的方针。

④ 广义性原则　术语标准化要以集体方式进行。

4. 标准化管理过程

标准化的信息资源管理过程(或称工作过程)可使信息资源管理工作的全过程按规范化的程序来进行，它是信息资源标准化的重要组成部分，包括学习和贯彻标准、制定标准以及制定工作流程、管理制度等。

5.1.5 信息资源管理标准化的指导原则和基本方法

信息资源管理标准化有着鲜明的目的性和实践性。这种约束是一种人为的过程，需要人的参与和策划，而且这种约束的形成和实施是有关各方共同协商、合作的结果，具有一致性和通用性。形成这种约束和实施这种约束的指导原则是效益原则、系统原则、动态原则、优化原则和协商原则，其基本方法是简化、统一、组合、综合和程序化。

信息资源管理标准化的本质、指导原则和基本方法是相互联系、不可分割的整体，是信息资源管理标准制定和实施的理论基础和行为准则。

1. 信息资源管理标准化指导原则

① 效益原则　信息资源管理标准化的效益原则是其标准化目的的具体体现。无论信息资源产品、信息资源开发过程的简化，信息资源表示方法与传递手段的提高，或是信息资源的交流与协作，都是为了取得一定的经济和社会效益，效益原则使得信息资源管理标准化的实施始终坚持以实用为目的。

② 系统原则　系统原则即是在进行信息资源管理标准化工作时，要以系统思想为指导，运用系统的理论和方法，以整体观念、互相联系的观念来分析和解决问题。

③ 动态原则　信息资源管理的标准随着科学技术的发展，生产力水平的提高和时间的推移，会发生相应的变化。因此，信息资源管理标准化研究要注意时间因素和阶段性，研究标准化发展的趋势，随时修订和重订有关的标准和规范。

④ 优化原则　优化原则贯穿于信息资源管理标准化的全过程。标准化的优化是指在某个动态阶段，为了达到最佳的标准化效益，运用最优化的方法实施标准化，具体实施步骤可采用系统工程方法。

⑤ 协商原则　信息资源管理标准化涉及信息资源开发、利用和管理的诸多方面，在制定和执行标准时要注意共同协商，取得一致，其一致性不仅包括对标准化内容的理解，还包括时机的选择，贯彻实施步骤的安排等。

2. 信息资源管理标准化的一般方法

信息资源管理标准化的方法是为了标准化的目的，根据标准化的宗旨，按照标准化的原则形成标准的特有方法。这些方法具有鲜明的标准化特征，是信息资源管理标准化理论的重要组成部分。主要有：

① 简化　简化是在一定范围内缩减事物的类型，以充分满足在一定时期和一定领域需要的标准化方法，它是标准化最基本的方法。

系列化和通用化是简化的两种形式。系列化是将同一品种或同一型号信息产品的规格按最佳数列科学排列，以最少的品种满足最广泛的需要，它是一种高级的简化方法；通用化是指在互换性的基础上，尽可能地扩大信息产品配套设备的使用范围。

② 统一　统一是在一定的范围内，对需要取得一致的信息资源管理的过程、事物和概念进行归一的标准化方法。它强调归一，形成一种共同遵守的准则，以建立正常的秩序。

运用统一方法时应注意实施的范围、时机的掌握以及统一过程时的灵活性。

③ 组合　组合是把两个以上具有特定信息资源功能的单元，按照预定的要求有选择地结合起来，形成一个具有新功能单元或系统的标准化方法。这里指的功能可以是硬件，可以是软件，也可以是一个信息资源的形成过程。

④ 综合　综合是指系统标准化对象的整体及其相关要素有目的、有计划地制定和贯彻一个标准系统的标准化方法。例如，一个复杂产品或服务由各种不同的部分组成，每个部门都有相应的标准，对于此类产品或服务，必须科学、系统地综合相关的各类标准以组成一个标准系统。

⑤ 程序化　程序化是指信息资源管理工作的全过程应按照严格的逻辑关系形成规范化的程序。对信息资源的开发和使用要进行科学有效的管理，就必须有一个安排与规划，管理过程必须规范化、程序化和标准化。

5.1.6　信息资源管理标准的制定与实施

标准的制定和实施是信息资源管理整个标准化工作的中心，其他相关工作和程序都是围绕这个中心展开的。标准的制定和实施也是整个信息资源管理标准化过程中不可分割的两个不同阶段，前者是前提和依据，后者是结果和效益。

1. 标准的制定

同其他任何标准一样，国家对信息资源管理标准的制定采用统一管理和分工管理相结合的管理体制。统一管理是指由国家标准化行政主管部门——国家标准局统一组织制定国家标准，并指导、协调和处理国家有关行政主管部门和地方政府标准化行政主管部门的标准化工作。分工管理是指国家各有关行政主管部门分工管理本部门、本行业的标准制定工作，并负责国家标准的实施。在这种管理体制下形成的标准体系根据其适应范围和级别可分为四个层次。

① 对需要在全国范围内统一的技术要求，应当制定国家标准，国家标准由国家标准局负责组织制定。

② 对没有国家标准而又需要在全国某个行业范围内统一的技术要求，可以制定行业标准。行业标准由国家有关行政主管部门制定，并报国家标准局备案，在公布国家标准之后，该项行业标准即行废止。

③ 对没有国家标准和行业标准而又需要在地方范围内统一的信息资源产品的安全、技术要求，可以制定相应的地方标准，地方标准由各地标准化行政主管部门组织制定，并报国家标准局和国家上级行政主管部门备案。在公布国家标准或行业标准之后，该项地方标准即行废止。

④ 企业生产的产品没有国家标准和行业标准的，应当制定企业标准作为组织生产的依据，企业的产品标准需报当地政府标准化行政部门和有关行政主管部门备案，已有国家标准或行业标准的，国家鼓励企业制定严于国家标准或行业标准的企业标准，在企业内部适用。

信息资源管理标准的出台包括制定和修订两个过程。在标准的制定过程中，要充分体现国家的有关政策，不得与现行国家方针、政策、法律和法规有任何相背。要注意参照国际标准，在合理利用本国资源，充分考虑本国国情的前提下，尽量与国际标准接轨。要正确处理局部利益与整体利益的关系，从全局出发制定标准，做到技术先进，经济合理，安全可靠。

标准实施后，制定标准的部门应当根据科学技术的发展和经济建设的需要适时进行复审，以确认现行标准继续有效或予以修订和废止。标准的复审周期一般不应超过5年。为了适应现阶段信息技术快速发展的需要，要尽可能缩短信息技术标准制定与修订的周期。

信息资源管理标准的制定流程如图5-4所示。

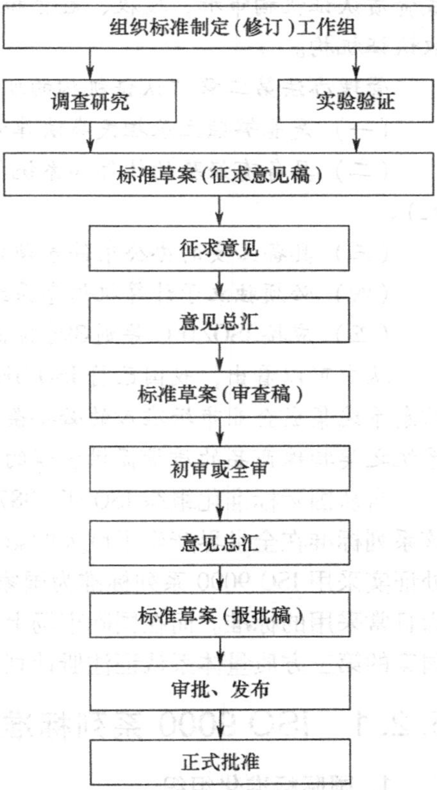

图5-4　信息资源管理标准的制定流程

2. 标准的实施

标准的贯彻和实施是信息资源管理标准化的一个重要环节。标准只有经过贯彻实施后才能取得效果，也只有按标准执行，才能确保技术先进，质量可靠，服务到位，从而取得预期的经济和社会效益。

实施标准同时也是对标准的检验，由于信息资源的广泛性、多样性以及在社会、经济生活中的重要地位，信息资源管理标准的科学性、先进性和合理性较之其他行业标准要复杂得多，其科学性、先进性和实用性只有通过贯彻和实施才能被检验和证实。通过实施还可以发现现行标准存在的问题和不足，以便进一步完善。在实施标准时要做到严格、及时，实施过程应有计划，有组织，有准备，有监督检查，只有严格把关，才能取得成效。

国家标准和行业标准分为强制性标准和推荐性标准。由法律和行政法规强制执行的标准是强制性标准，强制性标准必须执行；其他标准是推荐性标准。国家鼓励企业自愿采用推荐性标准。

企业对有国家标准或者行业标准的产品，可以向国家标准化行政主管部门或者该行政主管部门授权的相关部门申请产品质量认证。认证合格的，由认证部门授予认证证书，准许在其产品或包装上使用规定的认证标志。

为了有效地保证标准的贯彻实施，在标准化管理的整个过程中必须强化标准的监督与检验机制；对于标准化工作的监督、检验和管理人员的徇私舞弊、违法失职行为，有关部门除了给予必要的行政处分外，构成犯罪的将依法追究其刑事责任。

5.2　ISO 9000质量标准体系

例5-2　我国计算机信息系统集成资质认证机构管理办法（试行）

为规范从事计算机信息系统集成资质认证机构的管理，工业和信息化部下设的软件服务业司于2005年底根据有关规定制定了适用于在中华人民共和国境内从事计算机信息系统集成企业资质认证的机构管理办法。

办法规定，信息产业部负责全国计算机信息系统集成资质认证机构的监督管理，并具体负责从事一、二级计算机信息系统集成企业资质认证机构的审批、授权、监督和管理。省、自治区、直辖市、计划单列市信息产业主管部门负责本地区从事三、四级计算机信息系统集成资质认证机构审批、授权、监督和管理；不具备条件设立认证机构的省市，可委托其他授权认证机构。

管理办法第二章“认证机构的职责和要求”中的第六条认证机构应当具备下列条件：

（一）是能够独立承担民事法律责任的法人组织。

（二）具备有经验的软件和系统集成业务相关专业知识和管理能力的业务骨干(不少于5人)。

（三）具备必要的办公条件等硬件设施。

（四）必须独立于计算机信息系统集成开发、设计及相关的经营活动。

（五）应按ISO/IEC导则39《验收检查机构的基本要求》的要求建立质量管理体系。

从中可以看出，我国已将ISO/IEC导则39《验收检查机构的基本要求》作为从事计算机信息系统集成企业市场准入的必要条件，用法规手段规范了企业的行为，为保障软件和信息系统之类特殊商品的质量提供管理的基础。

自从国际标准化组织ISO于1987年公布ISO 9000质量管理和质量保证系列标准以来，该系列标准在全世界产生了巨大的影响。到目前为止，已经有150多个国家向ISO中央秘书处证实采用ISO 9000系列标准为国家标准。这些标准在国际贸易发达的国家和地区都已成为日常采用的标准。而在国际市场上，ISO 9000系列已成为评价产品质量的基础，也是许多国家的第三方质量体系认证注册计划的基础。

5.2.1 ISO 9000系列标准产生的背景

1. 国际标准化组织

国家标准化组织(ISO)成立于1947年，是由90多个国家级标准团体参与的国际性组织，也是世界上最大的具有民间性质的标准化机构。它与国际电工委员会(IEC)密切配合，制定全球协调一致的国际标准。ISO和IEC都是非政府组织，所制定的标准本质上都是自愿性质的。

ISO按专业性质设立技术委员会(TC)负责起草各种标准，各技术委员会根据工作需要设立若干个分技术委员会(SC)和工作组(WG)。TC和SC的成员分为P成员O成员，P成员是参加成员，而O成员是观察成员。P成员可以参与TC和SC的技术工作，O成员则不参与技术工作，但可以了解工作情况及获取有关的信息资料。ISO 9000系列标准是由TC 176及相应的若干SC和WG起草的。

1979年，英国标准学会(BSI)向ISO提交正式提案，建议成立一个新技术委员会，负责制定有关质量保证技术和应用的国际标准。这个新技术委员会很快被批准建立，编号为ISO/TC 176，成为质量保证技术委员会，并确立了工作范围和秘书处。当时就有20个国家会员作为参加成员(P)和14个国家作为观察员(O)加入这个委员会。ISO/TC 176目前已达到42个P成员和21个O成员，下设3个分技术委员会和10多个工作组。ISO/TC 176的基本组织结构如图5-5所示。

ISO/TC 176的工作范围，覆盖了国际贸易中对产品或服务的质量管理和质量保证要求的80%~90%。

2. ISO 9000标准产生的背景

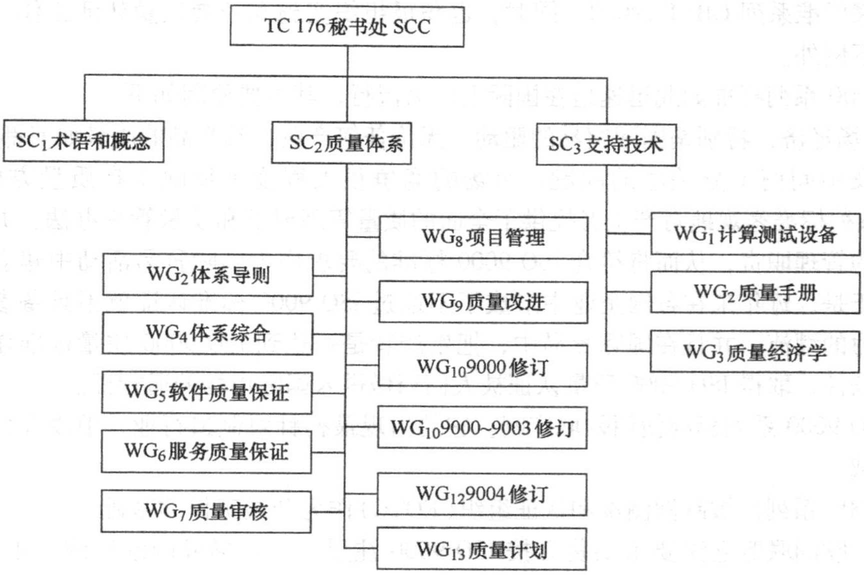

图 5-5　ISO/TC 176 基本组织结构图

20 世纪 70 年代以来，质量已经成为商业和工业中新的着重点，为了满足商业和工业的使用或军事发展的需要，世界各主要工业发达国家在质量体系领域制定出了各种国家标准和多国标准，一些标准为指导性文件，而另一些标准则由供需双方在合同中采用。这些不同的标准尽管在传统上有某些历史性的共同点，但在细节上还存在许多不一致和差异，形成了贸易壁垒。因此，不能应用于国际贸易。企业为了获得市场，往往不得不付出巨大的努力去满足形形色色的质量体系要求，而在不同的标准中，在商业和工业实践中，名词术语也不一致，甚至是混乱的。

自 ISO/TC 176 成立以来，在总结各国质量保证经验的基础上，ISO 先后用了 5 年时间，于 1987 年 3 月，正式发布了 ISO 9000、ISO 9001、ISO 9002、ISO 9003 和 ISO 9004 等国际标准，并于 1986 年 6 月正式发布了 ISO 8402《质量—术语》国际标准。ISO 9000 系列及与之配合的 ISO 8042 术语标准带来了国际范围内的协调，并促进了作为国际贸易中的重要因素——质量的日益增长。ISO 9000 是在总结、协调各主要质量体系的基础上形成的，它与通常的工程技术标准，如计量、试验方法、产品规格等技术标准有很大的不同。ISO 9000 的概念反映了管理工作的普遍特征，可以实现有效的标准化，给供需双方都可以带来好处。因此，ISO 9000 的发布使质量管理和质量保证的概念、原则和方法统一在国际标准的基础上，它标志着质量管理和质量保证工作规范化、程序化和国际化的新阶段，满足了当今国际贸易中商业和工业应用的需要。ISO 9000 一经发布，就被许多国家和地区所采用，并迅速取代了以工业为基础的国家标准。到目前为止，世界上等同采用 ISO 9000 作为国家标准的已有 70 多个国家，包括欧洲联盟，欧洲自由贸易联盟国家以及美国和日本。欧洲测试和认证组织（EOTC）已把 ISO 9000 作为开展工作的基础。在某些领域（医疗设备），欧洲联盟立法要求供货方按 ISO 9000 注册。在新形成的欧洲统一市场做生意，必须符合 ISO 9000 的标准。

一套国际标准在如此短的时间内为这么多国家所采用，且影响如此广泛，实属罕见。我国对此也十分重视，并采取了积极的态度。一方面确定对其等同采用，发布了与之相应的质量管理国家标准系列 GB/T 19000；同时，也积极组织实施和开展质量认证工作。信息资源的管理也不例外。

ISO 9000 系列标准如此迅速地在国际上广为流行，其主要原因如下：

① 市场经济，特别是国际贸易的驱动。无论任何产业，其产品的质量如何都是生产者、消费者以及中间商十分关注的问题。市场的竞争很大程度上反映了在质量方面的竞争。ISO 9000系列标准客观地对产生者提供了全面的质量管理要求和质量管理办法，并且还规定了消费者的管理职责，从而将符合 ISO 9000 标准的要求作为国际贸易活动中建立相互信任的基石。于是，近年来在各国企业中形成了不通过 ISO 9000 标准认证就不具备参与国际市场竞争实力的潮流，并且在国际贸易中，把生产者是否达到 ISO 9000 质量标准作为购买产品的前提条件，取得 ISO 9000 质量认证被人们当做进入国际市场的通行证。

② ISO 9000 系列标准使用领域广阔。它的出现最初针对制造行业，但现在已面向更为广阔的领域。

ISO 9000 系列已被欧洲测试和认证组织（EOTC）作为开展工作的基础。在一些领域，如医疗设备，欧洲联盟立法要求供货方按 ISO 9000 注册。在新形成的欧洲统一市场做生意，必须要符合 ISO 9000 标准要求。

许多大工业公司，特别是跨国公司已经制定了实施 ISO 9000 标准的战略性公司规划，例如大众汽车、杜邦、雷诺、爱克森化学、IBM、DEC 等公司。又如，英国、新加坡国防部、等国家和政府部门进行采购，已要求大的合同供应商符合 ISO 9000 标准。

由此可见，ISO 9000 标准已经产生了重大的世界范围影响。

5.2.2 ISO 9000 系列标准的构成

从概念体系上讲，ISO 9000 系列原则上由 5 个标准构成，如图 5-6 所示。

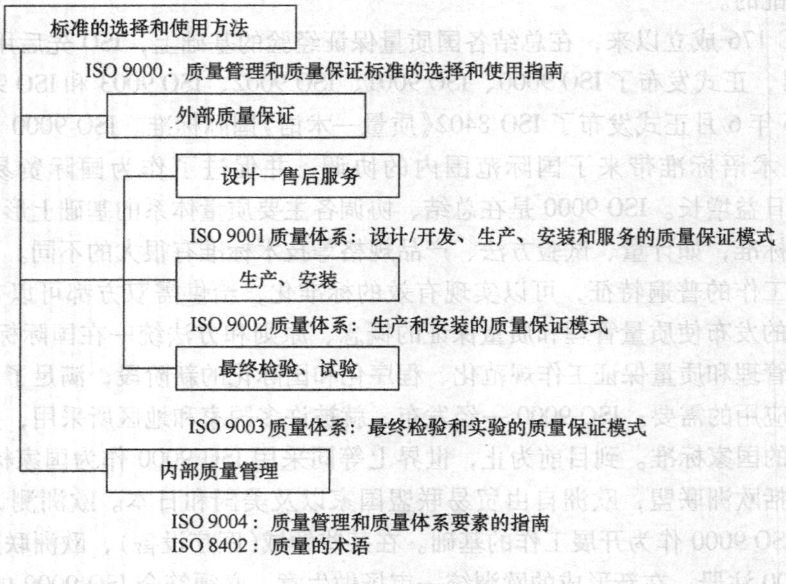

图 5-6 ISO 9000 系列的构成

其中，ISO 9000 标准是采用和选择 ISO 9000 系列标准的总指南，即本标准的指导性文件。它规定了选择和使用 ISO 9001 ~ ISO 9004 的原则和方法，并阐明了质量管理、质量体系、质量保证和质量控制等几个基本概念及其相互关系。由图 5-6 还可以清楚地看到 ISO 9000指导两种条件或环境下的质量体系运行，即外部质量保证(如合同环境)和内部质量保证(如非合同环境)。

在外部质量保证条件下，ISO 9000 系列提供了 3 种质量保证模式，即 ISO 9001、ISO 9002 和 ISO 9003，供合同双方使用，它们分别代表 3 种不同技术和管理能力的合同要求。这 3 种质量保证模式相互包容，如图 5-7 所示，但可以看到它们不是同心圆，这形象地描述了其内涵的差异。从适用范围来看，ISO 9001 完全涵盖了 ISO 9002，而 ISO 9002 则将 ISO 9003 包含在内。

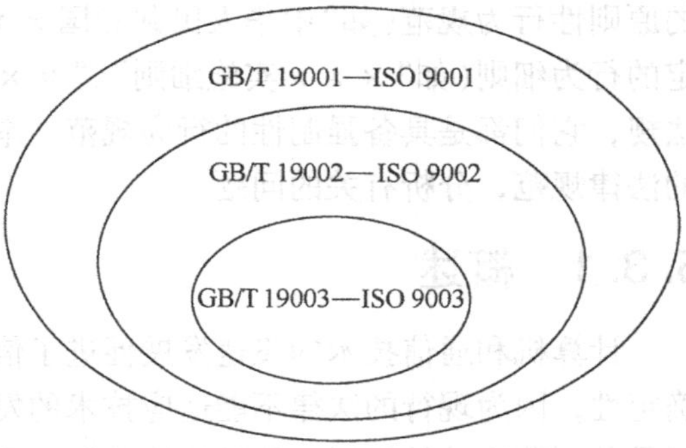

图 5-7　质量保证模式包容关系示意图

在内部质量管理条件下，ISO 9004 指导企业建立健全有效的质量体系。通常，一个完善的质量体系综合考虑了企业风险、费用和利益几个方面，实际上成为促进企业质量控制最佳的重要管理手段。ISO 9004 提出并阐述了质量管理体系一般应包括的基本要素，即内容包括的要求项目。企业应该根据市场环境、产品类型、生产特点和用户需求等具体情况选择相应的要素和采用这些要素的程度。

5.2.3　ISO 9000 标准的应用与发展

ISO 9000 质量管理和质量保证系列标准吸收了国际上先进的质量管理理念，对于产品和服务的供需双方具有很强的实践性和指导性，因此很快就得到了国际上的普遍重视和采用。据国际标准化组织(ISO)2009 年 9 月发布的消息表明，截止到 1999 年 12 月 31 日，全球已发出 ISO 9000 质量体系认证证书总数达 363643 张，这些证书分布在世界各地的 150 个国家和地区。从 1993 年 1 月到 1998 年 12 月，证书数量平均每年增长 40962 张，其中，1998 年比 1997 年增长 48563 张，增幅为 21.74%。1999 年比 1998 年增长了 71796 张，增幅为 26.41%。而 1999 年认证的国家从 141 个增加到 150 个。

随着国际贸易发展的需要和标准实施中出现的问题，特别是服务业在世界经济中所占的比重越来越大，ISO/TC 176 分别于 1994 年、2000 年对 ISO 9000 质量管理标准进行了两次全面的修订。特别是 2000 年版的新标准更适合于所有类型的组织，标准语言更简单、易用，并且基本上没有行业偏向，这些变化促进了ISO 9000系列标准的推广。尽管目前尚缺乏 ISO 9000系列标准的应用最新情况统计，但世界各国的工商企业、政府机构、商贸与服务组织、教育领域及其他各类组织都在导入 ISO 9000 并获得第三方认证，ISO 9000 质量体系的实施仍呈快速上升趋势。

我国十分重视 ISO 9000 系列标准的宣贯工作。尽管推行 ISO 9000 标准和获得认证证书要付出很大的代价，但大部分已通过认证的公司和企业普遍认为，推行 ISO 9000 标准是现代市场经济环境下企业必备的先决条件，是一种物有所值的远见投资。

5.3 信息资源管理的法律规范

信息法律规范是信息资源管理的重要内容，同时又是重要手段。法律是由立法机构制定的原则性行为规范(如“中华人民共和国×××法”)，而规范则是行政机构根据相关法律制定的行为细则(如“×××实施细则”、“×××条例”、“×××管理办法”等)。法律规范简称法规，它们都是具备强制性的行为规范。本节针对信息资源管理的几个重要环节，介绍相关的法律规范，分析有关的问题。

5.3.1 概述

计算机和通信技术的飞速发展促进了信息的生产、传播和利用，同时也引起了法律的不确定性，因为现行的法律不能适应技术的发展。我们不仅需要更多的信息，更需要有关信息源及其可获得性的知识，更迅速地获取信息，更好的信息管理，更有效的法律和标准，以及便于信息自由流动的开放的边界。

1. 信息法的定义

信息法的定义：是调整信息活动中产生的各种社会关系的法律规范的总称，这里所说的信息活动包括各种法律主体从事的、与信息的生产、采集、获取、加工处理、传播、利用、保存等事务相关的一切活动。这些活动一旦发生，一般都会产生这样或那样的社会关系，如获取与提供的关系、传播与接受的关系等。这些关系称为信息法律关系。

① 信息法律　信息法调整的是在信息化进程中各组织和个人的信息行为以及相互间形成的信息法律关系，是对信息产业各领域内一定主体及其行为、一定的客体以及它们之间的关系进行规范。

② 信息法律的主体　它是指在信息法律关系中依法享有权利并承担相应义务的人或组织。由于信息渗透在一切社会活动中，信息法律关系所涉及的主体范围十分广泛。如政府部门、经济组织、非营利组织及个人。

③ 信息法律的客体　它是指一定的行为以及在特定环境中的物化和非物化的财产，包括信息资源、信息技术、各相关主体的信息行为三个方面。

通过法律来规范和调整社会各方面行为和利益，明确各种法律主体的权利、义务和责任，可以有效地保护知识(信息)产权，合理分配信息生产者、信息传播者和信息使用者的权益。

2. 信息法的特点和作用

① 信息法是国家强制力保证实施的行为规范，具有普遍约束力、明确性、稳定性和执行的强制性。信息法是国家权力机关通过立法程序制定的，它具有严肃性和约束力，更能够有效地调整信息活动中的权利义务关系。

② 法律的规定性　信息法是信息政策的规范化、条文化。信息法是比信息政策更成熟的形态。

③ 具体、明确、可操作性强。它调整的客观存在的法律关系比较具体，法律规范能合理正确地规定信息主体的具体权利义务关系。

④ 稳定性。信息法对信息政策制定实施有一定的制约性，信息政策不能违背法律。

信息法规的作用主要表现为：

① 规定信息法律关系主体的各项权利和义务，协调社会、集团和个人之间的利益平衡，为国家的信息化发展提供法律上的依据和支持。

② 创设新的专门的法律规范，废止、修改传统法规中不适应数字化、网络化生存环境，不利于信息化发展的内容，为国家的信息化发展排除障碍。

③ 信息法规与信息政策相互配合与协调，新的信息法律与已有的传统法律之间的平衡与协调，建立有利于国家信息化发展的社会秩序。

3. 信息法调整的对象和范围

第一，法律不是万能的、无所不包的，它只是调整人们的社会关系的手段之一，任何时候都无力去规范一切信息活动。第二，信息活动中涉及的信息也并非一切信息，只能是特定意义和范围的信息，甚至不能包括一切社会信息，更不用说自然信息了。第三，尽管如此，信息法调整的范围仍然是十分广泛的，这点在信息法的法律渊源的广泛性以及信息法律规范广泛分布于各种各样的法律、法规之中，体现得尤为明显。第四，还可以从法律事实的角度对信息活动的范围加以界定，即法律事实。

4. 信息法律研究的对象和范围

在各种信息法律中，与信息资源管理有关的法律可以归纳为六类，即有关信息采集的法律、信息公开方面的法律规范、信息传播方面的法律规范、信息市场管理方面的法律、信息资源利用的法律规范、信息安全的法律规范。

5.3.2 信息采集方面的法律规范

信息采集通常是指接受信息主体根据需要，采用一定的程序、设备和方法，对各种相关信息或数据进行收集和记录的过程。它是信息资源管理的第一步，也是人们利用信息的前提。

1. 对政府机构信息采集活动的法律规范

美国在这方面有专门的法律和法规，即《文书工作削减法》和《联邦政府的信息资源管理》。我国在这方面虽无专门的法律，不过，现有不少法律、规章和条例都在不同程度上为政府的信息采集活动提供了一定法律依据。例如，在法律方面，有：《统计法》、《审计法》、《保守国家秘密法》、《刑事诉讼法》、《民事诉讼法》、《食品卫生法》、《药品管理法》、《邮政法》、《海关法》、《大气污染防治法》、《城市规划法》、《环境保护法》、《税收征收管理法》、《国家安全法》、《测绘法》等。另外，许多行政法规和部门性规章也包含有关政府信息采集活动的规定。

2. 对大众媒介信息采集活动的法律规范

在美国，普遍流行的司法观点是拒绝给予大众媒介在新闻采访方面超过一般公众的权利。在英国，国家通过制定和颁布《公务保密法》来限制大众媒介的信息采集活动。我国至今没有专门的新闻法。对大众媒介的信息采集（即新闻采访）活动，1990 年国务院发布了《外国记者和外国常驻新闻机构管理条例》。对我国记者的新闻采访活动，目前主要是通过发放和审核记者证来加以确认、保护和控制的。但是，记者的采访权如何界定，记者在行使权利的同时如何履行其相关的义务，目前没有明确的规定。

3. 对商业机构信息采集活动的法律规范

为了规范主要出于商业目的的信息采集行为，保护竞争，许多国家都专门颁布了《反不正当竞争法》或《商业秘密法》、《专利法》、《商标法》等。

4. 对公益性机构信息采集活动的法律规范

图书馆、科技或社科情报所、信息中心和博物馆等社会公益部门是向社会提供各种公益性信息服务的主要机构。为了保证这些机构能完成这样艰难而崇高的任务，国家和有关部门必须从法律方面提供有力的支持和保障，使这些机构能采集到国内外出版或提供的一切有价值的文献资料。

5. 有关公民个人信息采集权利的法律研究

公民个人的信息采集权利一般包括通信自由权、文化教育权利、知情权和隐私权等。通信是人们交流和获取信息的重要手段。通信自由权是公民个人采集信息的一项重要权利。我国《宪法》第四十条规定，中华人民共和国公民的通信自由和通信秘密受法律保护。在商业方面，我国 1993 年颁布的《消费者权益保护法》有相应规定。在法律诉讼方面，《中华人民共和国律师法》第三十条中也有规定，律师参加诉讼活动，依照诉讼法律的规定，可以收集、查阅与本案有关的材料。

5.3.3 信息公开方面的法律规范

信息公开是指政府和各种组织机构向公众公开或者开放自己所拥有的信息，使其他组织机构和公众个人可以基于任何正当的理由和采用尽可能简便的方法获得上述信息。

1. 政府信息公开的法律规范

由于美国宪法采取了分权原则，导致总统有权决定自行处置一切有关要求各行政部门提供信息的事情。《信息自由法》经美国总统批准后于 1967 年 7 月 6 日开始生效。

为了保障公民、法人和其他组织依法获取政府信息，提高政府工作的透明度，促进依法行政，充分发挥政府信息对人民群众生产、生活和经济社会活动的服务作用，《中华人民共和国政府信息公开条例》已经 2007 年 1 月 17 日国务院第 165 次常务会议通过，自 2008 年 5 月 1 日起施行。对于几类与国计民生关系重大的特殊信息，如地震信息、疫情信息、气象信息、灾情信息等，我国都有专门的法规来规范其公开办法。

2. 商业机构信息公开的法律规范

商业机构的信息公开问题是最先受人们关注的信息公开问题。它起因于美国 1929 年发生的股市大崩溃。为了防止此类事件再次发生，美国政府在 1933 年和 1934 年相继颁布了《证券法》和《证券与交易法》。

改革开放以来，我国开始了这方面的立法行动，先后制订和颁布了一系列法规，如《公司法》、《证券法》、《股票发行与交易管理暂行条例》、《禁止证券欺诈行为暂行办法》、《国债期货交易管理暂行办法》、《企业法人登记管理条例》、《国有资产评估管理办法》、《专利法》、《会计法》、《统计法》、《审计法》等。这些法规为规范商业机构的信息公开行为，保障公众的商业信息获取权发挥了重要的作用。

5.3.4 信息传播方面的法律规范

信息传播是连接信息生产与信息利用的重要环节，联系信息源与信息用户的重要纽带，是信息管理过程中的难点与重点。由于传播方式和渠道日益多样化，传播面广、影响大，传播技术日益复杂，所以制订和实施这方面的政策法规历来都是得到国家权力机关的高度重视。

1. 新闻传播方面的法律规范

世界上不存在不受限制的新闻自由。法国 1789 年公布的《人权和公民权宣言》明确规定言论自由和新闻自由不得扰乱法律所规定的公共秩序。美国国家权力机关主要依靠《美国宪法第一修正案》以及其他相关法律和司法判例来规范大众媒介的信息传播行为。德国对新闻媒介的管理和监督逐渐形成了自己的一套机制，分为两个部分，即依据法律上的规定和自我监督机制。

我国有关信息传播的政策法规分散在各种相关的政策法规中。我国《宪法》规定公民有言论、出版自由。1997 年 1 月，中宣部、广电部、新闻出版署和全国记协联合发出《关于禁止“有偿新闻”的若干规定》，重申了 1993 年《关于加强新闻队伍职业道德建设,禁止“有偿新闻”的通知》精神，并规定严禁采取“公开曝光”、“编发内参”等方式要挟他人以达到个人目的，新闻报道必须与广告赞助或者经营活动严格区分开来，不得以新闻报道的形式拉赞助或为他人做广告。记者、编辑不得从事广告和其他经营活动。

2. 网络传播的法律规范

1996 年 2 月 1 日我国政府就发布了《中华人民共和国计算机信息网络国际联网管理暂行规定》(国务院令)。2004 年 9 月颁布的《最高人民法院、最高人民检察院关于办理利用互联网、移动通讯终端、声讯台制作、复制、出版、贩卖、传播淫秽电子信息刑事案件具体应用法律若干问题的解释》2010 年 2 月颁布的《最高人民法院、最高人民检察院关于办理利用互联网、移动通讯终端、声讯台制作、复制、出版、贩卖、传播淫秽电子信息刑事案件具体应用法律若干问题的解释(二)》，对办理该类刑事案件具体应用法律的若干问题做出解释。

3. 企业广告宣传方面的法律规范

改革开放以来，我国政府很重视广告立法工作。1982 年国务院办公厅发布了《关于加强广告宣传管理的通知》，1987 年国务院又发布了《广告管理条例》，另外，此间还发布了多项有关某类食品广告管理的法规。在此基础上，1994 年全国人大常委会通过了《广告法》。

4. 图书情报流通和传播方面的法规

1956 年文化部就发布了《关于加强公共图书馆工作的指示》，1985 年公布的《中共中央关于科学技术体制改革的决定》中，把科技情报机构定位为科技服务机构，要求积极发展国际间的计算机联机检索系统，扩大科技图书的进口规模可加速国际间科学技术信息交流，及时把握世界科技发展动向。1991 年，我国制定和颁布的第一部正式的《国家科学技术情报发展政策》，专门在第六部分阐述了促进情报的传递和流通的问题，首次明确地提出关于信息传播的若干政策。

5.3.5 信息市场管理方面的法律规范

信息市场是信息商品交易的场所，是信息这种特殊商品的交换关系及其所要求的法制关系的总称。一般认为，信息市场是由其主体、客体和中介构成的。信息市场主体主要包括信息商品的供给者和需求者，信息市场交易中的经纪人，信息市场管理方等主要市场参与者。信息市场的客体就是信息商品，包括信息产品和信息服务。在信息市场中，市场中介的作用十分重要。

1. 对信息市场主体、中介和客体的法律规范

信息市场各主体在参与交易过程中必须遵循一定的规则。对于信息市场的生产经营者，现有的《公司法》、《广告法》等法律法规都有相应规定。在信息市场中，中介方起着沟通信息、为双方提供服务的作用。其认定也是由各行业自行规定。由于信息产品和服务的多样性，对于什么样的信息产品和服务可以作为商品进入信息市场很难给予简单的限定，在《专利法》、《著作权法》、《广告法》、《商标法》等重要的法律中有不同的描述。

2. 信息市场秩序的法律规范

信息市场的正常运行需要有多种法律或法规来共同保障和调节，包括前述的《专利法》、《著作权法》、《商标法》、《广告法》以及《反不正当竞争法》、《价格管理条例》、《产品质量法》等。

5.3.6 信息资源利用方面的法律规范

1. 政府信息的利用的法律规范

在档案利用方面，我国《档案法》第十九条规定：中华人民共和国公民和组织持有合法证明，可以利用已经开放的档案。《机关档案工作条例》第十一条规定，机关档案部门保管的档案，是现行档案，主要供本机关和上级主管机关使用，不属于开放范围，对外提供利用需经上级机关批准。中国地震局2003年12月发布的《地震科学数据共享管理方法(试行)》规定：各类用户对获得的共享地震科学数据享有受限的、不排他的使用权。水文资料是水利及一切与水有关联的国民经济建设的重要基础信息和决策依据。2001年9月17日发布了《关于公开提供公益性水文资料的通知》，规定：公益性水文资料无偿提供全社会使用，提供单位可酌情收取一定的印制工本费。

2. 受知识产权法律保护的信息资源的利用

1986年，《民法通则》明确规定公民、法人依法享受署名、发表、出版、获得报酬的权利。后来，我国相机制定和颁布了《专利法》、《商标法》、《著作权法》等一系列知识产权法规，为信息资源的合理利用提供了法律保障。

3. 私有信息和个人信息的利用

为了维护私有信息不受侵犯，《经济合同法》第四条规定，任何单位和个人不得利用合同进行违法活动。关于个人信息的利用，我国《未成年人保护法》第十三条规定，任何组织和个人不得披露未成年人的个人隐私。

5.3.7 信息安全方面的法律规范

信息安全是指为保证信息的完整性、可用性和保密性所需的全面管理、规程和控制。它分为计算机安全和网络安全。

1. 保障计算机信息系统和网络设施安全的法律法规

2005年11月24日，公安部发布《因特网安全保护技术措施规定》，对因特网服务单位和联网单位落实安全保护技术措施提出了明确、具体和可操作性的要求。规定因特网服务单位和联网使用单位要建立和落实安全保护措施管理制度。

2. 信息保密方面的法律法规

信息利用过程中的保密问题在我国《宪法》第五十三条、第五十四条，《刑法》第一百八十六条均有规定，具体实施则由《保守国家秘密法》及各省市、各行业的实施细则来规定。在《保守国家秘密法》中，国家秘密被定义为关系国家的安全和利益，依照法定程序确定，在一定的时间内只限一定范围人员知悉的事项。《中华人民共和国电子签名法》(2004年8月

28 日)第十五条规定，电子签名人应当妥善保管电子签名制作数据。

◎关键词

标准，标准化，ISO 9000，法律规范

◎本章小结

信息资源管理标准化的内容主要包括：标准、标准化的基本概念，信息资源管理标准化的意义与作用、内容、指导原则、基本方法、制定与实施。

对 ISO 9000 系列标准进行了的论述，主要包括：ISO 9000 标准产生的背景、ISO 9000 系列的构成及其应用发展。

针对信息资源管理的几个重要环节，介绍了相关的法律规范。

◎练习题

1. 什么是标准化工作的特性。
2. 目前我国标准分为哪几级？
3. 说明我国国家标准代号的构成。
4. 简述信息资源管理标准化的意义和作用。
5. 简述信息资源管理标准化的内容。
6. 信息资源管理标准化的指导原则是什么？
7. 简要说明信息资源管理标准化的制定程序。
8. 简述 ISO 9000 系列标准的构成。
9. 简述信息法的特点和作用，信息法的调整对象和范围。

◎网络学习题

1. 从网络上收集信息技术标准(如 http://www.nits.gov.cn/)，了解相关内容。

2. 从工业与信息化部网站(http://www.miit.gov.cn/)了解有关信息产业方面的“法律、行政法规、部门规章、政策文件”等。

◎思考题

了解“信息污染”问题，目前我国有哪些相关政策、法规应对信息污染问题？

第 6 章　信息资源安全管理

◎学习目标与要求

本章从广义信息资源的角度，阐述了信息资源安全管理的内涵与意义；重点围绕信息系统安全模型，阐述网络、软件和数据安全管理问题，以及它们的技术基础——数据加密技术及其应用。

通过本章学习，要求同学们：

① 理解信息资源安全管理的内涵。

② 掌握信息系统安全层次模型。

③ 了解信息资源安全策略及其制定步骤。

④ 了解实体安全管理内容。

⑤ 了解网络安全管理内容。

⑥ 了解软件安全管理内容；了解计算机病毒及其应对措施。

⑦ 理解数据安全管理内容；了解数据库安全管理的方法。

⑧ 理解密码学基本模型的原理；了解两类不同的密码体制；了解 RSA 方法及其应用；了解基于 PKI 的 CA 服务。

信息是可共享的，这既为信息的发布、传播和利用提供了便利，但也给各类信息(特别是私有信息)的管理带来了隐患。特别是在计算机、网络高速发展的今天，社会组织(如银行、股市、政府、企业)和个人存放在各类信息系统中的大量电子数据直接影响着组织乃至国家的安危，信息安全问题变得异常重要。为此，人们从广义信息资源(信息及其相关要素)的角度，提出了信息资源安全管理问题。因为现代组织中的信息与信息系统紧密相关，且关系重大，所以信息资源安全管理核心是信息系统的安全。本章重点围绕信息系统安全模型，分层次地阐述信息资源安全管理问题及相应的安全管理技术。

6.1　信息资源安全管理内涵

例 6-1　信息时代不太平

(1)“911 恐怖事件”引发了什么——实体安全应急方案(灾难备份)

世贸大厦曾经是纽约的地标建筑，至少有 150 家金融机构在该大厦设有办事机构，它们掌控着数以十亿美元计的资金。在震惊世界的美国 911 恐怖事件发生后，随着世贸大厦的倒塌，许多公司也一同彻底消失了。有些公司虽然幸存下来，主要的雇员幸免于难，但是因为房屋硬件付之一炬，导致核心数据的丢失，两年内多数也逐渐消亡，至少有一半以上没有做灾难备份的公司经过这场灾难后完全垮掉了。这时，许多人将目光投向金融界巨头摩根士丹利公司。作为美国政府债券最大的承销商，摩根士丹利公司在世贸大厦租有 25 层，惨剧发生时有2000多名员工正在楼内办公，公司受到重创。可是正当大家扼腕痛惜时，该公司宣布，全球营业部第二天可以照常工作。其主要原因是它在新泽西州建立了灾备中心，并保留着数据备份，从而保障了公司全球业务的不间断运行。同样，德意志银行也在911灾难发生后的第二天启用了自己的备份中心并恢复了业务。在沉重的灾难打击面前，灾难备份这一在灾难来临前看似多余的投资却在灾难降临的时刻让人们意识到其真正的价值所在。

(2) 应对黑客导致的网络管理危机——软件安全防范

1997年发生在某高校的黑客入侵事件，导致该校网络中心存放用户上网记录的数据库被毁，由于没有数据备份，造成上千名师生的用户储值记录丢失，引起一场不小的风波。为了应对突如其来的危机，学校果断决定，根据核定后每位师生的损失金额，网络中心提供加倍的免费机时，从而使危机逐步平复。随后，网络中心加强了防火墙、入侵检测、防病毒、实时异地备份等安全措施，类似事件再也没有发生。

(3) 道德败坏的“冒名顶替”——信息认证问题

胡泳、范海燕在他们的《网络为王》一书中，记载了我国首起电子邮件侵权案——1996年7月9日北京市海淀区法院开庭审理北大心理系93级研究生X状告同学Z的事件。1996年4月9日，原告X收到美国密歇根大学寄来的同意提供奖学金的电子邮件，她很高兴，当时这份电子邮件被存在北大计算中心服务器同学Z的信箱中。可是，X等了很久都没有接到密歇根大学的正式录取通知书。于是X托在美国的朋友询问，得到答复是：4月12日密歇根大学收到以X为名的电子邮件，谎称X已接受其他学校录取，故不能去该校学习。所以，密歇根大学已把奖学金移给他人。X以从北大计算中心服务器取得的电子邮件记录与密歇根大学得到的电子邮件相吻合为依据，诉讼同学Z冒名顶替发假邮件，致使自己失去一次出国留学机会，并蒙受损失，请求Z赔偿和道歉。虽然法庭上Z辩称电子邮件非她所为，但休庭时承认自己出于嫉妒情绪而做错事。最终，法庭调解双方达成协议：Z向X书面道歉并赔偿12000元的经济、精神损失费。而结果是，X最终重新得到密歇根大学资助赴美成行；而Z尽管得到丹佛大学奖学金，但因为此起道德败坏事件，推荐人取消推荐而梦断北京。这个案件尽管得到公正的处理，由此也引发另外两个问题，一个是电子证据的数字签名，即如果Z坚称非她所为，没有签名的电子邮件是无法确证Z的犯罪事实的；另一个是数据电文证据的合法性。当时，法律还不完善，法庭审判不能采用数据电文为证据。随着信息化的进程，基于PKI技术的认证系统(CA)逐渐在国内广泛应用，数字签名被嵌入许多应用中(如电子邮件等)。此外，我国2005年4月1日实施的《中华人民共和国电子签名法》等相关法律，从法律上规范人们行为，为法庭处理数字信息纠纷提供了保障。

(4) “熊猫烧香”——计算机病毒与计算机犯罪

2006年10月后，一种蠕虫病毒(尼姆亚 Worm. Nimaya)及其各种变种，通过网络迅速传播，中毒电脑会出现蓝屏、频繁重启以及系统硬盘中数据文件被破坏等现象，并且会出现“熊猫烧香”图案，所以也被称为“熊猫烧香”病毒。该病毒会在中毒电脑中的网页文件尾部添加病毒代码，一些网站编辑人员的电脑被该病毒感染，上传网页到网站后，就会导致用户浏览这些网站时也被病毒感染。据悉，多家著名网站遭到此类攻击，而相继被植入病毒。由于这些网站的浏览量非常大，致使“熊猫烧香”病毒的感染范围非常广，中毒企业和政府机构超过千家，其中不乏金融、税务、能源等关系到国计民生的重要单位。这是中国近些年来，发生比较严重的一次蠕虫病毒发作。2007年9月24日这起中国首例利用网络病毒

“熊猫烧香”盗号牟利的案件在湖北仙桃市人民法院一审宣判：“熊猫烧香”病毒制造者、主犯李俊一审被判处有期徒刑4年，其余3名从犯分别被判处2年6个月、2年和1年的有期徒刑。经过庭审和人们调查发现：这不仅是典型的专业人员恶意制造病毒的计算机犯罪行为，也是借助网络以非法牟利为目的的群体经济行为。据报道，只有中专文凭的李俊，因为学历低的原因招聘遭拒，于是开始抱着报复社会以及赚钱的目的编写病毒。他先将“熊猫病毒”等在网络中卖给他人，帮助他们盗取网友网络游戏和QQ帐号并非法出售牟利，然后由这些人对此病毒进行变种改写处理并传播出去，通过所谓“僵尸网络”谋取更大的利益，从而导致病毒迅速在大范围内发作。很短的时间内，李俊直接非法获利10万余元，利益的驱动使得网上非法分子形成了制造、传播病毒的群体行为，给社会的信息安全带来极大的危害。

例6-1的四个例子仅仅是形形色色存在于信息时代的大量事例的缩影，但它们却从不同的角度生动地说明了，信息社会面临着如此多而严重的信息安全问题。在例6-1的(2)中，网络中心没有采用“数据备份”安全措施，引起校园“千人危机”，尚可通过应急公关手段快速处理问题。但如果是一个银行没有做灾难备份的话，其数据中心被毁(如世贸大厦)不仅会引发“千万人危机”，可能导致银行倒闭，更严重的是由此可能产生社会动荡，影响整个社会的安危。历史上曾发生的银行业信息科技事故表明，如果银行系统中断一小时，将直接影响该行的基本支付业务；中断一天，将对其声誉造成极大伤害；中断2~3天以上不能恢复，将直接危及其他银行乃至整个金融系统的稳定。而应对银行突发灾难的最有效办法，是迅速建立并不断完善金融机构灾难备份和恢复系统，这正是信息资源安全管理思想的一个很好的体现。

随着社会信息化的发展，电子数据已经成为各行各业信息储存和显示的主要形式。在信息社会中，信息资源(信息及其相关要素)能否被安全可靠地开发利用，是涉及每个人生活，影响组织工作，乃至关系国家安危的大事。信息资源安全管理是指：针对普遍存在的信息资源安全问题，人们利用各种技术方法和组织手段，所进行的有计划的管理活动。

信息资源安全管理的观念和意识是随着信息化的不断发展而深化的。早期，人们只意识到情报(信息)安全问题，认为信息安全管理只属于国家政治、军事、情报等机密部门的事。随着信息化的深入，信息技术渗透到各行各业的各种业务活动中，产生了大量的安全管理问题。特别是，伴随着各种竞争活动(攻击)加剧，信息安全和信息系统安全逐步被人们重视，信息资源安全管理成为信息资源管理一个重要的研究和应用方向。事实上，对于银行、股市、电信等与国民经济和人民生活重大相关的领域，信息资源安全管理早就推到议事日程，并已成为其信息系统日常运行维护的重点工作。反过来，网上银行、电子商务、电子政务等实践活动也极大地推动了各种信息安全技术和管理措施的研究与发展。

本质上，信息资源安全与信息的利用和权属相关，信息资源安全问题是指信息可用性和权属受到威胁。使信息资源免受威胁的方法和措施被称为信息安全技术，它主要关注信息在开发利用过程中面临的如下方面问题：

① 可用性　保证合法用户对信息的使用不会被不正当地拒绝。换言之，对有权限者，什么时候都可用。这里，信息资源可以是公有的也可以是私有的。

② 保密性也称机密性。保证机密信息不被窃取，或窃取者不能了解信息的真实含义。显然这里的信息是私有信息(组织或个人)，由权属(所有权或使用权)支配。

③ 认证性也称真实性　对信息的来源进行判断(身份认证)，能对伪造来源的信息予以

鉴别。

④ 一致性也称完整性。保证信息是一致或完整的，即信息在生成利用全过程中，内容不被非法用户篡改(信息内容认证)。

针对上述四点，信息资源安全管理的主要任务是：

① 采取技术和管理措施，保证信息资源可用，即使信息和信息系统在任何时候可被合法用户使用。主要应对由于突发事件(如自然灾害、偶发事件等)、人为攻击(如非法访问、黑客、计算机病毒等)等导致的信息系统瘫痪和信息不可用的问题。包括实体(如房屋、设施等)安全保护、信息系统安全保护(如硬件、软件维护等)。同时，防止非法者入侵、盗用或破坏信息资源，包括各类系统访问控制技术、阻隔技术等。

② 采用数据加密技术，使信息在其处理过程(存储或传递)中，内容不被非法者获得。即在没有密钥情况下，得到加密的信息无法被破译。

③ 建立有效的责任机制，防止用户否认其行为。如通过数字签名等手段，实现信息源(身份)和信息内容正确性(一致性)认证，即抗抵赖性，为无痕迹的电子操作导致否认、伪造、篡改或破坏等提供甄别手段。

④ 建立可审查的机制，实现责任追究性：能追踪资源什么时候被用、谁用、怎么用(如系统日志等)。

值得指出的是，信息资源安全管理本质上属于风险管理范畴，即为了预防或最大程度降低危害可能带来的损害而进行的管理活动，只有在出现问题的时候才能真正体现其价值。同时，安全问题和对应的安全防护措施是存在等级的，不同等级的安全问题，其影响(或不安全所带来的灾难后果)有轻有重，满足安全管理要求的措施也有强有弱，其投入也就有大有小。很明显，像银行、电信、能源等涉及面广、影响重大的要害部门，面临信息资源安全问题重大，需要采取高等级的安全管理措施和手段，安全管理的投入也大。在例 6-1 中，摩根士丹利的灾备中心建设和运行需要巨大投入，以应对可能的高等级的风险(“911 事件”得以幸免于难)。而对大学的网络中心来说，所面临的信息资源安全问题的等级相对较低，不必像摩根士丹利那样建立灾备中心进行安全管理，只需采取简单的异地备份策略等，就可满足其安全管理需要。现在，越来越多的组织在其信息化建设中，把信息资源安全管理纳入其信息化规划之中。后面两节重点从信息安全技术的角度，讨论信息资源安全管理所面临的具体问题，以及解决问题所用的手段与方法。

6.2 信息资源安全的系统管理

从例 6-1 中不难看出，由于不安全的因素各不相同，信息资源安全问题呈现的形式是多样的，有实体破坏、黑客攻击、违法行为、病毒侵入等。就一个具体的社会组织而言，这些不安全的因素和行为都存在。所以，组织的信息资源安全管理是一项典型的系统工程，应该用层次的方法把可能面临的信息资源安全问题和因素，按一定逻辑加以梳理、归纳和分类，以便人们系统地把握它。同时，现代的信息资源管理强调信息、信息生产者和信息技术密不可分，三者都集成于组织的信息系统之中，所以从信息系统安全的角度认识一个组织的信息资源安全管理问题是适宜的。为此，人们提出了多种信息系统安全(层次)模型。本节在介绍一个信息系统安全七层模型的基础上，重点从非技术(行为规范、实体安全)和技术(网络安全、软件安全和数据安全)层面，对信息资源安全所面临的问题和技术管理措施分别进行了讨论。

6.2.1 信息系统安全模型

类似于描述网络系统架构的ISO的OSI七层模型，贾晶等在《信息系统的安全与保密》中，把信息系统安全问题归纳在一个七层模型中(见图6-1)。它适用于解释任何基于计算机网络的信息系统安全问题——国家的、企业的或个人的信息系统安全问题。

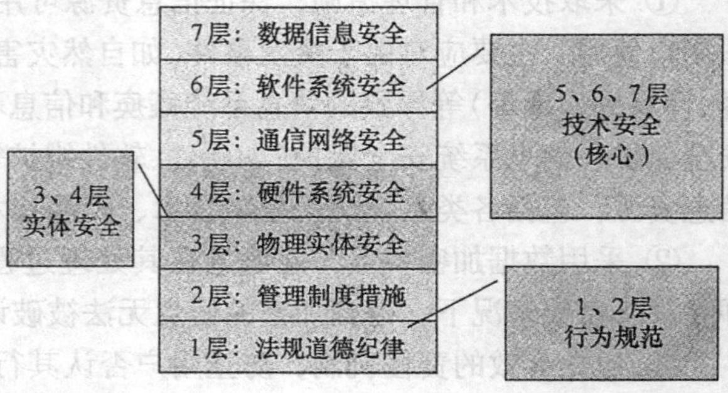

图6-1 信息系统安全层次模型

不难看出，各层之间相互依赖，下层向上层提供支持，上层依赖下层完善，最终实现数据信息的安全。下面由下到上从“行为规范”、“实体安全”、“技术安全”角度，依次说明信息资源安全问题及管理措施。

(1) 第1、2层 行为规范管理

新的网络文化、日益严重的计算机犯罪、信息资源开发利用中存在的各种非理性行为(如各类侵权行为等)，促使国家通过制定法律、规程、政策，来规范和约束人们的思想和行为，将信息安全纳入规范化、法制化和科学化的轨道。如《中华人民共和国著作权法》、《中华人民共和国电子签名法》、商务部《关于网上交易的指导意见》、《北京市信息化促进条例》等。在国家法规政策的指导下，管理组织针对自身具体情况，进行信息资源安全策略规划，设立相应机制，进行人员的安全教育与培训，并制定安全管理制度或管理细则，以规范组织内人们的行为。如“×××单位机房管理条例”、“×××单位信息系统安全管理办法”等。第1、2层主要是从法规和制度上规定一般公民和组织成员对信息系统安全所应承担的义务和责任，即规范和指导人的思想行为。

(2) 第3、4层 实体安全管理

在现实世界中，存在着对信息系统所涉及的硬件及相关物理实体(如机房及其环境)的各种各样的威胁，包括自然灾难(水灾、火灾、雷击、地震等)、人为攻击(偷盗、更换、破坏等)、环境影响(如灰尘、静电、电磁干扰等)、设备故障等。第3、4层主要用各种物理和管理手段(非技术的)，解决信息系统硬件及其环境的防灾、防盗和防害等安全问题。包括：对自然灾害(火、水等)、人为活动(防盗、防破坏等)、硬件损害(断电UPS、防静电、电磁干扰等)等的防患工作。它们是信息系统可用性不可缺少的基础和保障。

(3) 第5、6、7层 技术安全管理

除了上述非技术层面的安全管理外，信息资源安全管理更多地从技术的角度，利用各种信息安全技术，解决信息资源(网络、软件、信息等资源)的可用性、保密性、认证性、一致性等安全管理问题。包括通信网络、软件系统和数据信息等层面的安全管理，即技术安全管理，以保证信息系统安全工作，最终实现信息的有效开发利用。它们是信息系统安全管理的关键，是信息安全技术的核心。

6.2.2 行为规范管理

信息系统安全的行为规范管理包括国家和社会组织两个层面。

首先，国家根据社会发展特别是国家信息化发展的需要，逐步建立和完善信息安全的政策、法律和法规体系(见第5章)，对信息过程中的各种行为(如信息获取、信息传输、信息加工、信息发布、信息利用等)加以规范，即从法律和行政管理(政策、规程)的角度，约束和指导信息资源开发利用行为，以保证国家、组织和公民的信息权益，进而保护国家主权和利益不受侵犯。

其次，社会组织(如政府机构、企事业单位等)在国家政策和法规指导下，制定信息资源安全管理策略，从整体上，把握信息资源开发利用和安全管理的平衡点，设置保护对象的安全优先级，提出信息系统的安全目标，以及实现这些安全目标所运用的手段和采取的途径。制定安全策略的步骤是：

① 理解组织业务特征　只有了解组织业务特征，才能发现并分析组织业务所处的风险环境，并在此基础上提出合理的与组织目标相一致的安全保障措施，定义出技术与管理相结合的控制方法。

② 建立安全管理组织机制　要制定好的信息资源安全策略，必须与决策层进行有效沟通，并得到组织高层领导的支持与承诺。为此，通常要成立由高层管理人员、安全技术人员、部门相关人员等组成的工作组，来具体完成安全策略编制工作。

③ 确定信息资源安全的整体目标　描述信息资源安全的需求和预期达到的效果。

④ 确定安全策略的范围　根据实际情况确定信息资源安全策略要涉及的范围和控制管理内容。

⑤ 安全策略评估　通过专家评估、用户测试等方法，对安全策略的完备性、可用性进行评审，以确定其是否达到组织所需要的安全目标。

⑥ 安全策略实施　评估通过后，由管理层正式批准发布实施。

信息资源安全策略的内容，从宏观的角度反映了该组织整体上的安全思想与观念，一般它由组织的高层负责制定，具有战略指导意义，是一切具体的安全管理工作的基础。安全策略制定要兼顾内容上的可理解性、技术上的可实现性和实际操作的可执行性，它应该是简明的、原则的、可审核的、可行的、文档化的、动态的。

在组织信息资源安全策略指导下，建立相应的安全管理的组织机制，制定安全管理细则，对组织人员进行职业道德、法律法规、安全保密和安全管理活动的教育和培训。

6.2.3　实体安全管理

实体安全主要涉及信息系统的硬件及其运行环境，其安全与否对网络、软件、数据等的安全有着重要的影响。下面针对场地环境、硬件、介质等各类实体的安全威胁，讨论实体安全管理所采取的各种防护策略。

1. 场地环境安全

① 场地　存放计算机、网络硬件设备的机房等信息系统的中心区域，应该选择远离存放易燃、易爆、易腐蚀物品的地方；远离有害气体源；远离强的动力设备和机械；避开高压线、雷达站、无线电发射台和微波中继线路；远离强振动源和噪声源；具备较好的防风、防火、防水、防震及防雷击的条件。

② 空气调节系统　机房内空调系统是保证计算机系统正常运行的重要设备之一。通过人为控制，使得机房能够保持适当的温度(一般20℃左右)、合适的湿度(一般30%~70%)和洁净度，以便计算机硬件能够正常工作。

③ 防火管理　为避免机房发生火灾造成大的损失，应该采取如下防火安全策略：

a. 配备烟火报警装置。

b. 制定防火管理应急预案。

c. 设计防火分离区（如防火门、隔离带等）。

d. 配备灭火器材。

2. 硬件安全

① 硬件设备的档案管理　对设备型号、测试、安装、存放、维修、使用等管理信息进行登记。

② 防电磁干扰　计算机及其相关设备在工作时会产生一定量的电磁波，当它强度超过一定量时，对其自身和周边设备产生干扰影响，导致设备不能正常工作。为了解决这类问题，常采取电磁屏蔽、接地系统等措施。

③ 防电磁泄漏　电磁泄漏是指在信息系统工作时，有用的信息电磁信号被高灵敏度设备截获，从而导致信息泄漏，威胁信息安全。为此，人们常采取电子屏蔽技术和物理抑制技术消除电磁泄露。

④ 电源安全　电源是一切电器设备安全工作的基础，其安全管理要考虑如下因素：

a. 容量应有宽裕，一般电源功率要超过所有设备负载的125%。

b. 应急电源，为了应对停电等突发事件，必须配备不间断电源，以便做应急备份的工作；对于重要的不可中断的服务器应该有备用电源。

3. 介质安全

介质是存放信息的载体，包括各类磁盘、磁带、光盘等。除了进行分门别类地存储和管理外，要注意防火、防高温、防潮、防水、防霉、防磁和防盗等，并定期检查和清理。对于重要的信息，不仅从实体上进行保护，还要通过数据加密处理，从内容上加以保护。

6.2.4 网络安全管理

例6-2　S公司网络信息系统建设

S公司是某跨国企业E的中国代理经销商，代理销售E公司的上万种产品。它的总部设在北京CBD某商务大厦中，并在北京近郊租有一处上千平方米的仓库。经过多年的发展，其销售客户遍及大江南北，年销售额过亿元。近年来，企业在国内几十个城市发展了二级经销商，先后在广州、上海、成都、西安、沈阳建立了办事处。其信息化建设的情况是：2000年后企业通过购买、委托开发等方式，先后上线了财务、销售、成本核算及库存等多个信息系统，其中前三个系统相互独立地运行在CBD总部大厦的局域网中，单机版库存系统运行在仓库办公室。总部、仓库和各办事处尚未相互联网。企业以托管的方式，通过某ICP企业发布公司网站和运作企业邮件系统，并在阿里巴巴等知名商务平台注册。同时，通过互联网与E公司实现商务数据交换。

随着业务活动增加，各子系统间信息不通（信息孤岛），重复输入产生的低效率和数据不一致等问题越来越严重；而市场竞争加剧也要求改善仓库、办事处与总部相互之间的信息交换方式，以提高信息共享和快速反应决策能力。为此，企业准备重新构造其网络系统，聘请了专家帮助进行规划。专家从网络信息资源管理的角度，将企业信息按三类不同的用户分在三类网络中，并就企业三类网络建设提出了建议（见图6-2和表6-1）。

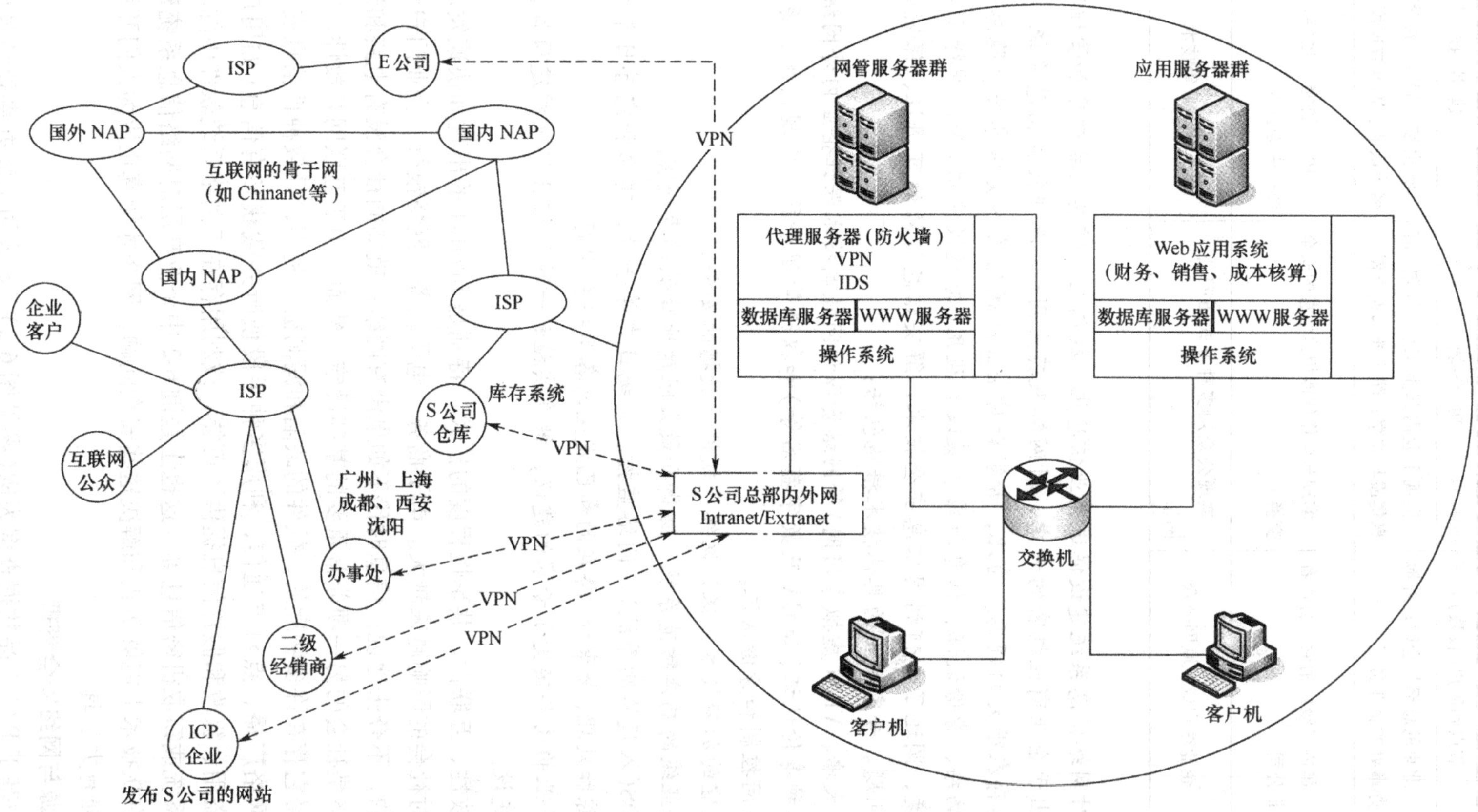

图 6-2　S 公司网络系统架构图：公网(Internet)、内网(Intranet)、外网(Extranet)

NAP—网络接入点　ISP—互联网服务提供商　VPN—虚拟专用网　IDS—入侵检测系统　ICP—互联网内容提供商

表 6-1 S 公司三网建设规划建议

网络类型	节点和用户(权限)	功能	建议技术
内网(Intranet)	北京的总部与仓库；外地办事处的企业员工	实现企业内部员工(分权限)信息集成与共享；防止外部人员侵入	防火墙、VPN、加密、数字签名等认证、Web 数据库等技术
外网(Extranet) 国内 国外	国内二级经销商、合作者 E 公司	实现与合作伙伴相关信息的安全交换	VPN、加密、数字签名、Web 数据库等技术
公网(Internet)	企业客户或互联网公众	实现公众用多种方式访问公司网站	Web、WAP 等技术

企业高层对网络信息系统建设促进企业信息化，提高企业信息处理效率和管理决策水平非常认可，但出于企业商业机密的考虑，对网络及其应用(如内部集成信息系统、电子商务等)的安全隐患存在很大的顾虑。为此，专家针对企业所顾忌的各类信息安全隐患——非法入侵、计算机病毒、身份认证、信息泄露、篡改和盗用(含越级使用)等，进行了系统地分析。从技术角度，阐述了如何利用信息安全技术，解决信息资源的可用性、保密性、认证性、一致性等问题。专家提出的具体技术措施包括：

① 利用防火墙、VPN(虚拟专用网)等网络资源访问控制技术保证企业内外网络的安全。

② 通过各种身份认证(如 CA 及数字签名等)和权限管理手段，实现网络、系统(数据库)、数据的访问控制和身份认证。

③ 采取适宜的加密技术，保证网络、软件、数据的安全。

④ 建立企业级的病毒防范系统，防御和最大限度地降低病毒侵害。

⑤ 利用 IDS(入侵检测系统)、网络监控、系统日志等手段，建立和完善日常的管理体系，防御、追踪和处理(含审计)潜在的和已发生的各类安全问题。

最终，S 企业的高层接受了专家的建议，批准实施新一轮的信息化改扩建项目，开始了网络信息系统建设。

网络的开放性、互联性、共享性程度的扩大，特别是 Internet 的出现和快速发展，使得它的重要性和对社会的影响越来越大。电子商务、电子政务、网络银行、企业门户等应用都是以它为基础的，不夸张地说：信息时代下如果没有网络，就如同社会没有电路和道路一样的不方便，网络是社会的另一项非常重要的基础设施。然而，由于互联网开放性、方便性的设计初衷，使得它存在许多物理的、软件的缺陷和漏洞被人利用，导致种种信息安全问题的出现。如针对网络广播、点对点通信，利用多种手段侦听并截获私有信息(如用户密码)，从而为非法地盗用、篡改和假冒信息提供了可能；或利用存在于网络系统软件中的各种漏洞或后门，攻击系统或窃取机密信息等。这也正是例 6-2 中企业高层对网络信息系统建设的疑虑。的确，只有从技术上能够防止和解决这些安全问题，网络才能真正成为人们开展信息资源开发利用的强有力工具。

1. 网络资源与网络安全管理

以例 6-2 中基于 B/S 产品数据查询为例(参见图 6-2)，S 公司上海办事处销售员通过互联网查询位于总部(北京)产品数据库中的信息，以便为客户报价，就是一个典型的通过互联网实现的 Web 应用。它涉及如下网络资源：

① 主机系统　各类提供网络服务的计算机系统，也称服务器。如各级网络管理服务器、北京总部的 Web 应用服务器等。它包括硬件，也包括其中的系统软件、应用软件和数据。如北京总部的 Web 应用服务器上的 WWW 服务器程序(如 IIS)、数据库管理系统(如 SQL Server)和 Web 应用程序(如销售管理信息系统)等。

② 终端系统　发出各类服务请求的计算机系统，也称客户机。同样，它也包括硬件、软件和数据。

③ 网络互联设备　包括网线和接口；集线器、交换机、路由器以及网关、网桥系统等。

原则上，上述网络资源中的任何一项及其使用环节出现问题，信息系统就不能正常工作或受到侵犯，从而导致信息资源安全问题，即可用性、保密性、认证性和一致性的丧失。网络层安全管理就是通过网络规划(划分)、设备配置与维护、审计追踪等管理方法，和加密、访问控制、网络检测和病毒防护等技术手段，解决网络信息系统应用中存在的不可用、盗用或乱用、泄密、篡改、假冒、抵赖和无法追踪等问题。

2. 网络安全技术

主要的网络安全措施和技术包括：网络分段、防火墙、VPN(虚拟专用网)、入侵检测、病毒防治等。

(1) 网络分段与 VLAN

网络分段通常被认为是控制广播风暴的一种基本手段，也是保证网络安全的一项重要措施。其指导思想就是将非法用户与网络资源相互隔离，从而达到限制和阻止用户的非法访问及非法侦听的目的。同时，它也可以带来如下好处：过滤通信量、扩大了网络范围、提高可靠性、减少了网络嗅觉器(Sniffer)监听范围等。网络分段包括物理分段和逻辑分段。物理分段是指将网络从物理层或数据链路层上分段，使得不同网段之间无法进行直接通信。目前许多交换机都有一定的访问控制能力，可以实现物理分段。逻辑分段是指在网络层以上进行的分段。例如在 TCP/IP 网络中，可把网络分成若干 IP 子网，各子网间必须通过路由器、网关或防火墙等设备进行连接，利用这些设备(包括软件)的安全机制来控制各子网间的访问。

VLAN(虚拟局域网)技术是一种常用的逻辑分段方法，是指网络节点不拘泥于物理位置，可以根据需要按照一定规则加入不同的逻辑子网中的一种分段技术。网络管理员利用 VLAN 可以实现网络的灵活分段，从而带来许多好处：有效管理 VLAN 间的广播，防止广播风暴发生；可以有效地管理和限制 VLAN 间的访问量，减少路由器开销；增加网络内部安全性；为管理网络提供便利，简化因为网络变化带来的工作等。常见的 VLAN 划分方法有：基于端口的 VLAN、基于 MAC 的 VLAN、基于协议的 VLAN、基于 IP 的 VLAN 等。

(2) 防火墙技术

防火墙是指设置在不同网络(如可信任的内部网和不可信任的公共网)之间的硬件或软件部件的组合，故有硬件防火墙和软件防火墙之分。它是不同网络间信息的唯一通道，利用它可以监测、限制、更改跨越防火墙的数据流。通过限制外部(非授权用户)访问内部网络，监测和管理内部对外部网络的访问，来加强网络的内在安全性，从而实现了合法用户可用而非法用户不可用的安全目标。目前比较好的防火墙配置方法如图 6-3 所示，它使用了两道防火墙，通过外部防火墙和内部防火墙过滤，使得内部网只与相对安全的 DMZ(DeMilitarized Zone,非军事区)交换信息，强化内部网络的安全性。目前，从连接方式看，防火墙被分为分组过滤型、应用网关(或代理服务 proxy)型、电路层网关型等。

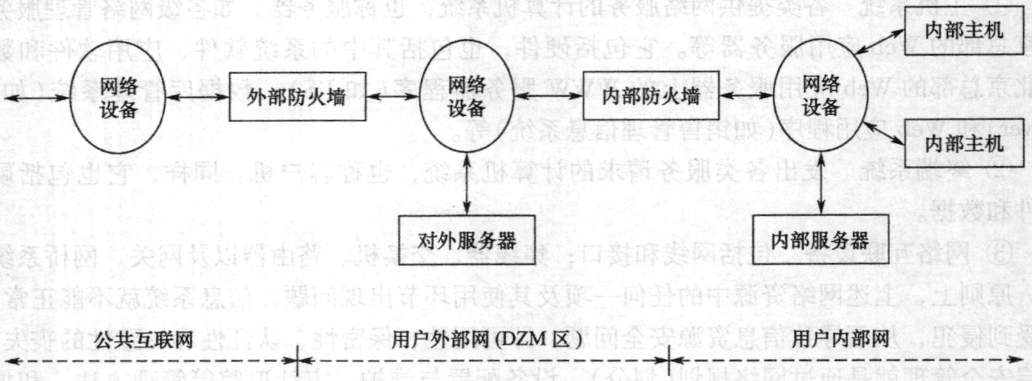

图 6-3　防火墙的应用配置

(3) VPN

传输最重要的信息(如军事情报、政府内部政务信息等),最安全的办法是通过专用网络。但是,建设或租用专用网络(如电信的增值网络 VAN——Value Added Network),费用是昂贵的,在广域网范围尤为如此。所以,大多数构建内部网络(Intranet/Extranet)的用户都期望有一种既安全又经济的网络方式,能够实现安全的(远距离)信息传输。VPN(Virtual Private Network,虚拟专用网)应运而生。

VPN 被定义为通过公共网络(如 Internet)建立的专用网络,它通过所谓的"隧道"技术,开辟一条穿过混乱的公共网络的安全、稳定的隧道,实现可信任的网络连接。它有明显优点:

① 经济　使用 VPN 比起专网建设或租用,成本大幅降低。

② 结构灵活、管理方便　较少的网络设备,几乎不用铺线,管理和维护网络(扩充或缩减变化)很容易。

③ 安全　这是 VPN 最核心的功能。因为它是基于一系列安全协议(如 IPSec、GRE、L2F、PPTP 等)下的网络连接,实现了数据加密传输;信息认证和身份认证保证信息的完整性(一致性)、合法性(认证性);提供了访问控制,不同用户有不同权限。而这些安全协议的技术基础,是 6.3 节介绍的数据加密技术。

(4) 入侵检测

网络上存在许多攻击行为,如扫描器攻击、口令入侵、特洛伊木马、网络嗅觉器、破坏攻击(如邮件炸弹)等。如果说防火墙是一种从防御角度构造网络安全系统的话,那么入侵检测就是一种主动安全保护技术。它就如同雷达预警一样,作为防火墙之后的第二道闸门,在不影响网络性能的前提下,对网络(特别是内部网络)进行监测,从计算机网络的若干关键点收集信息,通过分析这些信息,发现异常并判断识别是否为恶意攻击。从检测方式分,入侵检测分为实时入侵检测和事后入侵检测;从信息源来划分,入侵检测可分为基于主机的入侵检测和基于网络的入侵检测,前者主要利用主机的各种运行日志,来进行分析判断;而后者主要利用网络数据流的数据包数据进行分析。入侵检测常用的数据分析方法有:特征识别或模式匹配分析,即已知异常或攻击侵入的特征,判断用户行为是否与之匹配,这种检测事先需要关于所有入侵特征的信息,才能避免漏判,所以该分析方法也称误用检测。统计分析，是指根据统计数据，正常情况下系统特征在一定的区间内，当用户行为特征超出统计区间，则认为异常(可能为新入侵)，故也称该分析方法为异常检测。入侵检测系统最终向管理人员提供网络系统安全的预警信息，为及时发现进而有效抑制和打击非法入侵行为提供帮助。

(5) 病毒防治

在1994年2月28日颁布的《中华人民共和国计算机信息系统安全保护条例》中，把计算机病毒定义为："编制或者在计算机程序中插入的破坏计算机功能或者毁坏数据，影响计算机使用，并能自我复制的一组计算机指令或程序代码"。它具有隐蔽性、传染性、潜伏性(触发性)和破坏性的特点。例如，拒绝服务攻击就是以网络瘫痪为目标的网络病毒(外部恶意程序)，通过向网站发送大量无意义的信息，使得网路拥堵直至瘫痪即不能提供服务。历史上它曾经使美国"雅虎"、"亚马逊"等大型网站瘫痪，造成极大社会影响，显然这需要网络层面的病毒防护和治理。网络病毒防治，主要从客户机或工作站、主机和防火墙等层面，对寄宿病毒的计算机系统及其网络进行预防和治理，包括扫描、过滤、清除等工作。本质上，病毒防治是对恶意程序的预防和治理，属于软件安全范畴，故放在"6.2.5 软件安全管理"一节中做进一步讨论。

除了上述措施和技术以外，网络安全技术中涉及通信加密、网络应用实体认证等问题，因为与数据加密和数字签名(数据源的认证)相关，故放在"6.2.6 数据安全管理"一节中讨论。

6.2.5 软件安全管理

现代的信息系统是基于计算机的信息系统。从抽象的功能角度看，计算机信息系统实际上就是利用硬件完成一系列关于信息的输入、处理、输出活动的工具。一个信息系统由人员、硬件、软件、数据、操作规则(规程)等五要素组成。人(用户)通过软件指挥硬件来有序地完成各种信息活动，软件是程序和数据(控制程序的参数)的有机结合体，程序则是指令的有序的集合。指令是特殊的信息，所以，软件是一种特殊的信息资源(资产)，它是计算机信息系统的核心。在信息系统安全管理过程中，软件既是安全保护的对象，也是安全管理的工具，同时也可能是危害安全的途径和手段。因此，软件的安全是保证信息系统安全的一项基本工作。

1. 软件安全问题

(1) 信息资产受到威胁

信息时代信息活动日益频繁和重要，软件也成为人们工作、学习乃至竞争的重要工具。同时，作为一种特殊的商品，由于其开发成本越来越高，所以软件已经成为组织或个人重要的信息资产。但由于信息可共享性的特点，使得它成为被盗窃、复制而非法使用的重点对象。从管理手段看，软件安全管理既依赖于道德、法律(知识产权等)和实体保护(防盗)等非技术手段，也可以通过一些技术手段达到安全管理的目的。

软件盗用既体现在整体非法复制，也反映在局部代码非法复用。所以，保护软件资产的安全管理措施包括：软件备份安全管理和软件代码安全管理两个方面。对于磁盘或光盘备份的软件，可以用"软件指纹"、软件加密等手段防止软件盗用。对于安装使用的软件，可以采取"软件狗"或"电子锁"、"时间炸弹"(如共享软件试用时间限制)等手段限制非法使用。为了防止人们通过各种手段获取、盗用乃至恶意篡改软件核心代码，数字签名、反动态跟踪技术等成为代码(组件)安全管理的主要手段。

(2) 软件应用安全问题

软件只有安装在计算机中，并进行适当的参数配置才可使用。同时在使用中，它要进行适当的管理和维护才好用。所以，软件应用的安全问题渗透在软件安装、配置、维护、管理等许多环节，软件应用安全管理解决软件应用过程中所面临的软件资源的可用性、机密性、认证性、一致性等问题。

一个解决具体问题的应用系统，通常是在不同层次的软件共同支持下完成信息处理任务的。如例6-2 的基于 Web 的销售管理系统，是用 ASP. net 开发的应用系统。支持它的软件依次为 Windows Server 2003(OS)、Framework 2. 0、IIS 5. 0(Web 服务器)、SQL Server 2005(DB Server)等(见图 6-2)，它们被统称为系统软件。所以，软件应用安全问题可以被分为：系统软件安全、应用软件安全和恶意程序及其防治等三类安全管理问题。操作系统是一切软件的基础，是最重要的系统软件。所以把系统软件安全分为操作系统安全和应用支撑软件安全两类。

2. 系统软件安全管理

(1) 操作系统安全

操作系统作为最基本的系统软件，它是计算机资源的直接管理者，是计算机系统的核心控制软件，也是计算机系统安全性的基础保障者。操作系统直接运行在计算机硬件之上，为用户提供接口，用户通过接口来操作硬件系统。同时，各类应用支撑软件(如数据库服务器、网络管理和应用服务器等)也都通过它与硬件系统打交道。所以，要保证应用软件、应用支撑软件的安全性，除了它们自身的安全性外，最重要的在于其底层操作系统的安全性。因此，保障操作系统的安全是整个计算机系统安全的基石和关键。解决应用系统的安全性，首先要研究和使用高可靠性、高容错能力和可动态配置策略的安全操作系统。

作为应用系统的支持，操作系统安全管理问题涉及操作系统本身安全性和配置使用安全性两方面，两者反映在操作系统的安全设计及其安全机制上。

过去几十年间，为了解决操作系统的安全问题，业界、学者乃至政府都倾注了巨大的精力，进行不断深入的研究。其中，1983 年美国国防部国家计算机安全中心(NCSC)提出的“可信计算机系统评审标准”(TCSEC——Trusted Computer System Evaluation Criteria)，堪称信息系统安全史上里程碑式的工作。尽管它有些地方跟不上历史的步伐，但仍然对信息系统安全建设有着指导作用，它也是现代操作系统安全设计所参考的重要标准之一。

TCSEC 对“可信计算机系统”提出了以下六条基本要求：

① 安全策略：系统实施访问的规则说明。

② 标记：标记系统控制的每一客体与访问数据有关的需求。

③ 识别：准确识别欲访问系统客体的主体身份的需求。

④ 责任：保存与安全有关时间记录的需求。

⑤ 保证：对安全机制独立评估，以便为满足系统需求提供保证。

⑥ 连续保护：保证安全实施机制不被恶意修改，以避免降低安全性。

TCSEC 根据不同的安全需要，按可靠程度将计算机系统分为四类(D、C、B、A 类)八级，具体如下：

① D：非安全保护类。如 MS-DOS。

② C：自主型保护类。

a. C1：具有一定自主存取控制机制，通过用户与数据隔离措施满足安全要求。如早期 UNIX。

b. C2：可控制的安全保护机制，通过注册、审查、资源隔离等达到安全要求。如 Windows2000，UNIX。

③ B：强制型安全保护类。

a. B1：标记安全保护，在 C2 上增加标记强制访问控制等功能。如 AT&T System V。

b. B2：具有形式化安全模型，系统设计结构化，加入用户自评级功能。如 Xenix。

c. B3：安全区域级，严格结构化设计，全面的存取控制的访问监控机制、审计报告。如 Honeywell、Federal、SystemXTS-200。

④ A：验证型保护类。

a. A1：验证设计。如 Honeywell SCOMP。

b. 超 A1：验证客观级。

从每级后面列的例子，可见“可信计算机系统”几乎就是安全的操作系统。我国 1999 年公布相关的标准《计算机信息系统安全保护等级划分准则》(GB 17859—1999)。该标准规定了计算机系统安全保护能力的五个等级，即：

第一级：用户自主保护级。

第二级：系统审计保护级。

第三级：安全标记保护级。

第四级：结构化保护级。

第五级：访问验证保护级。

应该指出的是，安全等级越高，系统代价越大。比如个人计算机的操作系统，其安全等级已由早期的 D 级(MS DOS)升级为 C2 级(Windows 2000)。人们安全需求变高了(如网络应用多了)，安全需求等级也提高，系统代价也大(复杂庞大)。不难从这一变化看到，操作系统的安全设计与安全性要求是紧密相关的。

事实上，早期人们就提出了安全操作系统设计应该遵循如下一些原则：

① 最小特权　为了使无意的或恶意的攻击所造成的损失达到最低程度，每个用户和程序必须尽可能地使用最小特权。

② 经济性　为了便于得到验证和正确地执行，设计的操作系统应该是足够小和足够简单的，并且易于理解。

③ 开放性　保护机构应该是公开的，不取决于公开者的无知，而只取决于相对少的关键项的安全性，如口令表。

④ 以许可为基础　存取时必须是授权的，排除违约情况，即只识别可存取的项目而不识别不可存取的项目。

⑤ 公用机构最少　由于多用户共享存取目标常常会出现意识不到的潜在的信息通道，需要通过隔离(物理管理硬件或逻辑隔离虚拟机)用户，以减少共享所产生的错误。

⑥ 有效性　每一次存取都必须受到控制。

⑦ 完全协调　每次存取应该经过检查；检查机构必须高效；用户应该能够掌握；三者

应该协调。

⑧ 方便性　用户在心理上乐于接受和使用。

根据上述原则，人们通过许多具体的设计思想和方法：如隔离设计(物理的、逻辑的、密码的、临时的)、核心设计(最低功能的内核)、层结构设计和环结构设计(从内向外由最敏感可信任层到最不敏感最不信任层)等，实现了具体的操作系统安全机制。

操作系统主要包括文件管理与保护、进程管理与控制、内存管理与控制、输入/输出设备管理与控制、审计日志管理等职能，针对操作系统管理硬件和服务软件的特点，可以把操作系统的安全分为硬件系统安全机制和软件系统安全机制两个方面。

硬件系统的安全机制主要包括：内存保护、进程控制、输入/输出控制等。内存保护机制是依据隔离设计、核心设计、层次设计等原则，将内存分为系统(内核)区和用户区，同时将程序使用模式分为用户模式和内核模式。在多任务环境下，内存保护保证进程间互不干扰，以及用户进程不得非法访问系统区，特权程序可以通过控制切换指令，实现对系统区的访问。从而保证内核、应用的各层访问控制，保证系统的可用。

软件系统的安全机制主要包括：身份识别与鉴别、访问控制、最小特权管理、安全审计等机制。身份识别与鉴别机制即通过建立用户及其标识符(如 id/password)和权限的安全管理，为访问控制、审计管理等提供基础。访问控制机制是安全管理主要表现形式，主要任务是防止非授权用户进入系统或非法存取使用系统资源。存取控制一般可分为：自主访问控制、强制访问控制和基于角色的访问控制等。自主访问控制是指授权用户可以自主地为其他用户授予访问使用的权力；强制访问控制是指系统管理员分配给用户和资源固定的安全属性，实现用户对资源限制性的访问。基于角色的访问控制是将用户与资源访问之间建立某种关系映射(角色)，用户根据角色所赋予权力访问资源。这种机制也普遍使用在应用软件系统中。最小特权管理机制实际上体现为“必不可少，也不可多”的原则，使系统用户只具有完成任务所需的特权。限制超级特权，从而降低风险。安全审计机制通过生成和分析各种系统运行记录，通过检查和审核，为系统可用性、认证性和一致性管理提供可追踪的依据。

(2) 应用支撑软件安全

应用支撑软件是指除操作系统外，支撑应用软件工作的所有系统软件，包括运行支持软件(如 Framework)、各种应用服务器软件(如 Web 服务器)、数据库管理系统软件等。在操作系统控制各类应用服务的基础上，各支撑软件根据自身任务要求，通过技术手段(通常为配置与维护工作)完成安全服务工作——机密、认证、访问控制、审计等。下面以基于 Web 的电子商务应用系统为例，说明 Web 服务器的安全配置。

目前，电子商务是最主要的网络应用之一，早期大的(跨国)企业通过专网(如 VAN)和 EDI 实现其跨国电子交易(如电子资金转换)。现在，随着互联网的普及，基于 Web 的电子商务系统成为主流。与一般的社会网络应用不同，电子商务对交易的机密性、认证性、一致性、不可抵赖性等有较高的安全性要求，特别是具有电子支付功能的系统。图 6-4 所示为基于 Web 的电子商务系统的软件层次，及其所涉及的一些安全技术和协议。

无论电子商务的业务系统还是提供安全支持的认证服务(CA,参考 6.3.2 节)系统都是基于 Web 的应用系统，它们的安全依赖于安全的 Web 服务器。Web 服务器安全管理主要体现在 Web 服务器配置上，人们可以根据安全要求对访问控制、认证等做具体部署，图 6-5 所示为微软 Web 服务器 IIS 下 ASP. net 配置界面，其中包含了许多安全属性的配置。

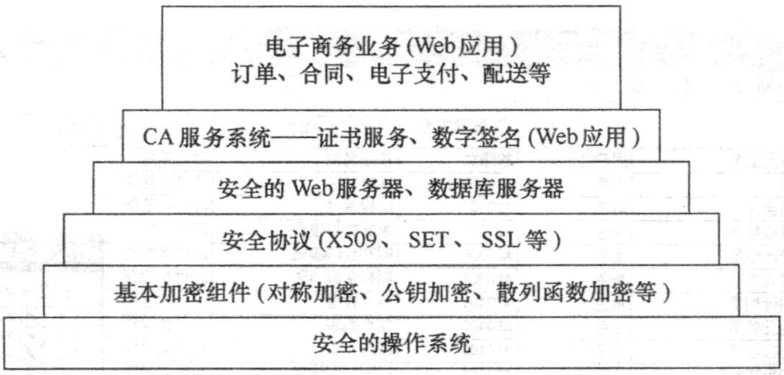

图 6-4　电子商务应用系统(安全)层次结构图

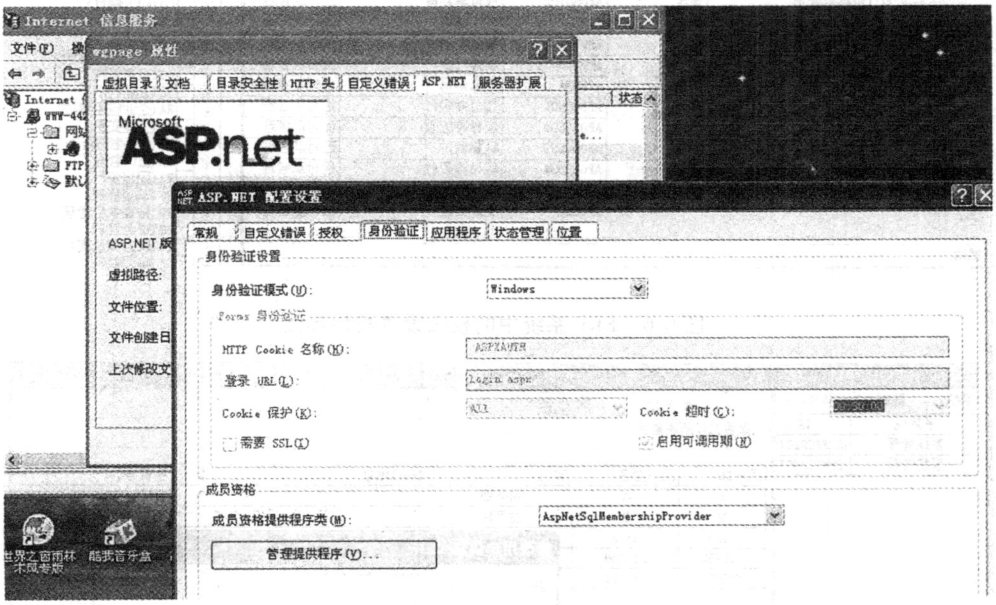

图 6-5　微软 Web 服务器 IIS 下 ASP. net 配置界面

当然，Web 服务器的安全还应该包括服务器文件(夹)安全管理、Web 站点网络安全(如流量控制、网络攻击检测等)管理等，即需要操作系统和网络安全等多方面的支持。6. 2. 6 节结合数据管理安全，介绍数据库服务器的安全管理。

3. 应用软件安全管理

应用软件能否安全运行，除了实体、网络和系统软件的安全支持以外，其自身也必须具备与安全级别相适应的安全管理功能，即通过身份识别与鉴别、访问控制、最小特权管理、安全审计等机制，解决应用软件的安全问题。根据分层、隔离、最小特权管理等原则，针对具体应用业务的功能及其用户，设计相应的安全管理功能(如权限和用户管理等模块)，以此来实施应用系统安全管理。图 6-6 和图 6-7 所示分别为一个 ERP 系统中的权限设置和用户管理模块，它们实现了 ERP 应用软件身份识别、访问控制等安全管理。图 6-8 是 ERP 系统中的上机日志模块的使用界面，此模块为系统应用的跟踪审计提供必要的信息，是一种强有力的事后安全管理手段。

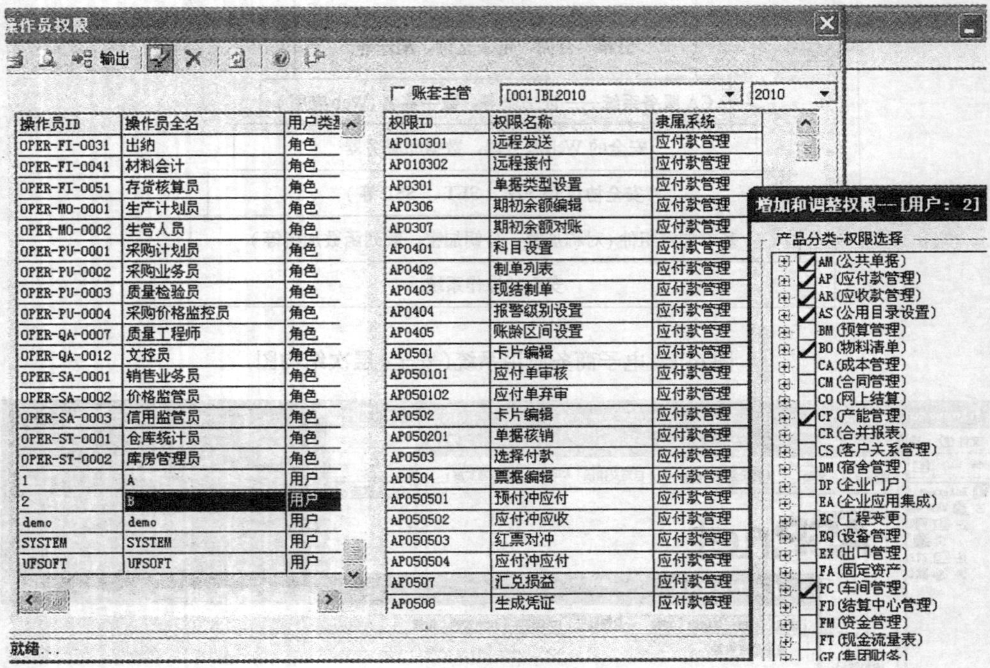

图 6-6　ERP 系统中的权限设置模块界面

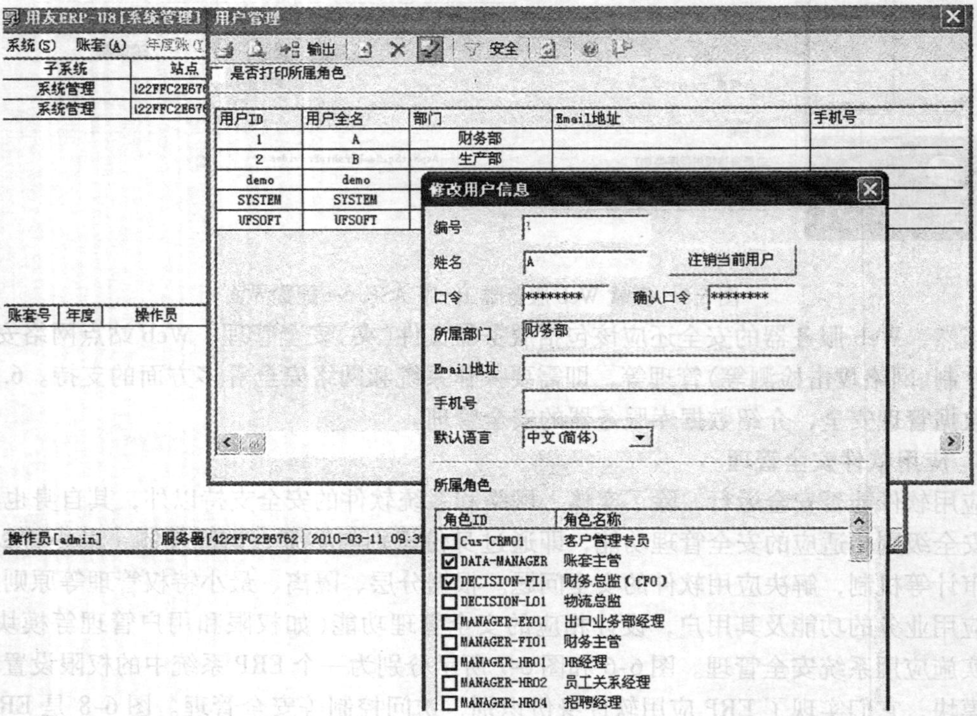

图 6-7　ERP 系统中用户管理模块界面

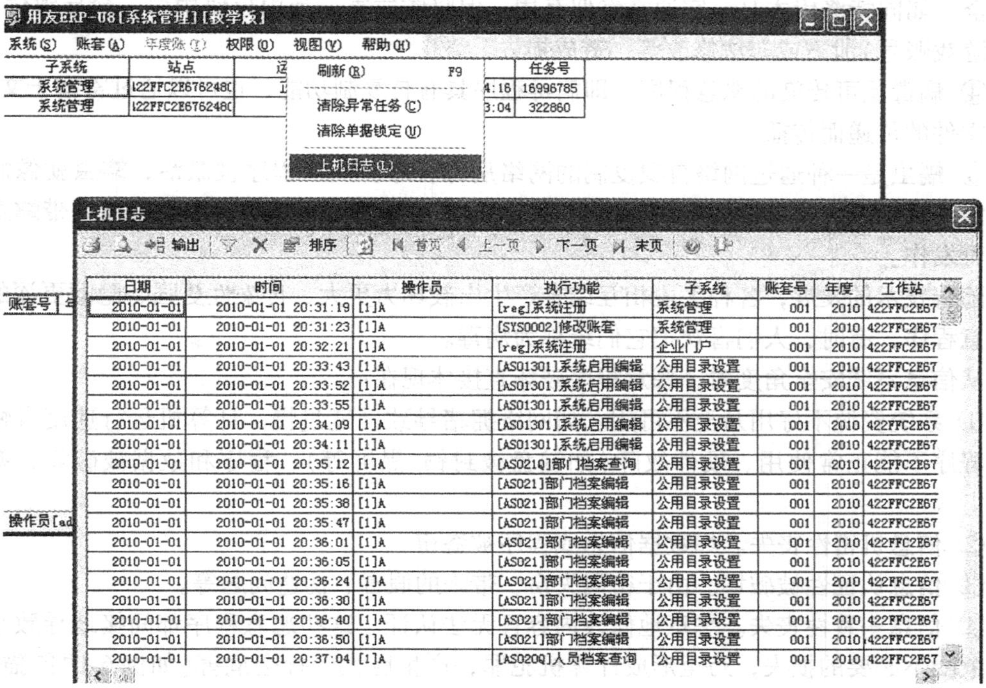

图 6-8　ERP 系统上机日志模块使用界面

4. 恶意程序及其防治

(1) 恶意程序

从软件层面看，除了用户自身的系统软件和应用软件外，外来的恶意程序构成了对信息系统安全最大的威胁。恶意程序是指未经授权在用户不知道的情况下，进入用户计算机系统中，影响系统正常工作，甚至危害或破坏系统的计算机程序。它具有破坏性、非法性和隐蔽性的特点。它可能是以可执行文件形式存在于系统中，可以在操作系统中自动运行，被称之为非宿主的；也可能把程序段嵌入到用户应用程序(代码或数据)中，当应用程序启动时，被激活执行破坏操作，被称之为宿主的。恶意程序也可分为不可复制和可复制两种。前者是指程序激活后只完成它自身的程序任务；而后者激活后，在完成自身程序任务的同时，还在系统中产生一个或多个可被激活的备份。人们把可复制的恶意程序称为病毒，复制现象被称为传染。如同有的生物病毒具有潜伏期一样，计算机病毒也可能有潜伏期，当激活条件具备的时候，它就开始发作。下面罗列一些常见的恶意程序。

① 陷门是指进入程序的秘密入口，也称后门，它使得知道的人可以不经过通常的安全访问过程而获得访问。它源自程序员为省事而常用的陷门技术，后来被黑客用来非法入侵、窃取和篡改信息。原则上，任何信息系统都会存在漏洞，发现(扫描)漏洞并及时修补(补丁)，即堵住“后门”，是信息系统安全的重要职责。

② 逻辑炸弹是指嵌入在合法程序中的代码，被设置为满足特定条件就会“爆炸”。即执行一个有害的任务：如删除、修改数据或文件，关机，黑屏乃至破坏整个计算机系统。

③ 特洛伊木马软件中含有一个觉察不出的有害的程序段，当它被执行时，会破坏用户

的安全。如同特洛伊木马，它通常看似有用，但暗藏危害，当用户使用后，会导致信息（如网民游戏账号）泄露或非法修改等，造成损失。

④ 病毒是可传染的恶意程序，即病毒程序具有自复制功能，也可以通过寄宿于文件中，随着文件的传递而传播。

⑤ 蠕虫是一种通过网络自我复制的网络病毒程序。一旦程序被激活，蠕虫就像病毒一样危害计算机系统。一般的网络行为（如发电子邮件、远程访问等），都有可能携带蠕虫并导致病毒发作。

随着技术的发展，各种手段相互结合产生出破坏力更大、传染性更强、隐藏更深的复合型恶意程序，有时，人们喜欢把它们统称为病毒。

从信息系统安全角度看，恶意程序破坏直接体现在：

① 系统资源不好用乃至不可用。如网络拥堵导致网速过慢、计算机运行速度奇慢导致应用程序不能正常使用、硬件故障（如键盘被封锁、黑屏等）、程序和数据被破坏、系统死机等。

② 信息机密性丧失。如数据信息或程序被盗窃。

③ 信息认证性被破坏。由于密码失窃，带来的假冒、伪造问题等。

④ 信息一致性丧失。恶意地修改内容且无法认证。这些恶意程序都间接地导致组织或个人蒙受不必要的损失，乃至形成计算机犯罪，产生巨大的社会危害（如例6-1"熊猫烧香"病毒的影响和结果）。因此，恶意程序的防治是信息系统安全的一项重要工作。

（2）恶意程序的防治

就一个组织的信息系统安全管理而言，恶意程序的防治工作包括防护和治理两方面，应该采取管理与技术相结合的方法。首先，要开展信息安全教育，提高组织成员的信息安全意识和职业素养，制定日常安全工作的守则（如密码管理、信息交换、网络使用、系统备份等制度）；其次，要树立"层层设防、集中控制、以防为主、防杀结合"的原则，通过全方位、多层次的防护体系和措施，最大程度减少恶意程序入侵的可能。从技术角度，建立和强化各级病毒防火墙（Internet 网关、内部防火墙等），安装网络防病毒系统，对桌面和服务器进行集中监控管理。建立和不断完善入侵检测系统，及时发现问题，及时隔离、清杀处理，使系统损失降低到最小。

6.2.6 数据安全管理

信息系统管理的对象就是数据，数据安全管理是信息系统安全最根本的落脚点，其他层面的安全管理也是为数据安全目的而服务的。数据安全管理主要解决数据（信息）的可用性、机密性、认证性和一致性等问题。因为信息系统中数据大多存放在数据库系统中，因此，数据安全管理主要体现在数据库系统安全管理上。

数据库系统包括数据库和数据库管理系统两部分，前者由表、记录和相关联的数据构成；后者是一个系统软件（数据库服务器），它帮助用户建立、使用和管理数据库。

安全的数据库的基本要求可以归纳为：

① 数据库的可用性及易用性（用户界面友好、合法用户可以便捷地访问数据）。

② 数据库的保密性（用户身份识别、信息保密、访问控制）。

③ 数据库的完整性（物理数据库完整性、逻辑数据库完整性和数据库属性数据的完

整性)。

④ 数据库的可维护性(可审计、备份策略)等。主要采取的安全技术措施：用户及其权限管理，访问控制，数据加密，日志与审计，数据备份等。

1. 用户权限管理

信息系统中数据可用性的安全目标就是“防止非法使用，方便合法利用”，完备的安全建立在系统的多重用户管理(应用系统中用户、数据库管理系统中用户、操作系统中用户等)之上，应用系统中的用户及其权限(见图6-6和图6-7)，最终要映射为数据库管理系统中的用户及其权限。

数据库管理系统中的操作权限可分为两类：数据库模式修改(数据库管理)权限和数据操作权限。

数据库模式修改权限如下：

① 索引权限：允许用户创建、删除索引。

② 资源权限：允许用户创建新的关系。

③ 修改权限：允许用户在关系中增加或删除属性。

④ 撤销权限：允许用户撤销关系。

数据操作权限如下：

① 读权限：允许用户读数据。

② 插入权限：允许用户插入数据。

③ 修改权限：允许用户修改数据，但不能删除。

④ 删除权限：允许用户删除数据。

数据库管理员为每个使用数据库的用户建立用户标识——用户名及初始口令，并根据“最小特权管理”的原则，分配相应的权限。例如在SQL2中把存取权限分为如下：

① SELECT：允许用户对关系或视图执行查询操作。

② INSERT：允许用户对关系或视图执行插入操作。

③ UPDATE：允许用户对关系或视图执行修改操作。

④ DELETE：允许用户对关系或视图执行删除操作。

⑤ REFERENCE：允许用户定义新关系时，引用其他关系的主键为外键。

⑥ USAGE：允许用户使用已定义的域。

数据库管理员可以利用GRANT <权限表> ON <数据库元素> TO <用户表> <WITH option>语句进行授权。

2. 访问控制

建立相应的安全访问控制机制(如登录程序)，识别用户身份(用户输入与系统用户标识进行比对)，实现数据库(数据、视图等)可用性的安全目标。

3. 数据加密

数据库的一大特点就是数据可以共享，但数据共享必然带来数据安全性问题，尽管可以通过访问控制减少风险，但是对于极端重要和私密的数据来说(如用户口令、应用意义巨大且机密要求极高的数据——如银行卡用户标识、个人隐私等)，必须实行更加严密的安全措施——数据加密。数据加密本质上是一种数据变换，将数据变为不可识别(不可读)的内容，一般人不可利用，只有掌握变换规律(变换参数——密钥)才能还原利用(可读)。这样，数据加密使重要的数据唯掌握密钥的人(合法用户)可用，从而达到安全保密的作用。研究数据加(解)密的学问称为密码学，6.3 节概要地介绍了其基本概念和基本方法。它是信息安全技术的基础。许多访问控制技术(口令信息的加密、文件访问控制)、通信网络信道加密(如 VPN 等)、真实性认证等都用到了加密技术。事实上，数据库中用户口令管理也用到数据加密，即便最大权限的数据库管理员也无法获得用户自己更改的口令(只能删除)，从而减少了非法冒用的可能。

4. 日志与备份

尽管数据库管理系统提供了上述严格的安全措施，但依然可能存在各种各样的故障(如灾害)和攻击(如恶意程序攻击等)，数据库难免遭受破坏。此时，掌握数据库破坏发生情况(时间、内容等)，采取最大限度的恢复措施，使数据损失最小，就显得非常重要。这涉及日志和备份技术。

数据库的日志文件用来记录数据库每一次更新活动，它是数据库管理系统的一个重要组成部分，对数据库系统的审计和事后安全管理起着重要的作用。数据库管理系统通过把事务的开始、结束以及对数据库的操作行为等，以记录的形式写在日志文件中。日志文件反映了数据库变化(包括破坏)的记录，对它分析，可以帮助人们建立合适的管理策略。其中，最重要的安全措施之一就是数据备份(参见例 6-1 中的(1))。备份是某一时刻数据库状态的复制品，即通过一定的技术手段把数据库转储到适当的介质上。备份可分为完全备份和增量备份，前者是指复制全部的数据库；后者只转储了上次备份后产生变化的数据。根据备份存放地点不同，备份也可分为本地备份和异地备份。人们可以根据安全等级和实际情况，确定相应的备份策略。进而，利用日志和备份对破坏的数据库进行恢复或修复。

值得指出的是，除了上述数据库系统的安全管理技术措施外，信息系统的数据安全还体现在数据真实性认证方面，特别是对电子商务这样多用户实体的信息系统来说，数据源认证(抗抵赖)是非常重要的。现在，解决这个问题的主要技术是数字签名。联合国发布的《电子签名示范法》中对数字签名的定义是这样的："在数字电文中以电子形式所含、所附或在逻辑上与数据电文有联系的数据，它可用于鉴别与数据电文相关的签名人和表明签名人认可数据电文所含信息"。6.3.2 节介绍了基于 CA 及其认证服务，其重要功能就是利用数字证书实现数字签名。它的技术基础也是数据加密——非对称加密技术。例 6-3 说明了如何使用数字证书对邮件进行数字签名。

例 6-3 发送数字签名的信

签名(盖章)及其识别是标识签名人(信息源)和表示签名人对信息内容的认可(抗抵赖)的重要手段。在例 6-1 之(3)介绍的电子邮件侵权案中，如果 Z 拒不承认冒名写信的事实，而无痕迹的电子邮件并不能证明 Z 的犯罪行为。但是，假如 Z 是以如下方式寄去数字签名的信，则法庭就可以通过调查 CA 数字证书的合法性，来证明 Z 的犯罪(当然要有"电子签名法"保障)。

这里，假设 Z 在某合法的 CA 获取数字证书，图 6-9 显示了 Z 利用 Outlook Express 软件对邮件进行数字签名——在"发件人"一栏右边有一个数字印章标志。收件人点击印章标志则会出现相应的发信人的数字证书(见图 6-10)。

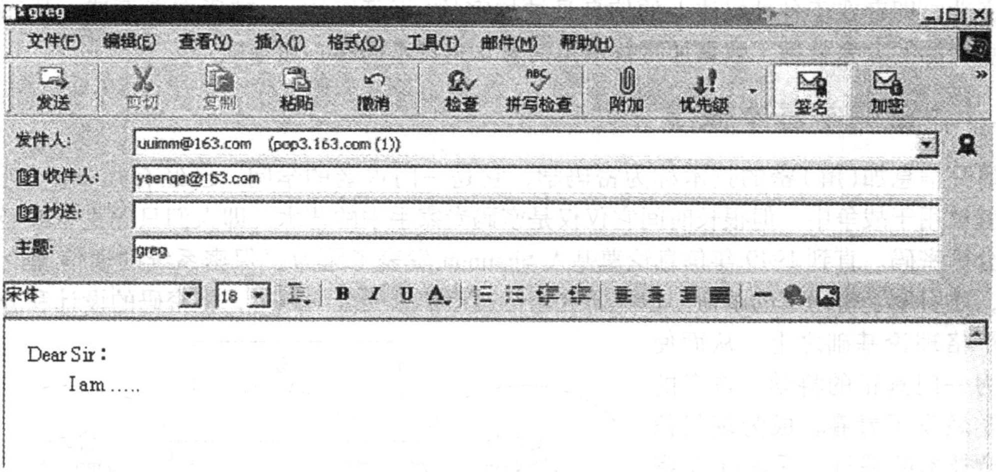

图 6-9　发信人用 Outlook Express 5. 0 对邮件进行数字签名

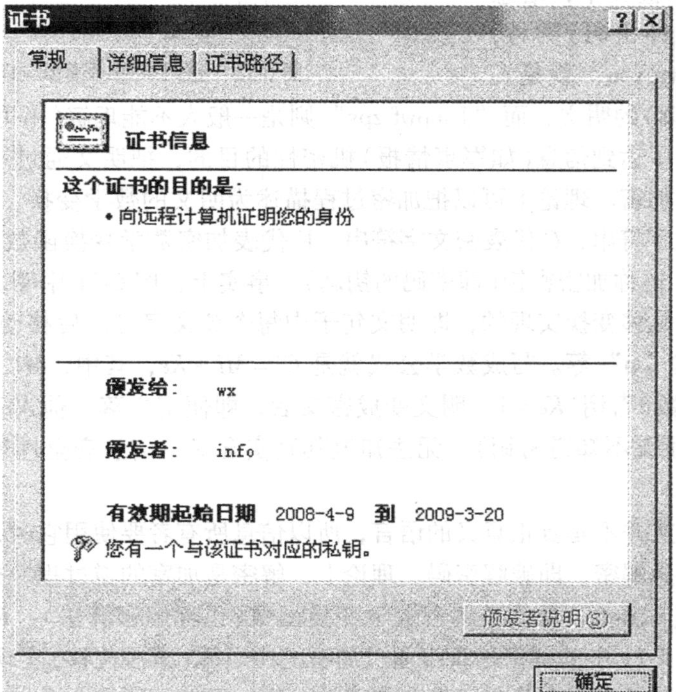

图 6-10　收件人可在 Outlook Express 5. 0 中查看发信人数字签名

6.3　数据加密技术及其应用

无论是信息资源(网络、硬件、软件或数据)的可用性涉及的访问控制技术(如口令机制),还是数据完整性或真实性要求的数据不可被篡改且抗抵赖技术(如数字签名),或通信传输安全所要求的机密性,其本质上都涉及通过数据加密的方法,来保证口令、签名和信息内容的私密性，即存在于各种媒体上的信息是被加密的(不可读的)，唯所有者可读，从而实现了信息资源的安全管理。数据加密技术是信息安全技术的核心和基础。

6.3.1 密码学基本概念

研究信息加(解)密的技术称为密码学，它是一门古老的学问，已经有几千年的历史，很早就被用于战争中。但很长时间它仅仅是密码专家手中的艺术，即人们只凭直觉或经验设计和分析密码。直到 1949 年信息论奠基人 Shannon 发表了题为“保密系统的通信理论”的论文，才引发了密码学的革命。他在研究通信过程信息安全问题时，将密码的设计和分析建立在严格理论基础之上，从而使之成为一门真正的科学。古老的密码学焕发了青春，成为现代信息安全技术的基石。图 6-11 是密码学基本模型。

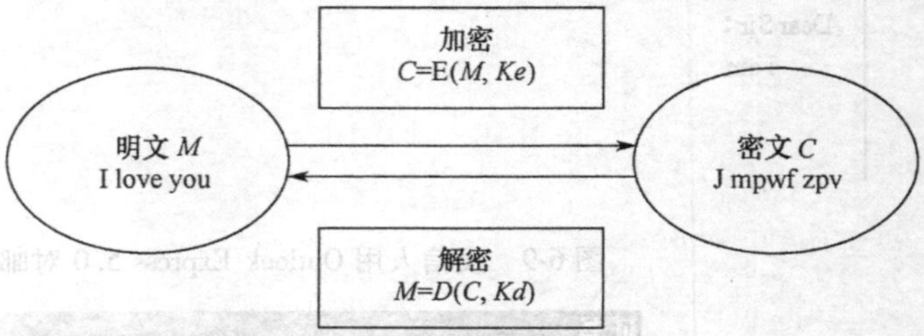

图 6-11　密码学基本模型与示例

首先在密码学世界中，信息分为明文和密文(即密码)两种，如图 6-11 中“I love you”就是人人可明白理解(可读)的明文，而“J mpwf zpv”则是一般人不能理解(不可读)的密文。

其次，人们为了达到信息(如军事情报)机密性的目的，把明文通过一定手段变成了密文，这一过程称为加密。理论上可以把加密过程描述为明文的数学变换，即 $C=\mathrm{E}(M,Ke)$，其中，M 代表明文字符串，C 代表密文字符串，E 代表加密数学变换函数(也称加密算法)，Ke 是其中的参数，也称加密密钥(即密码的钥匙)。事实上，图 6-11 中明文变密文的加密过程是通过简单加法位移变换实现的，即明文句子中每个英文字母向后移动一位，如“I”变成“J”，“l”变成“m”等。写成数学公式就是 $Ci=Mi+Ke$，其中，Mi、Ci 分别为明文中的第 i 个字符，参数(密钥)$Ke=1$。明文变成密文后，即便密文落入他人手中，因为他人不知道加密过程(特别是不知道密钥)，无法知道其真实含义，信息安全性得到了保证，即唯所有者可用。

第三，因为密文并不是真正意义的语言，所以信息所有者要使用它时，必须将其还原为明文，这个过程称为解密，即破解密码。理论上，解密是加密的逆过程，也可以用数学变换来描述，即 $M=D(C,Kd)$，D 代表解密数学变换函数(也称解密算法)，Kd 是其中的参数，称为解密密钥。图 6-11 中的解密是直接通过加密的逆运算(减法位移)实现的，即 $Mi=Ci-Kd$，$Kd=1$ 即密文句子中每个英文字母向前移动一位。显然，如果一个外人想办法知道了加密算法并偷得密钥，密码很容易被破解，信息也就不安全了。

在现实应用中，加密和解密是互逆的，它体现了密码战敌我双方的矛盾。如果加密的方法(数学变换函数及其参数)很容易被分析出来，这种加密的方法是不坚固的、易解密的。例如，图 6-11 中介绍的简单位移加密方法，很容易通过对密文的比较分析，获得加密方法，进而破解密文。所以，密码学关心的问题之一就是密码算法的安全性或健壮性，研究和寻找抗破解的加密算法。一个健壮的加密算法，首先应该计算简单即实用有效(快速、经济等)，同时在不知密钥下不能被破解或破解的代价大得没有意义。原则上，任何密码都是可破解的。所谓“代价大得没有意义”在理论上被解释为算法复杂性或“可计算问题”。一个算法的复杂性体现在空间(算法步骤、存储空间等)和时间(迭代次数)上。为此，人们用类似数学中无穷大的阶的思想，用算法输入的数量级作比较标准，衡量算法的复杂性。设 n 为算法的输入量，则算法复杂性的阶(等级)有如下：

① O(1)——常数级算法，计算复杂性与输入无关。

② O(n)——线性级算法，计算复杂性与输入成线性(比例)关系。

③ O(n^t)——多项式级算法，计算复杂性与输入成幂关系。

④ O($t^{f(n)}$)——指数级算法，计算复杂性与输入成指数关系。

相应的计算问题，也可分为：

① P 类问题：存在解决问题的多项式算法。即可计算的问题。

② NP 类问题：只能存在多项式算法验证，而未找到解决问题的多项式级算法。即不可计算的问题。

例如，著名的整数分解问题——给出一个整数求其标准因子分解式，就是一个 NP 问题。即当这个整数大到一定程度(如整数位超过 1000,世界上最快的计算机也要花很多年时间把它计算出来)。例如，对于 8616460799，求其标准因子分解是费事的。但是容易验证：8616460799 = 89681 × 96079。所以，如果破解一个加密算法的工作是一个 NP 问题(代价太大,花几年或更长时间才能找到密钥)，则加密算法是安全或健壮的。例如著名的 DES、IDEA、RSA、MD5 等算法都被认为是安全的，它们都属于“唯密钥可破解”的加密算法，即加密算法(函数形式)是公布的，但破解其密钥却异常困难，乃至不可能或无意义。

另一个密码学关心的问题是密钥管理，它来自应用(如网络应用)。假如有 n 个人在网上相互传递私密信息(如电子商务)，则每对人需要一对不同的密钥，n 个人共有 $n(n-1)/2$ 个密钥。当 $n=101$，则存在 5050 个不同的密钥，每个人要管理(记)100 个密钥。密钥管理会变得异常复杂。所以，密码学专家 W. Diffie 与 M. Hellman 在 1976 年创新性地提出了公钥体制的概念，以期解决钥匙管理问题。

对于图 6-11 揭示的加密和解密模型而言，当 $Ke=Kd$，称加解密算法为对称密码体制，如图 6-11 列举的位移算法就是对称的；当 $Ke \neq Kd$，称加解密算法为非对称密码体制或公钥密码体制。在公钥体制下，每个人得到一对密钥，一个称为公钥，另一个称为私钥。每个人的公钥是公开的，同时私钥是保密的。A 和 B 两个人之间私密通信，A 给 B 发信，用 B 的公钥加密，则此信只有 B(通过他的私钥解密)能看，别人看不了，从而保证信息的安全。所有人的公钥可以由第三方机构(称为认证中心 CA)统一管理，按需使用。人们(A 或 B)只需管理自己的私钥。从而解决密钥管理问题。同时，公钥体制也提供了数字签名的可能，解决了身份和信息认证(完整性)的问题(参见 6.3.2　RSA 公钥密码体制及其应用)。

6.3.2　加密技术及其应用

1. RSA 公钥密码体制及其应用

W. Diffie 与 M. Hellman 在 1976 年提出了公钥密码体制的概念，但他们并没有找到具体实现的方法。而麻省理工学院的 R. Rivest，A. Shamir 和 L. Adleman 于 1978 年找到第一个公钥算法 RSA，使 W. Diffie 与 M. Hellman 的设想成为现实。RSA 是被研究得最广泛的公钥算法，从提出到现在三十多年，经历了各种攻击的考验，逐渐为人们接受，普遍认为是目前最优秀的公钥方案之一。RSA 的安全性依赖于大数的因子分解，即已知一个大数(公钥)，求它因子分解(私钥)是困难的，从而保证 RSA 密码体制是抗破解的。具体算法如下：

① 任意找出两个大素数 p、q。

② 计算 $n=p\times q$ 和 $Y=(p-1)\times(q-1)$。

③ 任意取 e 与 Y 互质。

④ 使用 Euclidean(欧几里得)辗转相除法，求得 d 满足 $d\times e\equiv 1\bmod(Y)$。

⑤ (n、e)是公钥，(Y、d)是私钥，构成密钥对。

⑥ RSA 加解密的算法完全相同。即设 M 为明文，C 为密文，则加密公式：$C=M^{e}\bmod(n)$；解密公式：$M=C^{e}\bmod(n)$

例 6-4 RSA 实例

选择 $p=43$、$q=59$，则 $n=p\times q=2537$，$Y=(p-1)\times(q-1)=2436$。取 $e=13$，用辗转相除法计算出 $d=937$。

设明文 public key encryptions，同时按 a = 00, b = 01, …, z = 25 数字化编码。则利用 RSA 公钥加密 $C=M^{e}\bmod(n)$ 的数字明文和数字密文对应见表 6-2。

表 6-2 例 6-4RSA 实例的数字明文和数字密文对应表

明文 public key encryptions					
	明文分块 pu bl ic ke ye nc ry pt io ns				
数字明文 M	1520	0111	0802	1004	2404
	1302	1724	1519	0814	1418
数字密文 C	0095	1648	1410	1299	1365
	1379	2333	2132	1751	1289

利用 RSA 不仅可以加密，同时通过公钥和私钥结合使用实现数字签名。具体过程如下(见图 6-12)：假设 A 向 B 通过互联网传送带签字的信，A 的公钥为(e,n)，私钥为 d，B 的公钥为(e',n')，私钥为 d'，则 RSA 实现数字签名包括两个环节，其中 M 为明文，M' 为签字明文。

(1) 加密传输

A 用 B 公钥(e',n')将 M 加密成 $S=M^{e'}\bmod(n')$，将密文 S 通过网络传输给 B，B 利用自己的私钥 d' 解密得到 $M=S^{d'}\bmod(n')$。

(2) 签名过程

① A 用其私钥 d 将 M 加密成 $S'=M^{d}\bmod(n)$(签名)。

② A 再用 B 的公钥(e',n')将 S' 加密成 $C=S'^{e'}\bmod(n')$(签名加密)，并将 C 通过网络传给 B。

③ B 用 B 的私钥 d' 将 C 解密成 $S'=C^{d'}\bmod(n')$。

④ B 用 A 的公钥(e,n)将 S' 解密得到 $M'=S'^{e}\bmod(n)$。

最终，B 通过比较 M 和 M' 确认 M 的来源身份。因为 M'(S')经过 A 的私钥签名，所以与 A 唯一相关；若 A 抵赖 M 为其所发，则 B 可利用 M' 和 M 相等的事实，通过仲裁，说明 M 为 A 所为。即：$M=M'$，M' 在 B 手中，A 不可抵赖发送 M(身份认证——数字签名)。同时，如果 $M\neq M'$，则 M 非 A 信息(消息被篡改)，证明信息完整性被破坏。

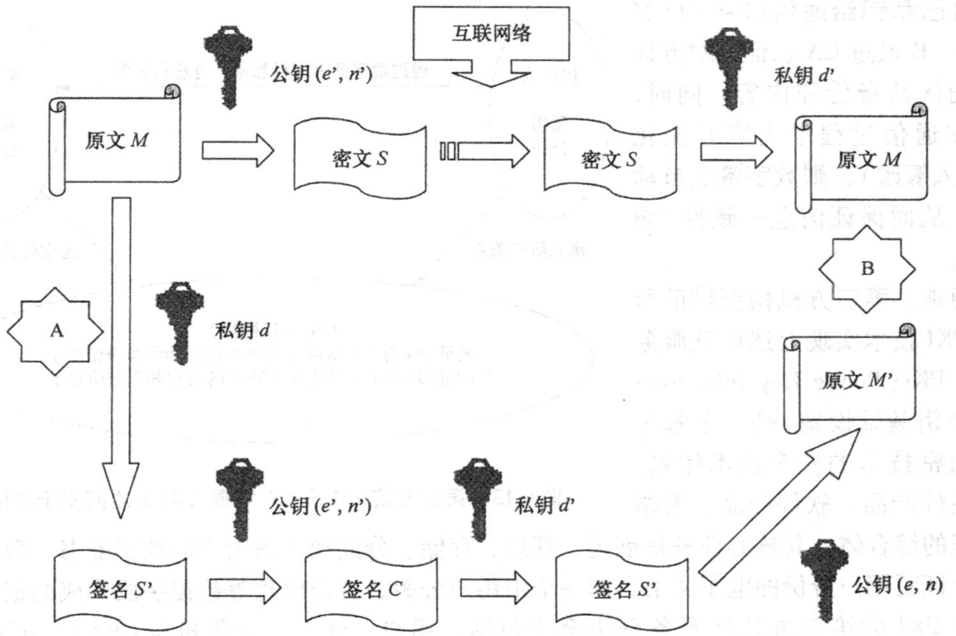

图 6-12 利用 RSA 进行数字签名的过程

值得指出的是，尽管 RSA 存在一些弱点，但它实现了公钥密码体制的设想，解决了传统对称密码体制无法解决的问题，具备加密、认证等多方面的功能。在实际应用中，RSA 密钥涉及 100～200 位的大素数，导致加(解)密运算速度远低于对称加密算法(如 DES 等)。因此，在实际中人们通常是混合使用对称加密技术和非对称加密技术，以应对不同类型的信息安全问题，提高应用效率。

2. CA 及其认证服务

公钥密码体制的提出和 RSA 算法的实现，彻底地改变了传统密码学面貌，为解决大型网络应用面临的密钥管理、身份认证、抗抵赖、防篡改等安全问题奠定了理论基础和技术保障。

在 Internet 下，互不信任或素不相识的网络用户(如电子商务交易双方)，可以通过第三方信任机制，实现彼此间安全的信息交换，即可以保证他们彼此间身份可验证、信息可保密、防篡改和抗抵赖。这里，第三方机制包括两方面的含义：

① 通信双方都信任第三方，从而通过第三方建立彼此信任——第三方信任。

② 第三方机构也称证书认证机构(CA——Certificate Authority)拥有并管理双方各自的公钥和身份信息(证书)，从而使通信双方利用公钥密码体制，实现彼此间的信息加密、身份认证(签名)和篡改验证等。

根据公钥密码体制的加密和签名原理，图 6-13 说明了 A 和 B 如何借助 CA(第三方信任)实现他们之间通信安全的。在图 6-13 中，互不信任的互联网用户 A 和 B 都信任第三方机构 CA，三者都有各自的公钥和私钥。A 和 B 将各自的公钥(Pa 和 Pb)和身份信息等交给 CA 保管，CA 通过它的私钥加密签名(保证其真实性)，并公布于众。A、B 通信(E-mail)可用对方公钥(CA 公布的证书)加密，A、B 可用保存在各自手中的自己的私钥解读；或 A、B

利用自己私钥给通信(E-mail)签名，A、B通过CA认证的对方证书，确认其身份和内容。同时，如果在通信过程中内容有变化(如被人篡改)，则数字签名自动消除，从而保证信息一致性(防篡改)。

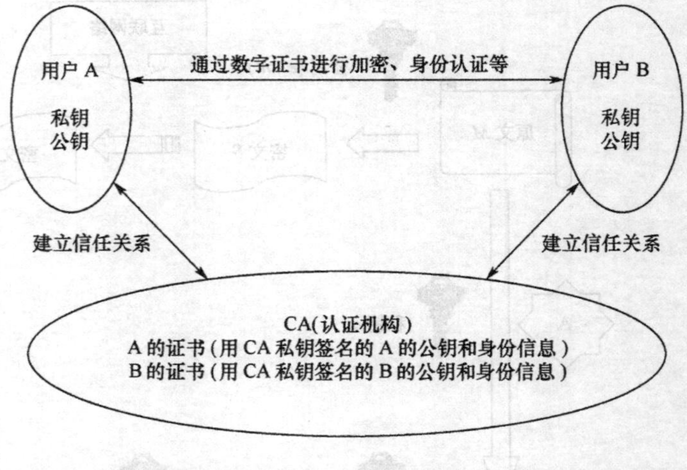

图 6-13　第三方信任中介 CA 实现 A 与 B 之间安全通信

通常，第三方机构要借助所谓的PKI技术实现上述认证服务工作。PKI(Public Key Infrastructure,公钥基础设施)是一个基于公钥加密技术的安全技术体系，它是硬件产品、软件产品、策略和过程的综合体，其核心任务是创建、管理、存储、分配和吊销用户的数字证书。数字证书是一个证明用户身份的电子文书，即一个由用户公钥、身份信息等数据字段构成的记录。一个基于PKI的第三方认证服务系统至少包括：用户、证书、注册机构(RA)、证书机构(CA)、证书库、作废证书库等实体。它们的关系如图6-14。

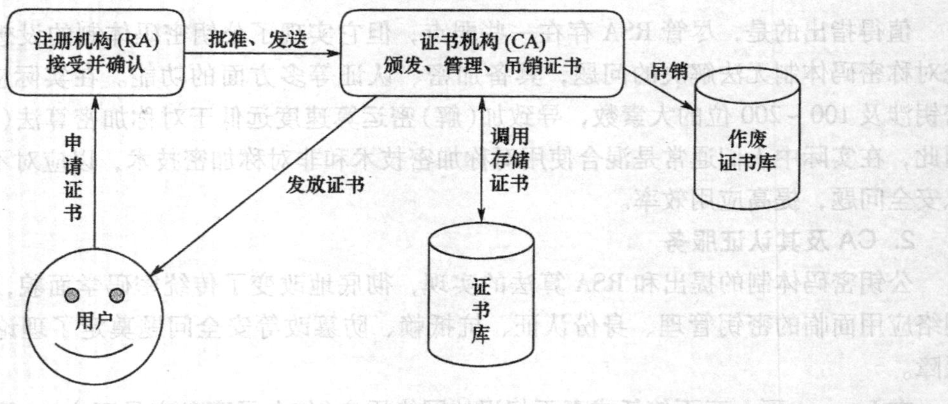

图 6-14　基于 PKI 的第三方认证服务系统实体

1）用户　认证服务的对象。

2）证书　即数字证书，是认证机构签名的标识用户身份的电子文书。根据不同的需要数字证书又有许多种，如个人数字证书、单位数字证书；服务器(如Web服务器、Mail服务器等)证书、VPN证书、智能卡证书、WAP证书(WTLS证书)、PGP证书、签名证书(如代码签名、表单签名等)、加密证书、支付网关证书等。按照存储格式区分，数字证书也可分为：DER编码、BASE 64编码、PKCS#7编码和PKCS#12编码等证书。大多数数字证书采用由CCITT X.509国际标准所规定的内部格式，它包含以下几方面的信息内容：

① 版本号　用来区分X.509的不同版本号(如V1、V2、V3等)。

② 序列号　由CA给予每一个证书的分配唯一的数字型编号，当证书被取消时，实际上是将此证书的序列号放入由CA签发的CRL(证书撤销列表)中；这也是序列号唯一的原因。

③ 签名算法标识符　指定 CA 签发证书时所使用的公开密钥算法和 HASH 算法，须向国际指明标准组织(如 ISO)注册。

④ 认证机构即发出该证书的机构唯一的 CA 的 x.500 名字。

⑤ 有效期限　证书有效的时间包括两个日期：证书开始生效和证书失效的日期和时间。在所指定的这两个时间之间有效。

⑥ 主题信息　证书持有人的姓名、服务处所等信息。

⑦ 认证机构的数字签名　以确保这个证书在发放之后没有被撰改过。

⑧ 公钥信息包括被证明有效的公钥值和加上使用这个公钥的方法名称。

3）注册机构(RA)　负责接受、批准用户证书申请的系统。

4）证书机构(CA)　负责颁发、管理和吊销证书的系统。

5）证书库　存放用户数字证书的数据库。

6）作废证书库　存放吊销证书的数据库。

其中，CA 是整个认证服务系统的核心，它通过颁发、管理和吊销用户证书，提供用户间各类信息安全认证服务。图 6-15 进一步图示了基于公钥的用户数字证书签发过程。

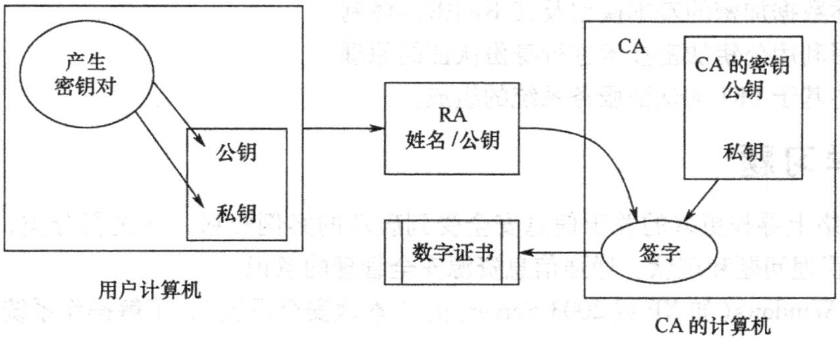

图 6-15　数字证书的签发过程

类似于互联网中的域名解析——众多的域名解析服务器构成了庞大的层次解析模型一样，在大型网络中存在着众多的 CA，大的独立 CA(称根 CA)下面支配小的 CA，构成了严格的层次信任模型。而独立 CA 之间可以互联并可交叉认证，从而形成庞大的分级、交叉认证体系，最终实现大型网络的信息信任模型。

◎关键词

信息资源安全管理、可用性、保密性、认证性、一致性、信息系统安全模型、信息资源安全策略、网络资源、密码学、加密、解密、对称(私钥)密码体制、非对称(公钥)密码体制、数字签名、证书认证(CA)、公钥基础设施(PKI)。

◎本章小结

本章首先指出了信息资源安全问题主要表现在信息资源的可用性、保密性、认证性和一致性等四个方面，并概述了信息资源安全管理的主要任务。

其次利用信息系统安全七层模型，分行为规范管理、实体安全管理、网络安全管理、软件安全管理、数据安全管理等层次，对信息系统安全问题及主要安全手段和技术措施进行了阐述。

最后，对信息安全的核心技术——数据加密技术及其应用做了概要介绍：阐述了密码学的基本概念和模型；RSA 公钥加密方法及其在加密、签名中的应用；CA 及其认证。

◎练习题

1. 什么是信息资源安全问题？说明信息安全技术主要关注哪些方面？
2. 阐述信息资源安全管理的主要任务。
3. 概述信息系统安全层次模型——层次及其内容。
4. 行为规范层安全管理主要包括哪些内容？
5. 实体安全主要考虑哪些方面？
6. 网络资源包括哪些要素？主要的网络安全技术有哪些？
7. 概述软件安全问题。
8. 说明恶意程序及其主要表现形式。
9. 数据库管理系统中包括哪些主要安全技术措施？
10. 阐述数据加密的基本模型及其不同密码体制。
11. 说明利用公钥加密技术进行身份认证的原理。
12. 阐述基于 PKI 的认证服务系统的组成。

◎网络学习题

1. 从网络上寻找更多的关于信息安全受到破坏的案例资料，并进行分类，加深理解信息资源安全管理问题和现状，增强信息资源安全管理的意识。

2. 学习 Windows（如 XP 或 2003 Server）的“本地安全设置”，了解操作系统的安全管理。

3. 申请和使用个人数字证书（如沃通 http://www.wosign.com/），开展个人信息安全实践——如对 Word 文件进行数字签名，体会如何实现信息的防篡改、抗抵赖。

4. 网络学习有关恶意程序原理及其防治技术的知识。

◎思考题

利用信息系统安全模型，系统地分析一个具体组织的信息资源安全管理问题及其对策。

第 7 章　企业与政府信息资源管理

◎学习目标与要求

本章通过案例，介绍了企业信息资源管理和政府信息资源管理的主要内容。

通过本章学习，要求同学们：

① 了解企业及其经营管理概念；了解企业信息资源管理的内涵和特点。

② 了解案例所揭示的企业信息资源管理过程、问题及其解决方案。

③ 了解政府信息资源管理内涵及其分类。

④ 通过案例，了解政府信息资源管理的内涵、方式和特点。

企业是现代社会中数量最多的社会组织形式，政府是信息资源管理思想和方法的发祥地。社会信息化进程中，它们都是信息资源管理的主要应用领域。本章概要地介绍企业信息资源管理和政府信息资源管理的主要内容和特点。同时，通过系统地介绍企业和政府信息资源管理的一些案例，进一步说明信息资源管理的理念和方法，是如何被用来解决企业和政府信息资源管理问题的。

7.1　企业信息资源管理

对应 1.3.3 节介绍的信息资源管理发展四阶段说，作为一个具体的应用领域，人们把从 20 世纪 50 年代，企业利用信息技术开展信息资源管理活动，也分为四个阶段(如表 7-1)。

表 7-1　企业信息资源管理的演化进程

	电子数据处理(EDP)（1950—60 年代）	管理信息系统(MIS)（1960—70 年代）	信息资源管理(IRM)（1970—90 年代）	知识管理(KM)（1990 至今）
管理对象	原始数据	信息	信息资源	知识
管理手段	计算机	管理信息系统	企业组织战略	知识管理
管理人员	计算机主管	信息系统主管	信息主管	知识主管

在这四个阶段中，企业信息资源管理的管理对象经历了原始数据→信息→信息资源→知识的演变；信息资源管理的管理手段也由单纯计算机，变到以计算机为主导的管理信息系统，再进步到以企业战略为主导的信息资源管理，最后进入以知识管理为主导的知识管理；信息资源管理的管理人员最大变化是出现了信息主管和知识主管，企业信息资源的地位随着信息主管和知识主管设置而得到提升和重视。企业信息资源管理是企业信息化发展的必然产物，其核心是把企业信息视为战略资源，强调管理策略与技术手段(IT)融合。那么，企业战略是什么？企业的信息资源有哪些？企业的信息资源管理做什么？下面在介绍企业经营管理基本概念的基础上，我们通过案例回答这些问题。

7.1.1 企业及其经营管理

1. 企业及其分类

企业是指从事生产、流通或服务等经济活动，通过满足社会效益而获得利益，实行自主经营、自负盈亏、自我发展、自我约束制度的法人实体和市场竞争主体。市场经济下企业应具有独立自主性、自负盈亏性和市场导向性等特点，具备应变力、创新力、竞争力、发展力、内在冲动力等能力，以应付来自市场的任何变化。

现代企业多种多样，按照不同的方法，可以对企业进行分类：

① 按承担经济责任划分：个人(独资)企业、合伙企业、无限责任公司、有限责任公司、股份有限公司等。

② 按所有制划分：全民所有制企业、集体所有制企业、股份合作制企业、中外合资企业、中外合作企业、外资企业、私营企业等。

③ 按产出性质划分：工业企业、商业企业、运输业、服务业等。

④ 按产业性质划分：第一产业企业(农业、矿业……)、第二产业企业(制造业、建筑业……)、第三产业企业(服务业……)等。

⑤ 按生产、产品及销售形态划分：水泥加砖块的传统企业、鼠标加砖块的传统 E 化企业、虚拟企业等。

⑥ 按生产规模划分：大型企业、中小型企业。大型企业常以企业集团形式存在，如联想集团有限公司。

⑦ 按业务范围划分：国际化(也称全球化)或跨国企业、外贸企业、国内企业等。

生产同类产品的所有企业构成了产业。信息产业包括信息产品制造业(如硬软件制造等)、信息内容生产业(如网络传媒等)、信息服务业(如信息中介等)等。在信息社会中，信息产业不仅在国内生产总值贡献方面，还是在社会就业等方面，都起着举足轻重的作用。

2. 企业经营管理

企业通过其生产运作向市场提供自己的产品或服务，以期在满足公益(消费者需求和国家税收)的同时，也得到最大的收益。持续经营和利润最大化是企业追求的永恒目标。图 7-1 描绘了在市场经济下，企业自主经营所面临的内外部环境。能否实现利润最大化的目标，取决于消费者需求情况、同质性企业竞争情况、供给情况(含宏观经济环境)、政府的法规、政策与服务和企业自身条件(生产能力)等企业的内外部环境因素。所以，经营一个企业，首先要在尽可能多而准确地把握企业内外部(特别是市场)信息的基础上，确定适宜的发展战略。进而，通过对其人力资源、财务和生产运作等进行科学的管理，提供社会

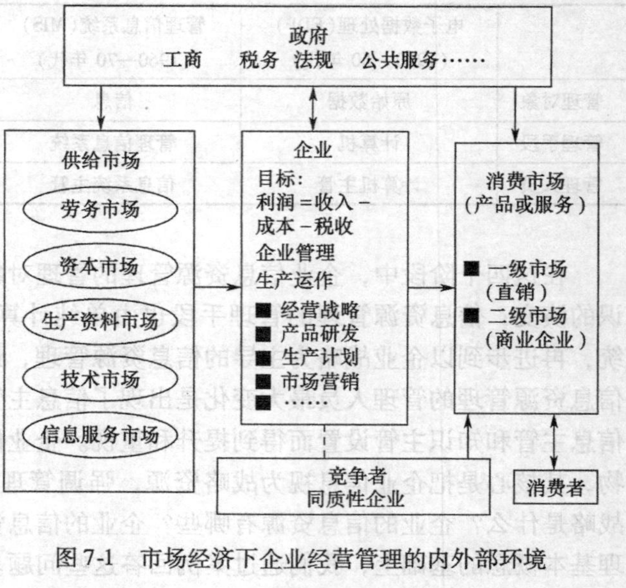

图 7-1 市场经济下企业经营管理的内外部环境

需要的好产品或服务，才可能在激烈的市场竞争下生存与发展。掌握信息的数量多少、质量高低、速度快慢，进而能否制定出好的企业经营战略规划、生产计划，已经成为企业生存发展的关键。这正是企业信息化所要解决的问题。

7.1.2 企业信息化与企业信息资源管理

1. 企业信息化

企业信息化是指企业在生产、经营、管理、决策等各个方面应用信息技术，深入开发和广泛利用内外部信息资源，不断提高其经营管理效率和水平，进而提高企业经济效益和竞争力的活动。

企业的核心竞争力由战略、客户、资源和运作等方面的能力组成，它决定着企业的生存与发展。在网络日益普及和发达的年代，企业信息化提供了将这些能力转化为企业效益的先进手段，其中蕴涵的先进经营管理理念和行业最佳实践，可以帮助企业建立更为科学规范的管理运作体系，从而使企业得以持续经营。具体地来说，通过制订和实施与业务战略相匹配的电子商务战略，企业战略能力得到强有力的支持；通过实施客户关系管理，保持对客户足够的灵敏度，把握客户特征，可以更好地满足客户需求，提高对客户服务的效率；集中的财务管理信息系统成为企业管理的核心，保证企业各个环节和财务管理实时紧密地集成；通过决策支持系统管理者可以随时掌握企业经营状况，根据市场变化作相应决策；通过实施企业资源规划系统，使企业内部保持统一的业务规则，资源被合理地分配和使用。

实践证明：企业信息化是一个循序渐进、持续不断的过程，是一个信息技术与企业管理不断融合相互进化的过程，也是一个高投入、高产出且高风险的过程。最重要的工作是，企业需要围绕其经营战略，制定信息化规划，建立相应的信息化组织，指导信息化建设活动。下面接续6.2.4节例6-2之S公司信息化建设的案例，进一步说明企业信息化规划与实施的过程。

例7-1 S公司的信息化战略和电子商务战略的规划与实施

通过例6-2我们知道：作为国外产品的代理，S公司是一个典型的商贸企业，其供应商是跨国企业E，客户是国内相关企业。图7-2分析了一般商贸企业的价值链，即揭示了商贸企业利润形成因素和过程。企业的所有业务活动（市场营销、销售处理、库存物流、采购等）都是围绕着利润最大化的目标开展的。企业利润等于收入减去成本，其中，企业的收入来源于商品销售，而影响销售收入的主要因素是：客户（商品需求种类与数量）和商品买入卖出价格。成本源自各类业务活动的支出。所以，企业利润最大化的核心是最大限度地发现市场商机（需求），开发客户资源，降低业务活动成本，提高业务活动效率。

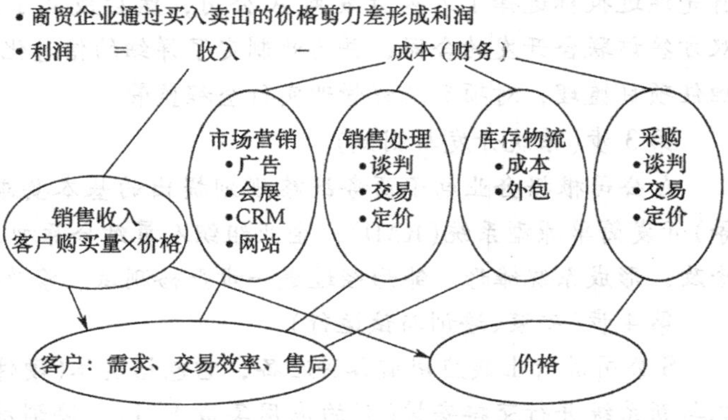

图7-2 商贸企业价值链分析

作为国内同行业的先行者，面对国内日益激烈的市场竞争环境，S公司领导提出了“提高效率、扩张渠道、坐稳老大”的企业战略。为了实现企业战略，顺应信息化发展潮流，S公司开展了新一轮信息化建设。企业的信息化战略就是利用信息技术促进企业战略目标实现的方略。S公司的信息化战略就是，通过企业信息化，消除信息孤岛，实现系统集成，最大限度地优化其商务活动效率，提高销售人员适应市场需求的快速响应能力，为客户提供快捷方便的服务，达到“留住老客户、吸引新客户、开发新渠道”的目的，以掌握最大的国内客户群资源(核心竞争力)，实现“坐稳老大”的战略目标。为此，企业制定相应的信息化规划，以整合信息资源为契机，开始扩建企业网络(信息基础设施)，并制定了“集成老系统、开发新系统”的信息系统规划。其中，“电子商务”就是其中新上马的项目。图7-3概要地说明了企业从规划—实现—应用电子商务系统的全过程。它包括五个步骤：

第1步(电子商务战略规划)

在企业战略规划和信息化规划指导下，研究解决“该不该上电子商务”、“上什么样的电子商务”、“何时上电子商务”等问题。为此，企业成立以CIO(副总裁)为首的信息化领导小组，聘任有关专家和技术人员为顾问，首先，通过专家对电子商务成功案例的介绍，提高了企业对电子商务作用的正确认识。并且，在了解IT发展现状基础上，对企业信息化问题进行诊断。其次，结合企业战略和现状分析(国内同行业都还没有启动类似项目)，分析了项目的SWOT(优势、劣势、机会、威胁)，指出率先实施电子商务，有可能提高企业核心竞争力，巩固和提升企业的地位。第三，对电子商务给企业可能带来的影响(如业务流程重组)进行了深入分析，最后，对实施电子商务的经济、技术和管理的可行性进行分析。最终，确定立项(应用组合)。并制定了企业电子商务战略规划。

第2步(系统开发方式选择)

有五种开发(或应用)方式可供S公司选择。

① 外包(ASP——Application Service Provider)即将企业电子商务外包给专业电子商务公司。外包会带来供应商选择、如何控制供应商，保证信息系统安全等问题。

② 购买　即购买现成的电子商务软件。购买的主要问题是软件是否符合企业的需求。

③ 制造　即自主开发。制造的问题是企业具备不具备相应的技术开发能力。

④ 各种合作伙伴　如进入行业电子市场，它取决于这种市场是否存在且适合。

⑤ 加入第三方市场　如利用阿里巴巴(B2B网站)，同样存在网站适合与否的问题。根据企业商务特点、实际情况和安全性考虑，最终S公司选择了外包+制造的联合开发模式，首先通过投标选择了外包开发商A公司，然后成立了由企业和开发商共同组成的项目组。双方签订联合开发的合同，并为此制定了详细的信息化项目规划。同时，企业外聘专业人士担任项目监理，对项目工程管理实行全程监管。

第3步(系统开发与测试)

A公司根据企业电子商务战略规划提出的基本要求，利用其技术优势(组件、应用程序等)开发简单原型系统(RAD)；企业组织人员结合原型，详细调查分析系统需求；经过多轮修改，形成系统雏形。雏形经过进一步严格测试、修改、完善后，达到上线使用要求。

第4步(安装、培训与试运行)

S公司进行上线应用前各种准备，它包括实体(硬件及其环境)准备、数据准备、相关系统与新系统并行交接安排(新的应用集成EAI)、培训准备；项目组对企业人员(领导、业务人员、安全维护人员等)进行培训；在上述完成后，正式安装系统，试运行。

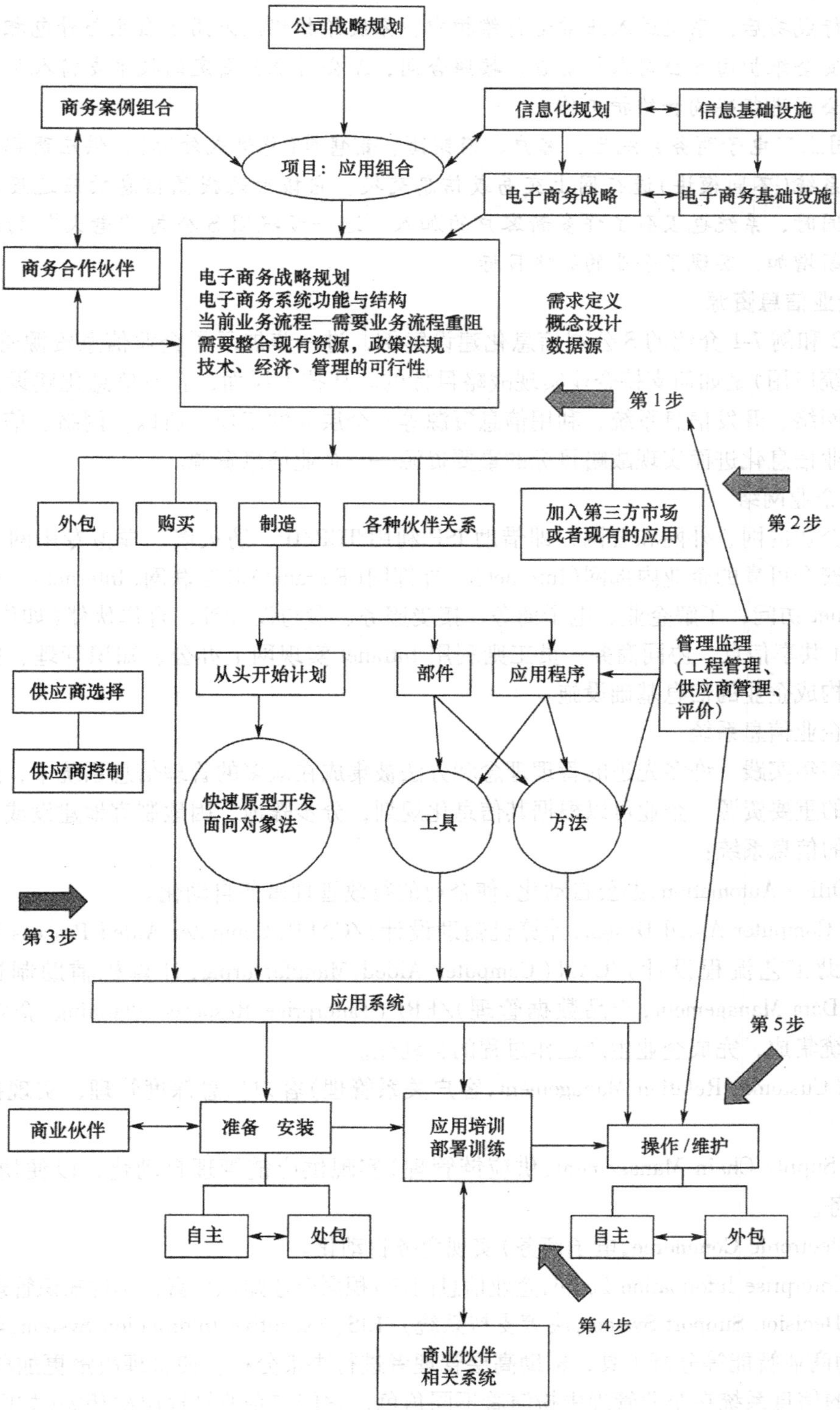

图 7-3 企业电子商务规划、实施与应用的过程图

第 5 步(运行与维护)

试运行成功后，系统进入正常运行维护中，系统维护仍然采用了自主与外包相结合的方式。日常安全维护由 S 公司人员负责，按照合同，A 公司派驻固定的技术支持人员，定期和按需来 S 公司进行咨询和维护工作。

S 公司上了电子商务系统后，客户、经销商、销售员(总部或外地)、供应商都可以利用电子商务系统(不同模块)进行网上交易或信息交换。它极大地提高信息响应速度，受到各方欢迎。同时，系统也吸引了许多新客户的加入，进一步巩固 S 公司“老大”的地位，企业利润不断增加，实现了企业的战略目标。

2. 企业信息资源

例 6-2 和例 7-1 介绍的 S 公司信息化建设案例，进一步展示了企业信息资源管理(如电子商务系统应用)是如何支持企业实现战略目标的。从技术层面，企业信息化建设需要完成构建信息网络、开发信息系统、利用信息资源等三个层面的工作。所以，网络、信息系统和信息是企业信息化进而实现战略目标的重要资源——企业信息资源。

(1) 企业网络

包括企业内网、外网和公网，即借助 ISP 利用 TCP/IP、防火墙、虚拟专用网(VPN)等技术搭建安全可靠的企业内部网(Intranet)、外部网(Extranet)和互联网(Internet)。公众可以通过 Internet 访问，了解企业、电子商务、接受服务、参与设计等；合作伙伴(如供应商)利用 Extranet 共享信息，协同商务；员工则利用 Intranet 实现网上办公、知识管理、协同工作等。它们构成企业的信息基础设施。

(2) 企业信息系统

经过多年实践，许多先进的管理理念和方法被集成在众多的管理信息系统中，成为企业经营管理的重要资源。企业可以根据其信息化规划，分步骤地、因地制宜地建设或引进使用下列常用的信息系统：

OA(Office Automation,办公自动化)使企业的行政管理事务自动化。

CAD(Computer Aided Design,计算机辅助设计)/CAPP(Computer Aided Process Planning,计算机辅助工艺流程设计)/CAM(Computer Aided Manufacturing,计算机辅助制造)/PDM(Products Data Management,产品数据管理)/ERP(Enterprise Resource Planning,企业资源规划)/等系统集成，完成企业生产运作过程的自动化。

CRM(Customer Relation Management,客户关系管理)客户信息深度管理，实现销售过程自动化。

SCM(Supply Chain Management,供应链管理)实现供应链管理自动化，以便协同设计、生产与商务。

EC(Electronic Commerce,电子商务)实现商务自动化。

EIP(Enterprise Information Portal,企业信息门户)积累企业知识财富，实现知识管理(KM)。

DSS(Decision Support System,决策支持系统)/EIS(Executive Information System,经理信息系统)借助商业智能等分析工具，辅助高层管理者进行决策分析，使管理决策更加科学化。

不同的信息系统在企业管理中扮演着不同角色，它们与企业管理层次相关(如图 7-4)。

(3) 企业信息

企业信息是指企业生产运作和管理所需的一切有用的信息。从图 7-1 中不难看出，企业

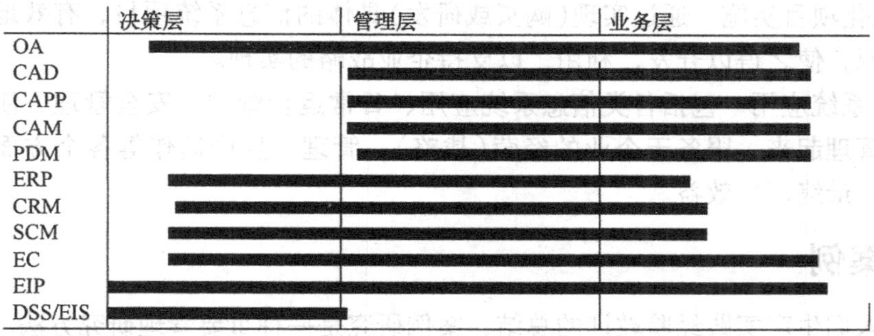

图 7-4　企业管理层次与信息系统资源

信息来自其内外部的五个实体：

① 企业内部信息　企业内部信息指企业组织内不同层次、不同部门管理信息(如决策层的战略、计划；人财物等管理、企业文化、企业知识等)；产品研发信息；生产运作信息(如产品、工艺流程、质量等)；库存与营销信息等。

② 消费市场信息　消费市场特指企业生产的产品或提供的服务所面对的市场，它是企业赖以生存的基础，没有客户(或消费者)，就没有企业。消费市场信息包括市场客户或消费者需求、结构及其变化信息；市场统计信息；市场环境信息等。

③ 供给市场信息　供给市场信息是指企业生产所需的各类资源(包括劳务、资本、生产资料、技术和信息)的动态、统计信息等。

④ 政府监管与服务信息　政府监管与服务信息包括各类政策法规信息；税务、工商、质检、安全与卫生等管理信息；国家宏观经济统计信息等。

⑤ 同行业竞争信息　同行业竞争信息包括竞争对手信息；行业结构、动态变化信息等。

作为一类特殊的信息，企业信息也可以按存储介质形式、表现形式、记录方式、信息源或加工层次等进行分类。从时效上看，企业信息可以划分为：

① 沉淀信息——长时间不变动的、作用时效长的信息，如专利信息、企业文化信息、规章制度信息等。

② 累积信息——有较长作用时效、变化周期较长的信息，如人事信息、客户信息、会议信息、财务信息等。

③ 即时信息——变化迅速的、作用时间短的信息，如生产信息、销售信息、库存信息、公关信息等。后两类信息是企业日常管理的主要对象，也是整个企业信息资源管理的基础。

3. 企业信息资源管理

企业信息资源管理是以企业战略为指导，综合运用各种方法和手段对企业信息及其生产者和支持工具进行规划、组织、开发、利用和控制的过程，其目的是有效地开发和利用企业信息资源，提高企业各种业务和管理活动效率，实现企业可持续经营和利润最大化的目标。它是一项典型的组织系统工程，具体地需要完成如下工作：

① 信息化规划　结合企业发展战略，制定企业信息化规划，它包括信息化战略规划、信息资源规划、信息化项目规划等。

② 信息化组织建设　在组织中建立 CIO 机制，将复杂的信息化工作落实到实处，保障信息化项目实施和信息系统运行维护有序进行。

③ 信息化项目实施　通过实现(购买或研发)具体的信息系统项目，有效地分析和组织企业信息资源，使之得以开发、利用，以支持企业战略的实现。

④ 信息系统应用　包括各类信息系统应用、日常运行维护、安全管理，使企业信息资源切实地被管理起来，服务于企业的经营(战略)、管理、生产运作等各个方面，提高企业运作的效率，最终产生效益。

7.1.3　案例

案例是人们生产实践经验教训的总结，案例研究是一种重要管理研究方法。提炼的案例凝结着人的思考、反思和智慧。案例教学法即运用社会或身边发生的事例激发学生学习兴趣，说明道理，给学生的行为以启发的教学模式。本节介绍了我国著名的IT企业联想集团有限公司信息化的实例，从战略、规划、组织、电子商务、供应链、影响和效果等多方面，生动地诠释了联想是如何通过企业信息化——整合、开发和利用信息资源实现企业战略的。

例7-2　联想集团的信息化㊀

联想集团有限公司(简称联想)是一家从事IT多样化生产和服务的、全球化的大型企业集团，有上万名员工，下设企业IT、消费IT、手持通信、IT服务、互联网服务和合同制造等六大业务群；在国内设有9个区域分部、20多个办事处，在美国、英国等7个欧美国家设分公司，并在北京、上海、深圳和美国硅谷建有联想研究院等研发机构。

联想能从1984年的11人及20万投资的小企业，变成年营业额超过200亿的国际知名大企业，除了有不断的机制和管理创新外，持续不断的信息化起了巨大的支撑作用。

联想的信息化建设起步于1991年，那时主要是很初级的财务电算化应用。1996年开始大规模的网络建设和物料需求计划的实施。1998年开始企业资源规划项目建设。此后，随着客户关系管理、供应链管理等项目实施，联想进入了大规模信息化的系统集成阶段，一直到今天，投资以千万计。

作为国内企业信息化的先行者，联想信息化有许多宝贵的经验值得介绍：

(1) 有支持企业经营战略的信息化战略

经过多年的积淀，联想的企业经营战略被凝练在其使命表达上："为客户：联想将提供信息技术、工具和服务，使人们的生活和工作更加简便、高效、丰富多彩；为员工：创造发展空间，提升员工价值，提高工作生活质量；为股东：回报股东长远利益；为社会：服务社会文明进步。我们的远景：高科技的联想，服务的联想，国际化的联想。"

为此，联想在2000年曾制定了公司的三年战略，战略目标是要使联想成为一个在IT领域多元化发展、技术领先、世界级规模的大企业，使联想的内涵从电脑扩大到更多IT产品。联想为打入国际市场，制定了品牌战略，并将其英文商标改成了Lenovo，2004年12月8日，联想正式对外宣布收购IBM全球PC业务，实现了其海外扩张的构想，把Lenovo推向了国际市场，成了国际著名品牌。

同时为了实现企业战略，企业制订了以电子商务为龙头的信息化战略规划，搭建公司共享的电子商务平台，以企业资源规划为基础，实现供应链管理、客户关系管理、产品数据管

㊀ 改写自如下文献：陈禹等的《数字化企业》和侯炳辉等主编的《企业信息管理师(下)》及 http://tech.163.com/05/0715/11/1OMSTRSC000915DA.html 等。

理链的电子化，汇集上游供应商和下游销售渠道的信息，使企业信息资源管理上了一个台阶，全面实现企业信息化(见图7-5)。

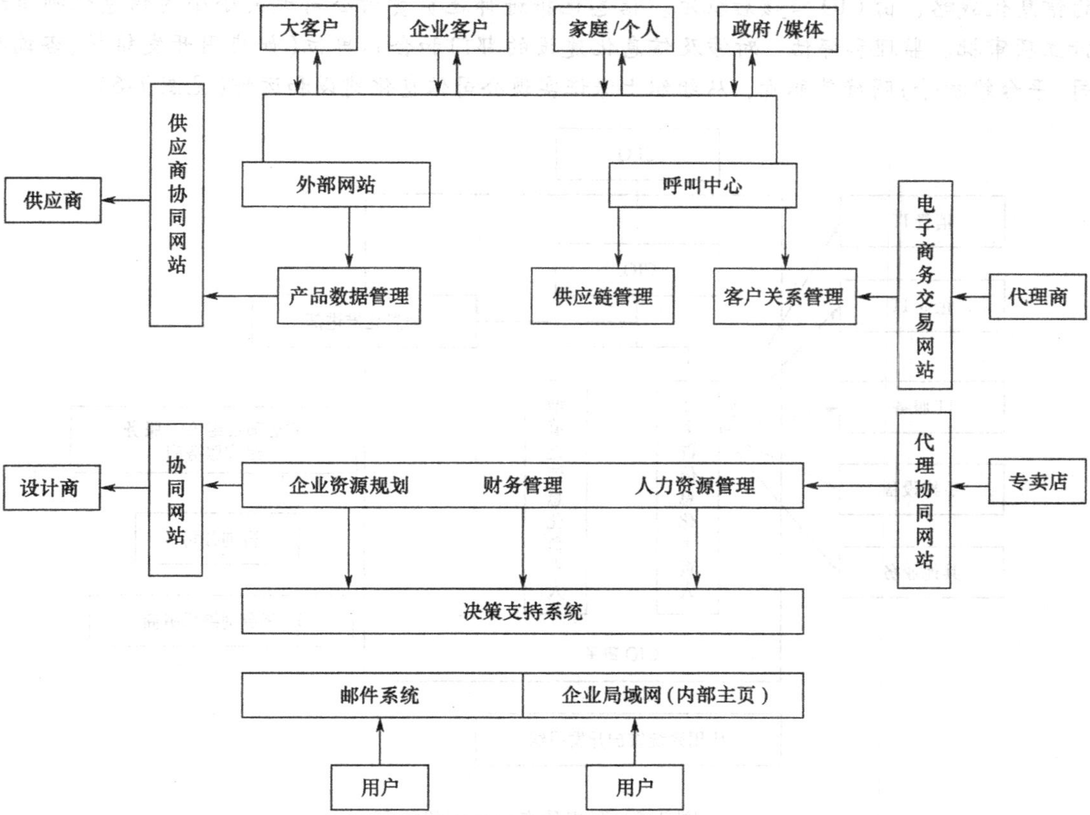

图7-5　联想信息化全景图

(2) 有相应的信息化组织建设

联想信息化成功的关键因素之一就是建立了强有力的企业信息化组织机构，促进了企业的变革。

第一，“信息化建设”是典型的“一把手”工程。因为信息化建设牵扯公司的方方面面，战略上它事关联想的发展战略能否实现；内部运作上，它要求建立、优化甚至变革传统的作业流程，并可能引发组织变革，牵扯原有组织的责权利的重新分配；同时，它是一个系统工程，需要公司各部门之间的整体协调和配合，没有一把手的重视和投入，很难保证项目的推进和实施效果。但一把手工程并不意味着一把手要像项目具体的负责人那样平均使用投入精力，而是要在项目的不同阶段，确定不同的介入程度。即一把手要在关键时刻起到关键作用，领导的介入应该选择在信息化建设进入阶段性转折时期或是问题和矛盾集中暴露的关键时期，利用其权威来调动和协调公司各方面力量推动项目的实施。

第二，有切实有效的落实机制。落实“一把手”工程要有专门的信息化管理机构，为此联想较早地建立了强有力的CIO管理机制。担任CIO的王晓岩是高级副总裁，长期主管公司的内部管理(包括人财物)，对业务非常了解，是公司战略制定的主要成员之一。这种角色定位保证了联想信息化战略与公司发展战略的有机衔接，能够对业务起有效的推动作用。CIO下设信息化推进部，由具有十几年业务经验的助理总裁刘宏担任该部门负责人，负责公司信息化规划、推进、协调、管理和知识共享。信息化推进部负责招集相关业务部门和增值链部门，对公司的业务战略进行研讨，结合目前的技术趋势和相关解决方案，草拟公司的信息化战略，由CIO审核后批准。信息化推进部还负责对公司大大小小的信息化项目进行立项审批、监理和评估。对涉及信息化建设的部门和合作单位(如应用开发维护、咨询公司、平台维护等)明确其职责，从组织上保证实现公司信息化建设和运作(见图7-6)。

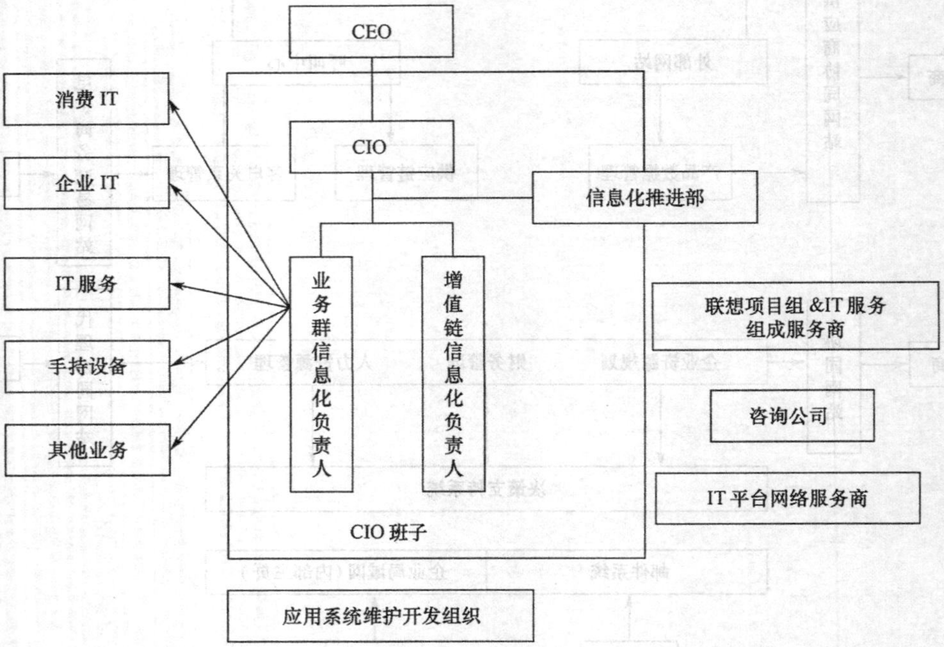

图7-6　联想信息化组织机构图

第三，业务主导是信息化成功的前提。事实证明，信息系统的建设要结合公司业务发展需求做出前瞻性规划，是企业发展策略和核心竞争力的重要组成部分。业务部门应成为信息化项目推进的主导者，要有熟悉全局业务、有决策能力、且有权威性的业务骨干积极参与。同时，业务部门是信息系统的最终使用者，要与IT部门作为一个有机的整体来推进项目。联想信息化组织机构明确规定了业务群和增值链信息化负责人，参与公司信息化项目建设组织领导工作，使信息技术与业务管理有机结合得到了保障。

第四，有效的项目组织管理是信息化成功的保证。首先，要确定项目组关键岗位的人选。项目总监是项目实施各方都能接受的权威领导，能把握项目进展、关键问题和重大转折；项目经理是项目班子的一把手，必须有极强的大局观、奉献精神及责任感。大型管理项目还应有项目经理助理和各专业组组长，他们同项目经理组成项目实施队伍的领导班子，班子成员各有分工、侧重，同时还要有明确的议事决策程序和决策落实推进程序。明确项目组每一成员的角色，发挥每一个人的特长，注重培训和培养。

第五，组织的持续变革推动信息化的深入应用。业务流程重组是对管理基础的变革，是企业需长期不懈进行的工作。要做好业务流程优化和重组，会经过多次变革。联想企业资源规划项目实施时，面临着业务流程重组难度过高、工作量过大两方面矛盾，不可能一次达到流程的清理、规范、重组进而优化的全面目标。为了保证项目的平衡前进，项目组根据联想的实际情况达成共识，将原来的“从根本上优化业务运作模式”的项目目标调整到力所能及的层次上，即在保证“实现信息系统的集成性、准确性和实时性”第一层次目标的同时，努力向第二层目标“优化业务运作流程”迈进，进而为“从根本上优化业务运作模式”的第三层次目标打基础。基于以上的思想，联想的业务流程的优化变革一直持续地进行着，即使在企业资源规划系统上线以后，企业资源规划系统也基于管理思想发展和业务流程优化而不断的优化、升级。

（3）提升客户满意度

联想采用分销方式，有4000多家代理商遍布全国。企业信息化实现了订单收发网络化、订单处理集成化和订单反馈实时化，提高了客户需求的响应速度，提升客户满意度。这是形成了联想市场竞争力的一个重要因素。即电子商务使得公司管理企业信息资源的能力有了质的飞跃，订单制造已经不是DELL等的专利，也被根植到联想的生产中。而支撑订单制造的关键技术之一是供应链整合。

（4）供应链整合

在国内企业中，联想率先实施了供应链管理系统。作为高科技企业，联想注意到高科技产品往往升级换代的速度很快，产品的生命周期很短，而零部件价值很高，关键部件贬值的速度非常快，据统计，大概是每个月价格降低2%。因此，高科技企业对计划的准确性、实效性要求更高。如果因为计划不准或者供应链运行不畅造成库存积压，将会吃掉企业并不高的毛利，给企业带来巨大的经济损失。因此，高科技企业更注重供应链管理，往往运作中出现一点点闪失，都会影响企业的赢利状况。举例来说，高科技企业在生产某产品时，其他物料都已准备好，生产线也排程了，却突然得知某关键原件不能按时到货，而它又是无法替代的。造成的后果是难以想象的，不仅仅是影响了这批产品的生产，使之无法按照约定的时间交付到客户手中，使企业的信誉受到影响；也会波及下一批次产品的上市时间，影响到企业整体的产品策略、市场策略，对企业的财务状况、经营业绩都会有所触动，严重时甚至影响到企业形象。因此，供应链运行顺畅与否是高科技企业考虑的重要因素。同时，客户需求个性化的特点日益突出，联想基本上采用柔性制造模式，即由客户决定电脑的配置，而生产由需求拉动，也随之转变为多品种、少批量，这就要求频繁换线，必须实现柔性生产。怎样才能保证制造时效加快，交付能力提速，是联想着力解决的问题。在成功上线SAP的企业资源规划系统后，联想决定采用供应链管理系统，进一步改善供应链管理。经过考察，最终选择了在高科技行业有多个成功案例的i2公司的供应链计划系统。联想实施i2供应链计划系统基本上花了两年左右的时间：2001年开始选型，同年7月开始实施，2002年6月一期全部上线(主要用于台式电脑产品业务)，12月笔记本与服务器两块业务也陆续上线，2003年6月又完成了柔性制造模块的实施。在整个过程中，联想花了很大力气，进行了大量的系统调试与改进，直到2004年7月系统运行才基本顺畅了，可以与整个业务非常好地配合，系统的效果逐步显现出来。通过实施供应链计划系统，联想进一步提高了综合计划的高度协调与快速反应能力，增强了链上企业的协同运作，提升了供应链的可视性，避免了牛鞭效应。最明显的变化是整个运作系统的节奏加快了。过去，生产计划的调整要花很长时间，而且物料有时会短缺，从接到订单、组织供货、安排生产到成品入库，整个过程要72小时以上。依托i2的供应链计划系统，联想的生产排程更有科学依据，当原材料紧缺时，系统会安排生产高毛利的产品，这样对企业最有利。同时，对业务流程作了并行调整，将每张生产订单与销售订单挂接，基本上可以做到上午接收销售订单后，系统用一小时运行生产计划，然后将信息传递给位于工厂周边的供应商；供应商或其物流公司两小时就可以备好货，并直接送到生产线上；工厂立即进行上午订单的生产；在成品入库的同时，配送已开始做准备。随着整体运作效率的大大提高，24 小时成品整批入库率由原来的约 40% 达到 90% 以上。包括 7 日交货率、存货周转率等主要经营指标都有很大提升。对联想这样一个年产量达到 400 万台的企业，效益是非常巨大的。同时，有了 IT 系统的支撑，可以与上下游企业实现信息实时共享，协同运作，整个供应链的竞争力有了很大提升。实施供应商管理库存后，不仅联想的库存大幅减少，供应商也可以随时了解本企业产品的库存与需求情况，以安排生产；而对客户来说，下订单以后，系统马上可以进行排产，在组织生产的同时通知客户打款，物流与资金流几乎可以做到同步，既不用货等钱，也不用钱等货。可以说，通过改善供应链管理，联想的竞争力大大增强，为企业加快发展奠定了坚实的基础。但是，供应链的优化不是一次投入就可以完成的，需要持续改进。2005 年，联想重新整合了运作系统，对供应链的各个环节包括计划、排程、生产、配送、结算等作了进一步优化、调整。现在一切都是并行、同步的，整个业务流程更平滑顺畅了，供应链的可视性与反应能力大大提升，系统终于创造出应有的价值。供应链的整合与优化极其复杂，在某种程度上类似于火车提速，对整个系统架构有许多要求，各个环节不仅要并行，还要达到比较好的状态，供应链的提速才有可能实现。因为整个运作体系环环相扣，每一个环节都受到其他环节的制约，哪一个环节做不好都会影响整个系统的效率。就像木桶理论，不能有短板。光有一套很好的 IT 系统是不够的，还需要在流程重组、人员素质与管理能力的提高等方面下大力气。其实联想的系统刚开始上线时并不特别理想。因为供应链管理系统不同于具体的操作系统，它是一套决策支持系统，需要输入很多信息，经过很复杂的逻辑计算得出结果，而很多时候人们会怀疑输入数据不准确，对结果也会持怀疑态度。而且到底这套投入几千万元的系统能不能真正用起来，到底有没有产出，当时很多人对此感到困惑。同时，在系统磨合期，每个人、每个环节都没能达到最理想的状态，大家互相抱怨。当所有问题都交织在一起的时候其实是一个挺痛苦的过程，会觉得关键绩效指标有所下降。举例来说，在供应商管理库存没有做好的时候经常缺料，工厂就会抱怨——料还没到呢，怎么就下生产计划？计划员只好解释，提前安排生产计划是因为这个客户很着急，马上就下订单，料下午也会到。这时就需要做大量的沟通与协调工作。非常重要的一点是真正理解了这套系统，并且要调整心态。刚开始会觉得系统太复杂，有太多问题需要认真考虑解决。比如，确定怎样设计系统时，是符合企业实际业务模式，还是更多地选择一些世界最佳业务实践？在系统实施阶段，需要面对各种冲突，不断磨合，这时无论是顾问还是业务人员都会觉得很累，因为除了技术上的难题要突破外，更多的是说服大家认同并接受系统。尤其是在系统还不能为企业创造价值的时候，需要耐心地调整各个环节，让系统慢慢发挥出作用。在整个过程中，一定要有一股韧劲儿，坚持下去。作为决策支持系统，供应链管理系统比其他系统都难实施，不会一蹴而就，一定要相信系统的能力，一定要有自上而下对系统价值的认知并达成共识。在这方面，联想有一个比较好的传统，高层领导对软件系统的实施非常支持，起到了很大的推动作用。这也是成功的关键因素之一。还有一点需要说明，没有系统，做不到协同；有了系统，也不见得一定成功。系统只提供了一个平台，一个手段，是基础，但真正发挥作用还要看如何实施，一定要得到企业方方面面的支持与配合，因为供应链管理对每一个环节精准性的要求都很高。供应链的优化是一个螺旋式上升、厚积薄发的过程。

(5) 提高企业核心运作能力

公司内部网、外部网的利用——以集中财务为基础的企业资源规划系统将客户—厂商—供应商协同起来；网上费用报销、网络会议等，改变企业工作方式，提高企业的效率和企业核心运作能力。

(6) 提高效率和效益

下列企业资源规划应用效果数据表明企业信息化效果明显：库存周转由1995年的72天降为2000年的22天，相当于每年降低资金成本1.26亿元；产品积压损失由1995年的2%降到2000年的0.19%，相当于节约成本3.62亿元；应收账款周转时间由1995年28天降到2000年的14天，相当于每年降低成本4700万元；应收账和坏账占总收入的比例由1995年的0.3%降到2000年的0.05%，相当于每年降低成本5000万元；办公自动化还使差旅费、办公用品费降低10%左右。以上费用总和相当于每年降低6亿元成本，总体费用率由1995年的20%降低到2000年的9%。网络办公等节省人员约350人，提高了劳动生产率。联想在中国的计算机市场份额从1997年的10.7%增加的2000年的28.9%。

7.2 政府信息资源管理

例7-3 政府信息公开的实例

湖南“野生华南虎”事件

就在陕西“华南虎照”事件僵持不下之际，湖南也“发现”了“野生华南虎”。2008年3月19日，湖南平江县电视台记者吴华自称拍到了一段长达20秒的野外华南虎的录像，很快引发社会关注。但湖南有关部门并不盲目相信，而是迅速展开详尽调查。仅仅五天过后，湖南官方就召开新闻发布会，将录像中的所谓“野生华南虎”打回原形，宣布此虎是马戏团圈养的东北虎，设计这一骗局的目的是为了商业炒作，而策划此事的当地旅游局局长以及记者吴华等人，都将受到调查处理。湖南官方尊重公民知情权、维护政府诚信的做法受到社会广泛赞誉。湖南“野生华南虎”事件，亦被视为与“陕西虎照”事件相对比的鲜明标本。

政府是代表人民行使立法、司法、行政职责的机构，它总以某种方式与我们工作和生活的每一方面直接或间接地相联系。因此，一方面其信息资源的总量常常多得惊人，甚至达到无法计数的地步。据统计，目前各级政府部门大约集聚了全社会信息资源总量的80%。另一方面，这些信息资源还常常比一般的信息资源更有价值，质量也较高，直接关系到国民经济与社会发展的状况和水平。例7-3凸显了政府信息效用的特殊性——影响广泛、效用重大。因此，如何加强管理、综合开发和有效利用这些资源已经成为各级政府工作的当务之急，也是一个值得研究和探讨的新领域，即有必要对政府信息资源特点及其管理方式进行分析和探讨。

政府信息资源指政府生产和收集的信息，它包括政府业务流程(办公)产生的大量的文书记录和报表数据、调查统计得到的信息等。国内外的研究结果表明，政府不仅有效地促进和保护了工商企业及其他社会组织的信息资源开发与管理活动，而且其本身就是信息资源开发与管理活动的亲身实践者和受益者。现代信息资源管理概念及相关理论最早就是政府为解决其内部记录爆炸式增长，以及由此带来的记录利用低效率和政府决策低效率问题而提出来的。进入20世纪90年代以后，随着以因特网为基础的全球信息高速公路建设的全面展开，政府信息资源开发与管理开始进入引人注目的发展阶段，政府上网工程不仅开辟了信息资源管理新领域，而且造就了新型的电子政府和电子政务，从而使传统的政府工作面貌为之焕然一新。因此，从政府信息资源开发与管理入手，不仅可以探究信息资源开发与管理之源，而且可以预测信息资源开发与管理的发展方向。

7.2.1 政府信息资源的类型

政府信息的分类可从不同的角度进行，卢泰宏总结出了以下四种划分角度和划分结果：按内容划分，政府信息可分为政治信息(情报)、军事信息(情报)、科技信息、经济信息、文化信息等；按信源划分，政府信息可分为内生信息和外生信息；按信息流通方式和传递范围划分，政府信息可分为公开信息、内部信息和保密信息；按信息种类划分，政府信息可分为政策法规信息、行业管理信息、统计信息、日常事务信息等。

政府信息的划分方式还有很多。例如，按信息运行状态划分，可分为连续性信息、间隔性信息、常规性信息和突发性信息；按信息表现形式，可分为语音信息、文字信息、数据信息、图形图像信息等；按信息传递方向和特点划分，可分为上情下达类信息(如政府宣传性信息)、下情上传类信息(如公众反馈性信息)、横向沟通类信息(如双向交流性信息)；按政府利用信息的目的划分，可分为宣传类信息、服务类信息、日常办公类信息、行情摸底类信息等。按信息的功能划分，可分为政府决策信息(如政府发布的政策、法规条例、决策咨询、战略发展报告和总体部署等信息)、为社会各界服务的信息(如国际国内重大政治新闻、经济运行分析、热点透视、税收征管、统计报表、市场供求信息、预测信息、金融财经信息、科技和人才信息等)、反馈信息(如来自社会公众的表扬、批评、意见、建议，以及来自经济和社会发展过程中出现的新情况、新问题、新动向等)、政府间交流信息(如政府各职能部门的工作精神、公文、会议情况、总结报告、记录数据、办公档案、机关行政管理信息、经验介绍、驻外办事处工作流信息等)。另外，有些划分结果也可以根据需要进一步细化。例如，对于服务类信息，我们还可以根据服务对象将其细分为面向政府高层领导和主管人员、面向政府中层管理人员、面向政府基层办公人员、面向社会公众等几个类别，按内容分为职能业务介绍、政府公告法律法规、政府新闻、行业地区信息、办事指南、统计资料查询、在线咨询/投诉、电子政务(如在线申报批文)等。这些不同的划分方式满足了人们管理、开发和利用政府信息资源的不同目的。需要指出的是，由于政府信息的复杂性，无论从哪种角度来划分，各种类型的信息之间并不存在严格的分界线，彼此之间常常有交叉和重叠，甚至在时机成熟时发生相互转化。例如，一份政治情报可能同时被称作军事情报；当绝密信息被解密后，就可以进入内部信息或公开信息的行列。

7.2.2 政府信息资源的特点

由于政府信息资源不同于一般的信息资源，政府部门也完全不同于一般的社会组织，因此政府信息资源管理具有一定的特点。只有充分认识、研究和把握这些特点，才能真正结合政府业务工作的特殊性，制定出切实可行的管理策略。从当前政府部门的实际情况来看，政府信息资源管理具有以下特点：

1. 管理目标的多样性

当今社会，企业类型多种多样、表现形式千差万别，但有一点是共同的，那就是企业信息资源管理都以营利为最终目标。政府作为公共部门，其信息资源管理目标绝不像企业那样单一。从当前的情况来看，主要可以归结为以下几种：

① 为政府决策当好参谋。

② 宣传政治、军事、科技、经济或文化思想，实现相应目的。

③ 树立政府的形象，提升其社会影响力。

④ 实现办公自动化，提高办公效率。

这些目标是由政府的多头职能决定的，其侧重点各不相同，不能将其进行归一化处理。这种管理目标的多样性给政府信息资源的管理带来了难度。

2. 管理模式的灵活性

如同政府信息资源的繁杂多样、量大面广一样，大大小小、背景不同、基础不一的政府部门亦多如牛毛。例如在美国，上至白宫、国会，下至州、地方，各级政府部门难以计数。正是由于这一点，政府信息资源管理模式常常因部门不同而异，体现出灵活性的特点。这一特点要求在进行政府信息资源管理时，要注意因地制宜、具体问题具体分析。例如不能将中央政府的成功管理模式强行地照搬到地方政府中来，不能将一个时期的成功管理模式照搬到另一个时期中实施等。

3. 管理手段的多维性

由于近水楼台的缘故，行政手段和法律手段一直是记录管理的主要手段。实际上，这种现象在今天仍然普遍存在。例如对于那些具有一定密级要求的信息，常常是密级规定越高，行政手段和法律手段就越能发挥作用。在政府信息资源管理领域，行政手段由于直接出炉于政府部门，具有直接、迅速和有效的特点，因而常常被管理者视为珍宝，如同西方经济学家吹捧“市场机制”的作用时所描述那样，简直就是灵丹妙药。在一个法制已基本健全的国家，法律手段也是一种主要手段，主要是因为不论是立法机构还是执法机构，本质上都是政府机构，其工作的一切出发点都是为了维护国家利益。

在进行政府信息资源管理时，技术手段是必不可少的，新的信息技术成果常常首先应用于政府信息资源管理领域。市场手段通常只能在极其有限的范围内奏效。例如对于可以完全公开的政府信息，可以模仿企业信息工作的做法，大胆地引入市场管理手段，但是对于内部会议纪要、尖端科学技术发展计划、党和国家领导人的秘密谈话或行动计划等信息，则是万万不可以借用市场管理手段的。另外，伦理道德是企业信息资源管理值得推荐的一种管理手段，但在政府信息资源管理领域，其约束作用有时显得苍白无力。例如在政治和军事情报方面，管理者试图对跨国谍报行为用伦理道德的力量来约束显然是行不通的。

7.2.3 案例

信息时代的政府要实施电子政务，其主要目标是提高政府自身的办公效率和服务水平，使政府逐步从“管理主导型”向“服务主导型”转变。无论是提高办公效率、还是提高服务水平，都离不开庞大的后台信息资源的有效支持。正如加拿大国家图书与档案馆馆长 Ian E. Wilson 所说政府的所有事务都是与信息相关的，包括信息的收集、存储、处理、分析与提供等。政府的信息资源管理目标就是：构建好、维护好、管理好政府各类信息资源（信息及其信息系统），将电子政府巨大的社会效益和经济效益充分发挥出来。下面通过国外和国内的两个实例，从不同角度说明政府信息资源管理的内涵、方式和特点。作为公共权力机构的政府，其一切行为（包括信息资源管理）都应该以法规为准绳。例 7-4 从政府管理的视角，全面阐述加拿大政府是如何将政府信息资源作为战略资源来管理，使其政府信息资源管理处于世界领先水平。例 7-5 通过“我国政府公开信息整合服务平台”的介绍，说明政府信息资源管理的部分任务可以借助公共事业机构（国家图书馆），以公共信息资源管理的方式完成。

例 7-4 加拿大政府的信息资源管理

加拿大是开展电子政务水平最高的国家之一。根据国际著名的 Accenture 管理咨询和技术服务公司 2005 年 4 月公布的电子政务研究报告，加拿大的电子政务发展成熟度，包括服务的广度、深度以及客户关系管理等方面的指标，在被考察的电子政务较为发达的 22 个国家中已连续五年名列第一位。加拿大政府非常重视政府的信息资源，并将信息资源作为重要的战略资源来管理。目前，加拿大政府已将信息资源管理视为电子政务的重要组成部分。在信息资源管理方面，加拿大政府制定了一系列政策，建立了职能机构，构建了信息管理框架，制定了信息存储标准等。

1. 加拿大政府信息管理政策

早在 1994 年，加拿大政府就公布了政府信息管理指导性文件 Strategic Directions of Government：Information Management，该文件 1999 年更新为 Strategic Directions for Information Management and Information Technology：Enabling 21st Century Canadians。

2003 年 5 月，加拿大政府发布了新的政府信息管理政策 Policy on the Management of Government Information，确定了加拿大政府信息管理的指导思想，并规定了各级信息管理部门及人员的主要职能。该政策的主要目的是：确保在政府的控制下，在信息管理的整个生命周期中，信息能够被有效且高效地管理和利用。联邦政府机构以秘密保护的方式来管理信息，支持基于信息的政策和决策，以多种渠道提供高质量的计划、服务和信息。该政策的指导思想是：

① 根据法律与政策规定的职责管理信息，以促进存取平等，增强公众信心，优化信息共享与重用，减少冗余。

② 确保创建、获取或维护的信息是相关、可靠和完整的，并能满足计划、政策和职责的要求。

③ 根据《隐私法》，在对个人信息的收集、使用与公开过程中最大限度地保证其安全性和隐私性。

④ 根据《官方语言法》，以两种官方语言支持服务与信息提供的方式管理信息。

⑤ 根据《加拿大国家档案馆法》、《加拿大国家图书馆法》、《信息访问法》，以及其他特定部门的条例和其他法律与政策的要求，管理信息要确保无论何种媒介或格式的信息都要具有真实性、准确性、完整性、条理性和完全性。

⑥ 对政策、计划和服务提供过程进行跟踪，对发生事件和决策进行存档。

⑦ 对政府提供协作式服务实行统一安排，在政府部门之间、政府部门与非政府组织进行信息共享时，实行信息管理和职责结构化。

⑧ 将电子系统作为创建、使用和管理信息的首选方法。

⑨ 保护重要档案，确保关键服务和商业运作的连续性。

⑩ 保存对加拿大政府和公民有持久价值的信息。

⑪ 及时清除已不再需要的信息。

⑫ 营造信息管理的支持环境，确保雇员承担信息管理的责任。

⑬ 评定信息管理全过程中的工作效力及效率。

2. 加拿大政府信息管理的主要职能机构

《政府信息管理政策》明确规定了政府信息资源管理各职能部门和人员的主要职责，这些职能部门主要有：财政委员会秘书处、国家档案馆、国家图书馆和国家统计局等。

(1) 财政委员会秘书处

财政委员会秘书处是财政委员会下属的一个中央政府机构，统一领导政府的人力、财力、信息和技术资源管理。在财政委员会秘书处中，设有信息主管及其办公室，负责制定政府信息管理与信息技术应用的相关政策。信息主管办公室下设信息执行主管、政府在线办公室、信息管理/信息技术基础设施与体系结构部、信息技术安全部、调配重组部、组织准备办公室、投资组合管理部和战略指导与通信部。

根据政府信息管理政策，财政委员会秘书处与政府信息管理相关的主要任务和职责包括：

① 为政府信息管理政策提供解释性的建议。

② 帮助联邦政府机构将信息管理需求与商业、信息技术战略和计划融为一体。

③ 与国家图书馆、国家档案馆以及其他联邦政府机构合作，制定和改进信息管理框架，包括标准、指导原则、工具和最优方法。

④ 代表信息管理职能团体并促进其发展，该职能团体根据要求来开发和维护具有支持政府信息管理政策和服务的信息管理专业能力的相关系统。

(2) 加拿大国家档案馆

成立于1872年的加拿大国家档案馆，以档案文件为中心管理政府信息资源。根据政府信息管理政策，国家档案馆与政府信息管理相关的主要任务和职责包括：

① 鉴别、选择、获取和保存各种媒体形式的、对政府有持久价值的档案。

② 发布“档案处理许可权”，让联邦政府机构将不再有使用价值的各种媒体的信息，以销毁、转到国家档案馆或转让的方式进行处理。

③ 对档案等信息管理的全过程(包括建立、使用、保存和销毁等)提供指导和帮助。

④ 确定开发工具、标准、指导原则和准则，以支持政府或特定机构的档案和信息生命周期管理工作。

⑤ 在政府的档案管理建设方面起领导作用，并作为档案管理方面的研究基地。

⑥ 通过一个跨加拿大的联邦档案中心网络，管理和保护不常引用的基础性的联邦政府机构的档案。

(3) 加拿大国家图书馆

加拿大国家图书馆建立于1953年，主要管理正式出版的政府信息资源。根据政府信息管理政策，国家图书馆与政府信息管理相关的主要任务和职责包括：

① 保存国家和政府的出版遗产。

② 为收藏而接收来自于各联邦政府机构的各种形式的新的出版资料，并与机构图书馆共同监管这些馆藏。

③ 帮助联邦政府机构确保所有出版资料能尽早地被决策者和公众利用。

④ 监测各联邦政府机构的出版资料管理，并对其长期的存取和保存情况写出报告和建议。

⑤ 对各联邦政府机构图书馆过剩的图书资料进行重新分配。

⑥ 协调各联邦政府机构的图书馆服务。

(4) 加拿大国家统计局

加拿大国家统计局负责加拿大的社会、经济、机构、人口、资源和文化等方面信息的收集、汇编、分析和出版：根据政府信息管理政策，统计局与政府信息管理相关的主要任务和职责包括：

① 在统计信息的收集、编辑、分析和出版等方面，与各联邦政府机构进行合作并提供帮助。

② 避免在加拿大政府范围内出现统计资料的重复。

3. 加拿大政府信息管理框架

2000 年 9 月，信息主管办公室中的政府在线办公室成立了信息管理室，以加强和促进政府信息的管理。信息管理室的工作内容主要包括下列几个方面。

① 加拿大政府信息管理框架。

② 元数据与内容管理。

③ 处理信息管理中的一些关键问题。

④ 信息管理日。

⑤ 信息管理门户项目。

加拿大财政委员会秘书处在加拿大政府信息管理框架的序言中写到："信息是商业的组成部分"、"信息是战略性的商业资源"、"信息质量是基础"、"信息管理是每个人的职责"。加拿大将政府信息资源作为战略资源来管理并处于世界领先水平，其成功之关键主要在于：

① 制定了较为完善的促进政府信息资源管理的各种法律，例如《信息访问法》、《加拿大国家档案馆法》、《加拿大国家图书馆法》、《统计法》、《官方语言法》、《官方保密法》、《隐私法》、《个人信息保护与电子文档法》、《版权法》、《犯罪记录法》等。

② 成立了各种领导和促进政府信息资源管理的机构、委员会和工作组，并由政府高级官员负责。例如，各部门指定由一名副部长级的官员负责信息管理事务。

③ 制定了明确的政府信息管理政策，并制定了信息管理框架、责任框架，以及各种标准和指南。

④ 政府在信息资源及其基础设施的建设上，投入大量人力和财力。

⑤ 定期地召开各种研讨会，研讨和解决与信息资源管理相关的一些关键问题，例如每年一次的信息管理论坛、每 6 周一次的信息管理日。

⑥ 统一电子工作平台，并进行相关的培训。

随着各种政府信息资源管理的框架、标准的颁布和实施，特别是政府在线计划的执行，加拿大政府信息资源管理取得了很大进展，以政府信息资源共享为基础的政府决策与管理，以公众为中心的服务提供已日趋成熟，但也存在一些不足之处。正如《信息主管 2002 年—2003 年度报告》中指出的，联邦政府机构要进一步改变政府官僚作风和政治文化，以提供政府的公开度和透明度；议会要加强对政府信息管理的关注和领导，增加对信息管理基础设施建设的投入；需要制定专门的法律来加强政府的档案文件管理，使档案文件的规划、创建、使用规范化；对政府公务员要加强教育和培训，使之熟悉政府的信息管理政策、指导原则、标准和规范等。

例 7-5 中国政府公开信息整合服务平台的建设㊀

中国政府公开信息整合服务平台是国家图书馆为满足公众对政府信息的有效利用而开发的一站式服务平台，以用户为中心，以政府公开信息为基础，以技术为依托，以服务为导向，是国内首个政府信息公开领域的垂直搜索引擎，能帮助公众对某一特定主题或领域的数据进行搜索。

中国政府公开信息整合服务平台以各级政府网站政府公开信息为整合对象，通过自动采集，将各级政府公开信息采集到本地；平台整合了国务院各部委、全国各省、自治区、直辖市等政府公开信息，建立了政府公开信息、政府公报、政府机构等专题资源库；针对不同形式的政府文件构建了资源描述体系，利用统一的元数据框架，对政府信息资源内容、外部特征及关联关系进行充分组织、挖掘和揭示，为公众查询政府公开信息提供了便利。

1. 平台建设过程

作为国家重要的文化基础设施，国家图书馆对政府信息一向比较重视。早在2003年，国家图书馆启动网络信息采集与保存试验项目时，就开始对政府信息进行采集与保存，将域名后缀为“. gov. cn”的网站都进行了采集与保存，包括网站的静态、动态网页，图片，doc、pdf文件等。

2006年国家图书馆开始制作政府频道，主要是政府导航，包括对中央政府、各省级政府和政府公报的导航。

2007年《中华人民共和国政府信息公开条例》的颁布，使国家图书馆对政府信息的采集与整合更有所依据，在2008年年初就开始策划中国政府公开信息整合服务平台，这个平台是通过招标形式确定的合作单位，在2008年年底，这个平台就初步建成，在国家图书馆内试运行。在2009年4月30日，也就是《条例》实施一周年之际，平台正式开通服务，并成功举行了平台的开通仪式和中国政府公开信息整合与开发研讨会。中国政府公开信息整合服务平台的开通是国家图书馆在为公众服务、为政府服务方面的一项重要举措，开创了图书馆对政府信息资源整合与利用的先河，是国家图书馆创新服务手段、提高服务水平的体现。

2. 平台的介绍

中国政府公开信息整合服务平台的建设目标是根据条例赋予的职责，全面采集并整合我国各级政府公开信息，构建一个方便、快捷的政府公开信息整合服务门户，使用户能够一站式地发现并获取政府公开信息资源及相关服务。该平台不仅能成为公众获取政府信息的窗口、成为政府部门公开信息的重要渠道，同时也将为各级公共图书馆依法开展政府信息服务提供基础资源，成为图书馆开展所有政府信息服务的基础资源平台，使图书馆成为中国政府公开信息资源的保存者、整合者、传播者。

平台的建设采用边建设边服务的策略，目前，该平台已完成了中央政府及其组成机构、各省及省会城市的上百家政府网站上政府公开信息的采集与整合，形成政府信息、政府公报和政府机构3大部分内容，信息量超过30万条，收录时间跨度已超过10年，同时还和国家

㊀ 本案例改编自国家图书馆数字资源部梁蕙玮2009年11月30日在中国图书馆年会上所做的发言。

图书馆的馆藏资源进行了整合，此外还收集整理政府机构3000余家，为公众的查询提供服务。

3. 平台技术实现

中国政府信息公开整合服务平台是国内首个政府信息公开领域的垂直搜索引擎，为什么这么说？首先可以从平台的架构图来说，平台在数据层采集并整合了各级政府网站政府公开信息，建立了权威全面的政府公开信息、政府公报、政府机构等专题资源库。在其表现层，面对广大用户，构建一个方便、快捷的政府公开信息整合服务门户，对于广大用户，只需要在一个窗口、一个检索界面就可以一站式地发现并获取全方位的政府公开信息资源及相关服务。截至2009年11月在国内还没有任何一个这样的其他平台，因此说该平台是国内首个政府信息公开领域的垂直搜索引擎。

在数据层和表现层之间，平台在应用层做了大量的技术工作，来保障用户透明的享用资源和服务。首先是网络信息的采集技术，主要针对各级政府公开信息的信息源，包括采集的策略、采集的任务和管理；数据的入库、排重、过滤等。信息采集完成后，会通过数据加工工具，完成信息资源处理这一过程。其中包括信息的抽取、元数据标引、自动分类、自动摘要等；然后是信息的整合、信息的检索，通过检索引擎提供简单、高级检索服务；通过信息发布服务，为公众提供一站式服务，最终形成中国政府公开信息整合服务门户。

系统后台主要的软件平台支撑，是TRS公司主流的搜索引擎、文本挖掘、信息发布服务等主要产品。基于这些软件建设了实际可运行的平台，首先通过网络信息雷达，实现对互联网上各级政府公开信息的采集；通过文本挖掘系统，实现对信息的智能处理，加工完成后通过关系型数据库对信息进行存储；然后通过全文数据库对所有的信息进行整合，进行全文索引。另外，在这个平台里，考虑到对互联网公众服务的运行效率，系统采用了多机集群的模式，最上层通过内容分发服务提供检索发布。通过以上软件建设了最终的政府公开信息整合服务门户系统。

4. 平台核心建设难点

截至2009年11月，平台已经建设完成，并已经与广大用户见面了，在几个月的运行当中，访问量不断大幅增加，但是这并不是说该平台的建设没有任何难度。

平台建设过程中的核心难点是：目前各级政府公开出来的信息由于是通过网站来提供服务的，内容的样式、格式是不一致的。尤其是元数据项和分类不统一，多数政府单位没有按照统一的分类体系标准和元数据标准对政府信息进行有效的梳理和组织。还有很大一部分公开出来的信息，元数据标引的不够完整，或缺失的比较多，这是通过各级政府网站公开信息的基本现状。

因为平台需要对公开信息进行有效的整合，在加工阶段需要基于统一的标准对信息进行有效的梳理，由于这种不规范的现状，平台需要对各级政府的公开信息站点和服务采取一对一或分别定制采集的策略，尤其是元数据的定位和分析抽取策略。

针对这种情况，在技术层面利用了TRS公司的垂直搜索引擎技术和文本挖掘技术，再结合知识工程师的分析模型配置，将这些公开信息通过模版或策略库的形式配置出来，最终实现对这些异构信息准确的处理和定位搜索。目前，平台已经可以全自动完成对政府公开信息、政府公报的采集、排重、分类、标引、入库、索引、发布和对外服务整个过程。为了追求服务信息的质量和准确性，对这些数据质量的校验和调整也会有一些人工的介入。

通过两个例子可以了解系统对政府信息自动编目的实现方式，对于网站上的一条公开信息《中华人民共和国耕地占用税暂行条例实施细则》，通过系统自动编目会将这条信息自动分类到“财政、金融、审计/税务”等主题分类下，并自动抽取并标引出文号、发布机构、标题、主题词、相关信息、生效日期、发布日期等元数据。再来看一个例子，《司法部关于修改香港特别行政区和澳门特别行政区律师事务所与内地律师事务所联营管理办法的决定》，系统会将这条信息自动分类到“港澳台侨工作/港澳工作、公安、安全、司法”等主题分类下，同时分类到“澳门特别行政区、香港特别行政区”的地区分类下，同时自动抽取相关元数据并标引。

截至2009年11月，平台已经整合并可以提供服务的政府公开信息有31万条，并在逐渐增加。政府公报有35种，4万多条，时间跨度可以追溯到十多年前的数据。

5. 平台使用情况

平台向公众开放服务后，受到了各方人士的关注，在统计了近半年的使用情况后，力图通过公众的实际需求对平台的发展进行调整，给公众提供更好的服务。网粘度是指在某指定时间内所有用户每次访问网站所使用的时间的平均值，在这个平台上用户每次访问网站所使用时间均值基本上维持在12～18分钟，这也反映出在给公众提供政府信息的服务中，平台起到了一定的作用。

另外，通过对访问者所属地区进行的统计分析发现，截至2009年11月，访问者遍布国内各地(除西藏外)，同时也有来自美国、日本、澳大利亚等30多个其他国家的用户对平台进行了访问，这也反映出平台受众之广、影响力之广大。

6. 平台发展设想

联盟化发展：国家图书馆现在所建设的平台，采集整合了中央政府层级和省人民政府的信息，这个平台只是国家图书馆所构想的中国政府公开信息整合服务平台的一小部分，国家图书馆所设想的是应该走联盟化发展的道路，国家级—省市级图书馆—地区级图书馆共同参与，形成中国政府公开信息的整合服务联盟。

多类型整合：平台以规范性的文件为主，像公文、公报、法律法规；但还有大量的其他类型的政府信息没有涉及，如各种统计数据、各种电子政务项目或电子表格(政府部门的网上办公)以及大量的泛政府信息等，那么在接下来的工作中，对这些方面的信息也将纳入到平台的建设中来，与此同时，还要加强资源组织方式，对信息做更深入的挖掘，注重信息之间的关联关系，做到多类型政府信息资源的深度整合与服务。

多方式服务：政府信息整合服务的展现方式是可以多样的，网站只是其中之一，还可以通过触摸屏，手机、电视等不同的方式向用户提供服务。目前，国家图书馆已经实现了网站和触屏的服务，都受到了用户的好评，后续国家图书馆还将考虑通过手机或电视的方式为用户提供服务，让用户可以随时随地获取到政府公开信息。

7. 平台存在的问题

（1）分类缺少层次性与多样性

平台的主题分类，仅为一级分类，22个类目，对于数十万条的政府信息来说，基本上每一类数据都可以有几百页以上的结果，这样的分类是远远不能满足用户需求的，对于检索技巧不是很高的用户来说，要想通过浏览的方式找到相关的资源其难度也是很高的，因此还需要对分类进行细化，进行2级、3级甚至4级分类，给用户提供更方便的途径。而且现在发布的平台仅保留主题分类的方式，其实对于政府信息还可以从其他角度进行分类查找，比如说是信息的类型，向公报、法律法规、统计数据或动态信息等，这主要是由于政府信息本身的多样性，且信息量巨大，基本上只能使用机器自动分类的方式，加上少量的人工干预。尽管在这块已经初步做了一些尝试，但效果还不理想。

(2) 数据筛选与更新难度很大

尽管在先期定义只采集政府信息公开栏目下的内容，但是由于该栏目本身的情况就参差不齐，有些是把正式的公文公报法律法规整合到信息公开栏目，而有些虽然设置信息公开栏目，但仅是放了一些目录，没有内容，或是放了一些动态新闻，还有的直接就链回了网站的其他内容，这就给信息的采集造成了很大的困难，机器很难区分哪些是要采集的信息，哪些是无用的信息，所以在后期对数据修改所花费的时间，比先期建设的时间还要长很多倍，到目前为止，还有一些有问题的数据混杂在其中，有关部门也正在排查。

另外，数据的更新也是一个头疼的问题，这在机构信息中尤为明显，如政府机构的人事变动，原网站有可能是将某些人的网页撤除了，当再次采集时，无法采到新的信息，也就对已经采集并发布的网页无法再更新，导致在页面上出现领导信息不准确的情况。

(3) 缺少规模化建设

平台建设还有一个最重要的问题就是规模化还不够，目前只是国家图书馆在对国家层面上的政府公开信息进行开发，但是对于全国的政府公开信息的整合与服务，不是一家图书馆能完成的，任何一家图书馆对政府信息资源的组织服务，都很难照顾到其他层级或其他地方的特殊问题，这也导致在平台的开发和建设中困难重重，所以最好的解决方法就是在政府公开信息整合服务领域，图书馆要走联盟发展的道路。

◎关键词

企业、企业经营管理、企业信息化、企业信息资源、企业信息资源管理、联想信息化，政府信息资源、政府信息资源管理。

◎本章小结

本章首先阐述企业、企业经营管理、企业信息化的基本概念；通过案例说明了企业信息资源的内涵——企业网络、信息系统和信息资源，企业信息资源管理的流程。其次，用联想信息化的案例，从战略、规划、组织、电子商务、供应链、影响和效果等多方面，生动地诠释了联想是如何通过企业信息化——企业整合、开发和利用信息资源实现企业战略。最后，对政府信息资源的内涵、分类和特点进行了阐述；并通过两个实例，从不同角度说明政府信息资源管理的内涵、方式和特点。

◎练习题

1. 简述企业及其分类。
2. 阐述企业经营管理系统及其环境。
3. 企业信息化是什么？
4. 阐述企业信息资源内涵。
5. 翻译并解释下列英文缩略语：OA、EC、ERP、CRM、SCM、EIP、DSS。

6. 说明企业信息资源管理的一般过程。
7. 简述政府信息资源的分类。
8. 政府信息资源管理具有哪些特点？
9. 理解并阐述政府信息资源管理的成功因素。

◎网络学习题

1. 从网络上寻找学习有关企业常用信息系统的知识，增强对企业信息资源管理的认识。
2. 收集关于联想信息化的资料，深入体会企业信息资源管理工作的艰辛和曲折。
3. 访问加拿大政府网站，了解该国政府信息资源管理状况。
4. 访问中国政府公开信息整合服务平台，了解公众对某一特定主题或领域数据进行搜索的过程。

◎思考题

1. 通过例 7-1 体会企业信息资源管理的全过程。
2. 联想信息化说明了什么？
3. 通过例 7-4 体会政府信息资源管理的过程。
4. 分析中国政府公开信息整合服务平台建设过程中的问题和解决方案。

参考文献

[1] 陈禹．信息经济学教程[M]．北京：清华大学出版社，1998.
[2] 陈国青，郭迅华．信息系统管理[M]．北京：中国人民大学出版社，2005.
[3] 陈燕，黄迎燕，方建国．专利信息采集与分析[M]．北京：清华大学出版社，2006.
[4] 戴维·亨格，托马斯·惠伦．战略管理精要[M]．北京：电子工业出版社，2002.
[5] 董重阳．信息资源管理[M]．北京：中国科学技术出版社，2001.
[6] 樊海云．信息化规划与实践[M]．北京：清华大学出版社，2008.
[7] 方勇，刘嘉勇．信息系统安全导论[M]．北京：电子工业出版社，2006.
[8] 付彦惟，等．计算机网络安全实用技术[M]．北京：清华大学出版社，2008.
[9] 甘仞初，等．信息资源管理[M]．北京：经济科学出版社，2000.
[10] 高复先．信息资源规划[M]．北京：清华大学出版社，2002.
[11] 郝晓玲，孙强．信息化绩效评价——框架、实施与案例分析[M]．北京：清华大学出版社，2005.
[12] 何斌，张立厚，等．信息管理原理与方法[M]．北京：清华大学出版社，2006.
[13] 侯炳辉，郝宏志．企业信息管理师(上、下)[M]．北京：机械工业出版社，2003.
[14] 侯炳辉，刘世峰．信息管理系统[M]．北京：中央广播电视大学出版社，2001.
[15] 胡昌平，黄小梅，贾君枝．信息服务管理[M]．北京：科学出版社，2003.
[16] 胡泳，范海燕．网络为王[M]．海口：海南出版社，1997.
[17] 贾晶，陈元，王丽娜．信息系统的安全与保密[M]．北京：清华大学出版社，1999.
[18] 姜同强．信息系统分析与设计教程[M]．北京：科学出版社，2004.
[19] 靖继鹏，张海涛，等．企业信息化规划与管理[M]．北京：机械工业出版社，2006.
[20] 赖茂生．信息资源管理教程[M]．北京：清华大学出版社，2006.
[21] 李一鸣．Windows 2000/XP 网络和信息安全技术[M]．西安：西安电子科技大学出版社，2001.
[22] 卢开澄．计算机密码学[M]．2 版．北京：清华大学出版社，1998.
[23] 马费成，赖茂生．信息资源管理[M]．北京：高等教育出版社，2006.
[24] 马费成．信息资源管理[M]．武汉：武汉大学出版社，2001.
[25] 马费成．信息资源开发与管理[M]．北京：电子工业出版社，2009.
[26] 迈克·塞沃尔．链接分析——信息科学的研究方法[M]．孙建军，等，译．南京：东南大学出版社，2009.
[27] 宋克振，张凯，等．信息管理导论[M]．北京：清华大学出版社，2005.
[28] 谭祥金，等．信息管理概论[M]．北京：高等教育出版社，2000.
[29] 王景光，冯海旗．信息资源管理[M]．2 版．北京：高等教育出版社，2008.
[30] 韦沛文，陈婉玲．企业信息化教程[M]．北京：清华大学出版社，2006.
[31] 伍尔灿．信息资源管理——题解、综合练习[M]．北京：机械工业出版社，2005.
[32] 武刚，等．信息化管理与运作[M]．北京：中央广播电视大学出版社，2007.
[33] 肖明．信息资源管理[M]．北京：电子工业出版社，2002.

[34] 薛华成. 管理信息系统[M]. 4版. 北京：清华大学出版社，2003.
[35] 杨青. 公司规划与信息系统规划[M]. 北京：经济管理出版社，2005.
[36] 杨善林，李兴国，何建民. 信息管理学[M]. 北京：高等教育出版社，2003.
[37] 杨善林，刘业政. 管理信息学[M]. 北京：高等教育出版社，2003.
[38] 姚妮娜. 信息化规划过程分析与管理方法研究[D]. 北京：清华大学，2005.
[39] 张凯，等. 信息资源管理[M]. 北京：清华大学出版社，2005.
[40] 中国就业培训技术指导中心. 信息采集实用技术与方法[M]. 北京：中国劳动社会保障出版社，2008.
[41] 钟守镇. 信息资源管理概论[M]. 天津：南开大学出版社，2000.
[42] 钟义信. 信息科学原理[M]. 3版. 北京：北京邮电大学出版社，2002.
[43] 周宏仁. 信息化概论[M]. 北京：电子工业出版社，2009.
[44] 周宏仁. 信息化论[M]. 北京：人民出版社，2008.
[45] 朱庆华. 信息分析——基础、方法及应用[M]. 北京：科学出版社，2004.
[46] 朱卫东. 计算机安全基础教程[M]. 北京：清华大学出版社，2009.